F-16

"蝰蛇" 飞行员

★ 震撼人心的现代空战回忆录 ★

【美】丹·汉普顿 著

王威 译

台海出版社

VIPER PILOT:A Memoir of Air Combat, Copyright:©2012 by Ascalon,LLC,
Published by arrangement with William Morrow,an imprint of HarperCollins Publishers.
Simplified Chinese edition copyright:
2018 ChongQing Zven Culture communication Co., Ltd
All rights reserved.

版贸核渝字（2017）第180号

图书在版编目（CIP）数据

　F-16"蝰蛇"飞行员：震撼人心的现代空战回忆录 /
(美) 丹·汉普顿著；王威译. -- 北京：台海出版社，
2018.5
　ISBN 978-7-5168-1861-9

　Ⅰ.①F… Ⅱ.①丹… ②王… Ⅲ.①丹·汉普顿－回
忆录 Ⅳ.①K837.125.2

中国版本图书馆CIP数据核字(2018)第087073号

F-16"蝰蛇"飞行员：震撼人心的现代空战回忆录

著　　者：[美]丹·汉普顿　　　　　　　译　　者：王　威

责任编辑：俞滟荣　　　　　　　　　　　策划制作：指文文化
视觉设计：周　杰　　　　　　　　　　　责任印制：蔡　旭

出版发行：台海出版社
地　　址：北京市东城区景山东街20号　　邮政编码：100009
电　　话：010－64041652（发行，邮购）
传　　真：010－84045799（总编室）
网　　址：www.taimeng.org.cn/thcbs/default.htm
E－mail：thcbs@126.com

经　　销：全国各地新华书店
印　　刷：重庆长虹印务有限公司
本书如有破损、缺页、装订错误，请与本社联系调换

开　　本：787mm×1092mm　　　　　　1/16
字　　数：235千字　　　　　　　　　　印　　张：16
版　　次：2018年8月第1版　　　　　　印　　次：2018年8月第1次印刷
书　　号：978-7-5168-1861-9

定　　价：89.80元

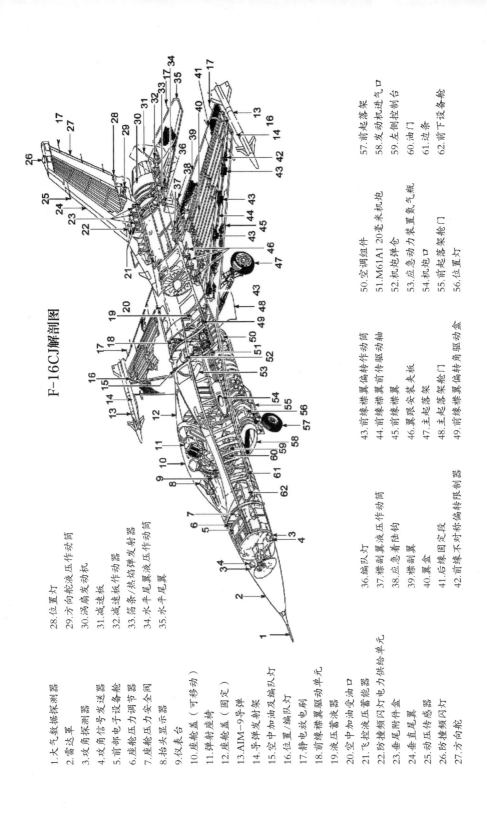

F-16CJ解剖图

1.大气数据探测器
2.雷达罩
3.攻角探测器
4.攻角信号发送器
5.前部电子设备舱
6.座舱压力调节器
7.座舱压力安全阀
8.抬头显示器
9.仪表台
10.座舱盖（可移动）
11.弹射座椅
12.座舱盖（固定）
13.AIM-9导弹
14.导弹发射架
15.空中加油及编队灯
16.位置灯/编队灯
17.静电放电刷
18.前缘襟翼驱动单元
19.液压蓄压器
20.空中加油受油口
21.飞控液压蓄能器
22.防撞频闪灯电力供给单元
23.垂尾附件盒
24.垂直尾翼
25.动压传感器
26.防撞频闪灯
27.方向舵

28.位置灯
29.方向舵液压作动筒
30.涡喷发动机
31.减速板
32.减速板作动筒
33.消焰/热焰弹发射器
34.水平尾翼液压作动筒
35.水平尾翼

36.编队灯
37.襟副翼液压作动筒
38.应急着陆钩
39.襟副翼
40.翼盒
41.后缘固定段
42.前缘襟翼不对称偏转控制器

43.前缘襟翼偏转作动筒
44.前缘襟翼前传驱动轴
45.前缘襟翼
46.翼跟安装夹板
47.主起落架
48.主起落架舱门
49.前缘襟翼偏转角驱动盒

50.空调组件
51.M61A1 20毫米机炮
52.机炮弹仓
53.应急动力装置氮气瓶
54.机炮口
55.前起落架舱门
56.位置灯

57.前起落架
58.发动机进气口
59.左侧控制台
60.油门
61.边条
62.前下设备舱

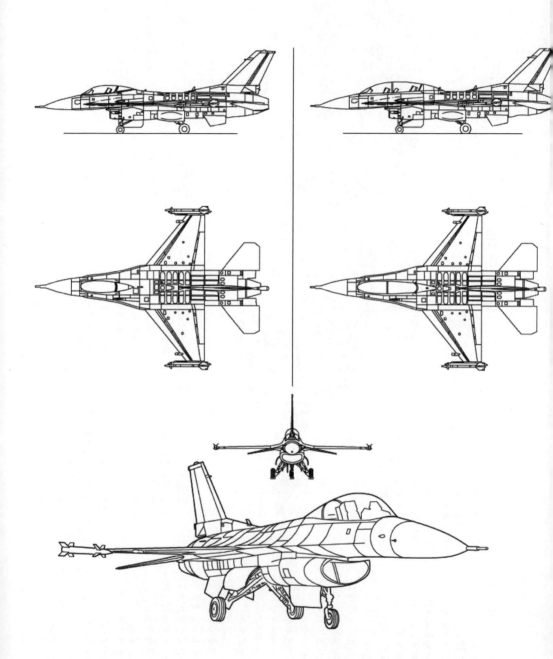

本书献给我的战斗机飞行员同僚们——以及所有亲历过战场的人。

由于我职业属性的原因，我的家人常常担心着我的安危并彻夜难眠，我知道我无法弥补对他们的亏欠。但我要感谢他们，尤其是我的父母和我美丽的妻子贝丝，谢谢他们的坚忍和耐心。

这世上只有两种飞机：战斗机和它的目标。

——前美国海军陆战队少校，战斗机飞行员
道尔·"刺鲅"·尼科尔森

作者序

本书由我亲自提笔完成。其实再现一名飞行员驾驶F-16作战的场面并不难——因为这些场面刻骨铭心。尽管如此,我依旧确认了所有的日期、时间和无线电呼号,并对照了实际飞行员数据卡、任务报告和情报摘要。这些内容如今都已经全部解密,通常以多种形式出现在公开的资料中,可供查阅。

由于显而易见的安全原因,书中无法直接讨论涉及机密的信息。这包括有关武器系统、作战策略和机型实力的技术性细节。在必要的情况下,书中出现的飞行员会使用其真实姓名,且得到了相关人士明确的个人许可,否则仅使用化名或其无线电呼号。

最后要说的是,美国空军部长办公室对本书书稿进行了客观公正的审读,并批准它以最初的内容出版。

丹·汉普顿

目录 CONTENTS

序章
死亡天使

2003年3月24日

伊拉克，纳西里耶

"快……快……"我咬紧牙关，让疼痛的下巴能稍微好受一点儿，我向后收了一点儿油门，让F-16的机头朝向地面，以降低飞行高度。随着"蝰蛇"（Viper）[1]下降到那团混乱的棕色尘埃中，一种陌生的焦虑感仿佛刺穿了我的内脏。

"所有人员，所有人员……我是正在执行警戒任务的'卢格尔'（Luger），现在紧急寻求近距离空中支援（CAS）。任何有近距离空中支援能力的战斗机在'靛蓝（Indigo）7'频率联系'卢格尔'……重复——任何有近距离空中支援能力的战斗机在'靛蓝7'频率联系'卢格尔'，有单位需要紧急近距离空中支援。'卢格尔'，通话结束。"

---

[1] "蝰蛇"是美军飞行员为F-16战斗机起的绰号，其官方绰号是"战隼"（Fighting Falcon）。本书脚注均为译注。

我盯着膝板上的一堆任务材料进行检索。我从来没听说过什么"靛蓝7",不过我有一张通讯卡,在这张卡上,每一个频率都有特定的代号和任务。

该死的。

我并没有找到那个该死的频率在哪儿。我发誓那些白痴官僚在战争开始前6个月就制定好了作战任务计划。但他们擅长的只有坐在板凳上喝咖啡,而弄出的材料中,90%是没用的。

我认识一些这种人,他们非常聪明,但他们总以为自己是正确的,根本听不进去别人的建议,结果可想而知。所以我连一张像样的伊拉克地图都没有,也不知道任何关于近距离空中支援的相关规定。而我是一只"野鼬鼠"(Wild Weasel)[1],目标是猎杀敌方的地对空导弹阵地,近距离空中支援不是我们的主要任务。但是我们这些参加过第一次海湾战争或科索沃战争的老手都知道,如果地面部队的弟兄需要空中支援,那么对于赶得过去的战斗机来说,速度就是一切。

"注意燃料……注意燃料……"一行绿色的字符在我的抬头显示器(HUD)的正中央闪烁起来。为了不让它继续烦我,我快速地输入了一个新的最低油量告警值,暂时中止这些告警声,以免打扰我工作,但这并不会往我的油箱里增加一滴JP-8燃料。这样做虽然可能会让我有一些罪恶感,但很简单,如果你没有足够的燃料去完成任务,那就直接返回基地。

或者做一个真男人。

第二次海湾战争开始的第五天,美国海军陆战队第2团第3营的一支单位在伊拉克南部的纳西里耶以北处被敌军阻截,他们呼叫了紧急空中近距离支援,这意味着任何能对此做出反应的战斗机都必须立刻中断执行中的任务然后奔赴现场。对这些地面上的弟兄们来说,时间就是生命。

我所在的四机编队立刻被赋予了"罗马人(Roman)75"的无线电呼号,然后开始拯救被困的海军陆战队队员们。不幸的是,一场史上罕见的沙尘暴坏了我们的事,编队里的另外2架战斗机无法穿过沙尘暴与我们会合。

---

① 美国空军一支特殊作战单位的绰号,后面的章节将做详细介绍。

所以我并不乐观。

但这是战争，给你的活儿你就得干完。

"'罗马人'……'罗马人'……我是'酋长'（Chieftain）……""酋长"就是那支需要近距离空中支援的海军陆战队单位。嘈杂的无线电里蹦出噼里啪啦的交火声。

我猛地咽了一口唾沫，知道他想抱怨什么：该死的你们在哪儿？怎么花了这么长时间？你们必须现在就到，不然我们就死定了。

我舔了一下嘴唇，感觉舌头碰到了开裂的皮肤，我已经8小时没喝过水了。"'酋长'……'酋长'……'罗马人75'将从南侧开始攻击，预计到达时间60秒。"

毫无疑问，伊拉克南部是个糟糕的地方。当我凝视着广阔的美索不达米亚平原时，我不止一次琢磨过这件事：为什么我们不能去风景好的地方打仗？去利希滕斯坦或者爱尔兰，百慕大也行啊。

今天这地方依旧是一团糟。如同一条蓝绿色锯齿状伤疤般的幼发拉底河开始变得暗淡起来，感觉就像有人往上面罩了一块褐色的布。在河东相望的伊朗边境也是绿色的，但看起来有生气多了。而现在一切都被笼罩在沙尘的阴影中。沙尘暴的阴影笼罩着伊拉克，地平线也消失在西南方向的一堵肮脏的棕色墙壁中，这让我有点担心。在更远的西面，天空变成了黑色，从地面到50000英尺的高空看起来都是一副模样。太阳看起来像一块褪色的橙色污点，在沙尘的包围下，我难以看清。

我重新扫视座舱，顺手检查座舱里的各种设置和战机的状态。我沿着右侧的控制台往后看，找到了一个鞋盒大小的帆布包。这里面本来装的是战机的数据盒和机密磁带，将它们载入机体之后，我就用这个空袋子来装水壶、食物和一些别的东西。我没有把包的拉链拉紧，也许几个小时后，我可以伸一只手进去拿些点心出来吃，作为我活到现在的奖励。

我的战机下降到7000英尺的高度，带着不祥征兆的尘埃已经完全包围了我。猛烈的沙尘暴就我的眼皮底下，它的前端从西南方向卷起，几乎把所有东西都给遮住了。于是我让编队里的3号和4号僚机离开，仅仅留下我的僚机在目标上空照应着我，没有我们两个一起下去拼命的必要。

"'罗马人'……'罗'……"

协调我攻击地面目标的前进空中控制员（FAC）明显有些慌乱，我尽力压制住不理智的冲动，下压机头俯冲，开始进入战斗。我虽然不会为了他们而置自己于死地，但如果我现在能清楚地看到地面的话，情况就会很不一样，不过沙尘使得直接攻击变得几乎不可能。

我按下麦克风的通话按钮，对话清晰且不带感情，我希望用我冷静、自信的声音让他们乐观一些。尽管我现在并不那么冷静，但战斗机飞行员都是奥斯卡影帝。

"'酋长'……确认没有友军在公路上。重复……确认没有友军在公路上。"

"确认！确认……所有的友军……公路……在公路的西侧……"

我快速地回应，当沙尘包围了战机的时候，调出空对地武器显示界面，并选择了2枚挂在机翼下的AGM-65G"小牛"（Maverick）红外制导导弹。

这些导弹体积非常大，每枚大约有600磅重，而且可以追踪目标的热信号并进行精确跟踪。不过当热信号缺乏的时候，可能就不那么准了。

"该死的！"

我盯着我的显示器，画面是"小牛"导弹引导头所看见的情况，屏幕上什么都没有，就像信号被一片棕色的电子云给遮蔽了一样。

高度4000英尺……距离目标只有5英里，留给我的时间不多了。

我迅速地切换到其他的导弹，结果还是一样。"该死！"

漫天飞舞的黄沙虽然不能成为助力，但它们也不至于带来这么大的影响啊。我沮丧地敲着头盔上的遮光罩，反应过来——我肯定是忙得脑子短路了，居然忘记太阳要下山了。红外制导导弹是利用红外热成像进行跟踪，而非利用视觉成像进行工作，它们在夜晚的使用效果良好，正是因为晚上气温低，目标与背景温差大，便于识别。但在日出或者日落的时候，所有东西几乎都是一个温度，除非有东西能从内部加热。这种情况称作日间交叉，在这个时间段里，红外成像难免失效，这也就是以往我们在这个时间段里要使用别的武器的原因。但此刻，除了"小牛"导弹，我唯一的武器就是机炮，这意味着我要飞得很低很近才能击中目标。

但是他们快死了，我们的人快死了。

我紧张地将身体前倾并用目光搜索目标，一边对抗肩带把我绑在弹射座椅上的力量，一边继续降低高度。

此时我的高度是3000英尺，时速是400节，这两项数值还在降低。我将目光集中在雷达高度表上，它给了我一个读数，显示了当前的实际高度。在夜间或者恶劣的天气下，飞行员必须依赖它来判断高度，就像此刻一样。

也许再低一点儿的高度，沙尘会变得稀薄一些。我屏住呼吸，无视怦怦跳动的心脏——不开玩笑，它就像在捶我的胸一样。

"'罗马人'……'罗马人'……'破布'（Rag）们正在穿过公路，他们正在……他们正在……准备进攻！"

"破布"指的是伊拉克军队。我本想再舔舔嘴唇，不过还是放弃了。我向后收油门并打开减速板进行减速，因为我现在的高度已经低于2000英尺了。

目标就在那儿!

我眨了眨眼以确保自己没有产生幻觉。暗棕色的岩石和丑陋的矮小灌木点缀着伊拉克的地表。地面就在我眼前！

我立刻通过抬头显示器向前看，并控制着操纵提示环[1]，贴近那处我唯一需要瞄准的地方。

此时距离目标3.3英里。

我快速地瞄了一眼雷达告警接收机（RWR）的面板，好消息是，它并没有发现任何雷达制导地对空导弹和高射炮的照射信号。不过它并不能告诉我下面是不是有红外制导地对空导弹，或者几百把AK-47步枪，但我现在只想听好消息。

在1000英尺的高度，我改平了战机，关闭了减速板并调整油门，使得战机可以保持住400节的速度。这样可以保证战机在低油耗的情况下依然有足够的速度进行机动。

"'罗马人'……他们的……位置……在公路和山的中间……"我们的

---

[1] 抬头显示器中指引飞行员飞向目标点的蝌蚪状标志。

通话受到了十分严重的静电干扰。

山？什么山？

他的无线电可能有故障，可能还受到了即将到来的沙尘暴的影响。

"……任何在公路上的东西……重复……干掉任何在公路上的东西！"

"'罗马人75'收到。"确定路上没有任何己方的人，我可以开始杀戮了。

目标就在那儿。

公路就像一条蜿蜒的灰色缎带向南延伸，我朝东南方侧倾观察时，发现它的边缘并不规则，并且布满了尘土，于是调转机头，将瞄准线对准目标。我又看了一眼左膝上方的显示器，等待着"小牛"导弹引导头的目标成像。

没有。该死的什么东西都没有。

当我抬起目光的时候，伊拉克军队的队列突然从浑浊的空气中出现，我立刻拨动油门上的"狗斗"（Dogfight）开关①，抬头显示器上跳出了机炮的准星，然后我开始下压机头瞄准。

但已经迟了。

我看到了敌军的载具，有一些装甲运兵车。此外还有大量奔跑着的敌军步兵。我想象不出对他们来说我是什么样的，但是一切都消失在我身后，仅仅3秒钟而已。

我猛戳抬头显示器下方的前端控制面板上的标记按钮，然后立刻驾机向西侧转弯。

"'酋长'……'酋长'……'罗马人75'前往西侧……将于90秒内从北侧重新进攻。"

他并没有回答我。

我把目标直接放在身后然后向西飞去。能见度依旧很糟糕，但是我想我看见了一座高地和一些正在移动的人影，那一定是海军陆战队队员们。

挺住，弟兄们……

现在来解释一下我刚才按下去的标记按钮。当它按下去之后，F-16的机

---

① 此开关用于切换战斗机所携带的武器。

载计算机就会标记下我刚才飞过的地方，就像在地图上按下一枚大头钉。它记录下经度和纬度，并提供精确的方向和距离，让我可以飞回这个点，这项实用的功能就是为此而设计的。现在我清楚地知道伊拉克人在哪个方位，并且知道该从哪个方向攻击他们。

在距离目标4英里的地方，我爬升到2000英尺高空并向北飞行。我会沿着一道弧形的轨迹飞行，直到找到公路，然后使用机炮攻击车队的后方，他们不会看到我从沙尘中飞出来。

"'罗马人2'……'罗马人1'在频率上。"看着我逐渐减少的燃料读数，我把油门杆往后拉了一点儿。

"请讲，'罗马人1'。"我的僚机一直在我头顶上待命。

"联系'卢格尔'，让它叫一架加油机尽量往北边来，你去找加油机，然后待在加油机边上。"无线电呼号为"卢格尔"的是一架一直在固定轨道上飞行的预警机（AWACS）。理论上，它知道战场上所有的战斗机和加油机都在什么位置，但仅仅是理论上。

"'罗马人2'收到。"回答很利落，接着他补充一句："我老在上面待着也挺不爽。"

"'罗马人1'收到……我需要再次进行攻击。你去找加油机吧，解散。"

我现在只能指望自己了，因为我的僚机携带的是对付地对空导弹（SAM）的反辐射导弹（HARM），在这种情况下他根本派不上用场，所以还不如尽快让他去加油。虽然我不太期待加油机会进入伊拉克空域，但我还是得试一试。我把早就被汗水打湿的氧气面罩取下，然后看了一眼外面。现在拿什么换口水我都愿意。

"'罗马人'……'罗马人'……这里是'酋长'。"无线电通话又恢复了生机。"……移动的……车辆……公路上。装甲运兵车和卡车……大概一个营……"

他话都说不利索了，随后通讯再次中断，通话期间我能听见重武器开火的声音。真希望是我们的人在开火。

此时我距离目标4.2英里。

现在目标又回到了我左肩的位置，完全被沙尘给遮住，我也被沙尘暴前端的狂风给颠得七上八下。地面再次从视野中消失。

该死的。

但是我不能再等了。我用力地把战机拉起来，拉得非常猛，紧接着做了一个5G过载的转弯，然后向东南方飞去。我决定在公路上空来一次"钓鱼"，如果伊拉克人看见我，至少就能让海军陆战队队员们缓口气。

随后我再次调出机炮准星，接着挂上氧气面罩。

"'酋长'……'罗马人'从北侧进入……预计等候30秒。"

"'罗马人'……上帝啊……快点儿……"

然后他再次中断了通讯。看在上帝的分上，快点儿吧。

我来了兄弟……顶住。

之前长时间飞行累积的疲惫感全被愤怒给驱走了，在我下方，美国海军陆战队队员们正为了自己的生死而战。这些像我一样的弟兄来自像我家乡一样的小镇，他们有母亲，有女朋友，有自己的孩子。

该死。

我往前推油门杆，继续驾机向前飞行。

天气持续恶化，即使在1000英尺的高度，我依旧无法看见地面。我轻推着操纵杆让飞机向左转向，并下降到500英尺的高度，时速也减至400节。这时沙尘拍打着座舱盖，并钻进了舱盖与机体之间的接缝里，就像冰一样。棕色且肮脏的冰，这该死的地方。

在距离目标2.7英里的地方，我小心地操纵战机降低到200英尺的高度，祈祷不要突然冒出一座塔或者类似的东西让自己撞上去。此时我和机炮都已经饥渴难耐……目标就在那儿！

就是那条公路。

我稳住了战机的飞行姿态，并伸长脖子观察抬头显示器周围的情况，那条路恰好在我的侧面与我平行。

"'罗马人'……'罗马人'……更多的卡车……从南侧驶来了……我们……要完蛋了。"那名海军陆战队队员的声音好像就在我耳边一样，听起来他被吓坏了。

"快……快……"我一边咕哝着，一边努力地寻找目标。

突然一个方方正正的东西出现在我的视野边缘……然后越来越多。是卡车，重型军用卡车！大概有20辆，在路上排成一排，车头朝南冲着海军陆战队队员们的方向。我像复仇天使一样驾驶战机冲出沙尘。

我左手打开主武器保险开关（Master Arm Switch），然后盯着抬头显示器给我的提示。长期以来根深蒂固的习惯告诉我应该这么做。我对准了最远端的卡车使自己与它们排成一排，这时我离最近的卡车只有1英里。

我操纵战机使其轻微地低头，以便让瞄准环及其内部的准心在抬头显示器的底部游动。这样做的目的是让战机低头的同时可以使瞄准环和准心向上移动，以便逐渐靠近目标。轻微调整空速和瞄准位置，使准心足够靠近目标后即可完成击杀。同时也要注意不要以每秒高达800英尺的下降速率冲向地面自杀。

我又下降了100英尺，但瞄准点依然没有够着卡车，所以我稍微往后带了一点儿杆让机头抬起来，随后机炮终于可以指向正确的目标。瞄准和击杀仅在一瞬之间，当抬头显示器里的绿色的小瞄准点瞄准了卡车的后盖板时，我的右手食指便迅速地扣下了扳机。

"嘣——嘭——"

F-16搭载的加特林机炮（Gatling Gun）疯狂开火时，它的机身也跟着摇晃了起来，我迅速地拉起又下压机头，并瞄准车队的中部继续开火。

"嘣——嘭——"

开火结束后我驾机做了一个滚转，然后向右拉起，接着向一侧机翼滚转，侧对着车队。车上的灰色小人四散而逃，跑向灌木丛或跳进沟渠，我飞得实在是太低了，甚至可以看到车门上画的一面小伊拉克国旗。

接下来发生的事情出乎我的意料。

一群不愿束手就擒的伊军士兵转过身来，我清楚地看到他们把武器扛在了肩膀上。几秒钟后，他们开始向我开火，很明显我在他们的攻击范围之内。

"燃料用尽……燃料用尽……燃料用尽……"名为"烦人的贝蒂"（Bitching Betty）[1]的语音告警系统开始大声地宣告，燃料即将告罄。

---

① 因为录音的人名字叫作"贝蒂"，而且故意用难听的声音以让飞行员注意告警，所以被飞行员们戏称之为"烦人的贝蒂"。

这时车队末尾的两辆卡车突然发生了爆炸。我沿着公路飞行了几百英尺后，蹬了一下舵，滚转改平战机，再拉起爬升到300英尺的高度。

"'酋长'……'罗马人75'将前往南侧和西侧……车辆正在起火燃烧，车队已经被卡在这个位置了。"

"'罗马人'……接着攻击他们……攻击……这帮伊拉克人……"他的声音再次消失在噼里啪啦的交火声中。

但我知道我已经没有足够的燃料来按照之前的方案再次进行攻击，现在只能选择速战速决。所以当车队的前端从我的左翼下方掠过时，我死死地盯住他们，眼珠子都快瞪出来了。当他们从飞舞的黄沙和黑暗中消失时，我猛地向前推动油门杆，然后立刻向右滚转，从200英尺的高度切向领头的伊军车辆。那是一辆俄制装甲运兵车。

当然，它也看见我了。

我向后收油门，当战机侧滑转弯以便侧面与公路对齐的时候，装甲运兵车对着我开火了。绿色的曳光弹从我的左侧划过，这个东西可以帮助伊军炮手更好地瞄准我。

我没有理会，在做了一个滚转并改平后，我让抬头显示器里的准星靠近目标。我已经近到能看见那名留着大胡子、没有戴头盔的炮手。当准星碰到这辆装甲运兵车的前保险杠上时，我再次扣动了扳机。

"嘣——哆——"

那辆装甲车突然消失在泥土和火花形成的烟雾之中。随后我将战机拉起，继续观察。我瞄了一眼剩下的炮弹数和雷达高度表：只剩不足百发炮弹；我在离地面不到140英尺的高度上。

没有时间留给我自由发挥了，所以我把准星调整到那辆领头的卡车上做最后一次开火。

"嘣——"我向前飞行了不到50英尺，机炮突然哑了火。

我驾机转向往西飞去，踢着舵制造侧滑以防有人瞄准我，然后一边拉起操纵杆，一边向右后方望去。这时卡车爆炸了，向外溅射出成千上万朵火花，这场景太壮观，我甚至被吓得往后缩。这些溅射出的火花又击中了另外一辆卡车，形成了连环爆炸。随着地面逐渐消失在灰色的雾霾中，剩下的卡车和BTR

步兵战车迅速离开公路，钻进沟里躲避可能的攻击。

我咽了几口唾沫，好让喉咙能稍微保持湿润。随后我选择了一个路径点，准备进入那条叫作"TWITCH"①的空中加油航线，并开始爬升。

"'酋长'……'罗马人75'将前往西侧，燃料见底（Bingo），武器释放完成（Winchester），返回基地（RTB）。"这是我表达离开目标区域、耗尽燃料和武器，以及返回基地的最简短的说法，但这无关紧要，因为他并没有回答我，而我现在有别的麻烦。

因为我只剩1700磅的燃料。

这个数值远远低于最低告警油量，而且我不确定我是否可以飞到边界，更不确定能否降落在科威特的前线基地，那几乎是痴人说梦。脸上的冷汗逐渐蒸发，我赶紧把武器保险关上，并仔细查看引擎数据，确定我没有因眼花而弄错什么。

当我爬升过8000英尺，正努力地向西南方向的边境飞去时，我突然想明白了：对我来说，没有什么比能看见那蔚蓝的天空更重要的事情。我摘下氧气面罩，揉了揉我的胡子和眼睛。

"'罗马人2'，'罗马人1'在频率上。"我按了一下麦克风的通话按钮，焦急地等待着回应。

没有人理我，于是我切换了频率去联系预警机。"'卢格尔'，这里是'罗马人75'。"

依旧没有人搭理我。

现在我必须做出选择，也许我是最后一个离开战场的。加油机的航线离我还有120英里，但我不确定飞到那儿的时候，加油机还在不在，它会不会已经没油了。只要有一个闪失，我都死定了。

而离我左翼不远的地方就是科威特，那里有几座空军基地，也许我可以进入海湾然后设法降落。但是我没法联系到预警机，所以无法获知那些基地是否开放，是否有足够长的跑道让我降落。这样的话，我还是不能平安返航。

---

① "TWITCH"并非缩写，而是这条加油航线的名字，这个单词的意思类似"抽动"，调侃空中加油时，加油机的加油管在受油机身上的动作。本书直接采用了它的拼法作为名字。

多么倒霉的一天。

我已经被绑在战斗机的座舱里整整8个小时，而且已经完成了5次空中加油。我只准备了6小时的任务时间，所以没留下任何多余的水和食物以应对现在的情况。此刻我屁股疼，眼睛疼，浑身都不舒服。我把暖气调高，因为被汗水打湿的飞行服让我瑟瑟发抖。

这次战争开始之前，我已经飞过上百次战斗任务，所以我并不是一个没有经验的菜鸟。相反，实际上我是一名满身勋章的老兵，拿过无数的荣誉，甚至包括1枚紫心勋章，等到我退役的时候，我还会拿到4枚杰出飞行十字勋章，这是为了表彰我在第一次和第二次海湾战争中做出的贡献。但这都是以前或者以后的事情了。此刻，就在不远的西侧，一场大自然制造的噩梦正在迅速接近。在我所能看见的地平线的最远处，沙尘暴出现了，它就像一堵带着不祥征兆的尘土壁垒，缓缓地沿着地平线向南延伸，风暴上方的天空也随之消失。

多么可怕的景象。

有那么一瞬间，我觉得自己之前多虑了，因为除我之外，没有任何一架飞机敢在这样的风暴里飞行，所以我意识到这可能是没有人回应我的原因。这是一个不太好的假设。我又咽了一口唾沫，爬升到15000英尺，仔细地凝视着这块扑面而来的棕色地毯。如果能爬升到25000英尺或者30000英尺左右，我应该可以凭借着高度滑翔到边界，这样我至少可以在盟国的地盘上弹射跳伞。

就像我说的，今天非常不走运。

而且还没有结束。

第一章
该死的你在逗我？

"该死的你在逗我？"（You've Gotta Be Shittin' Me？）这是我们"野鼬鼠"①的座右铭，我们是地对空导弹杀手，是第一批进入战区的飞行员。我们招摇过市地飞进战区，煽动敌方地对空导弹和高射炮向我们开火，然后转头猎杀它们，以确保我方所有的飞机能在天空中安全地飞行。我为自己能成为"野鼬鼠"的一员感到自豪。事实上，我像其他的F-16飞行员一样，在自己的职业生涯中执行过许多种任务，但我最终还是选择成为"野鼬鼠"。为什么？因为"野鼬鼠"的厉害之处就在于，普通飞机在地对空导弹眼里都是猎物，而我们则要反客为主地去狩猎地对空导弹，这是现代战斗机飞行员所能面对的最危险的任务，甚至比击落敌人的飞机更困难。我在151次任务中击毁了21座地对空导弹阵地和11架停在地面上的飞机，还击毁了大量的坦克、卡车、大炮和一些高价值目标。这就是我们，美国空军最致命的武器之一——F-16CJ"野鼬鼠"和驾驶它们的飞行员们。

---

① 此处及后文中的"野鼬鼠"指代美国空军防空压制作战单位的所有人员、组织、技术和装备。

听起来是不是很厉害？但要真正理解我是怎么成为"野鼬鼠"飞行员并且干掉了多少敌人之前，你需要了解"野鼬鼠"的方方面面。所以进入正题之前，我要给你们上一堂短暂的历史课。

　　自打人类第一次尝试在战争中使用飞机，地面上的人就开始想方设法要把天上的这些家伙给轰下来。早在美国内战时期，就有人用载人气球侦察敌人的动向，但显然当时没有太好的方法来对付这些气球。但仅在5年之后，普法战争期间，德国人就在马车上装了一门小型的加农炮，为的就是给法国人的气球开个洞。

　　第一次世界大战期间，随着航空技术的进步，地面防空能力也在逐步提升。1914年12月，英国皇家空军开始对德国人的轰炸机感到忧心忡忡，原因很简单，德国人的轰炸机理论上是可以飞到伦敦进行轰炸的。于是英国人开发了一款37毫米口径的"砰砰炮"（Pom Pom Gun）。1917年6月，14架德国"戈塔"G.V（Gotha G.V）轰炸机以80节的速度在伦敦上空投弹，造成了包括46名不满10岁儿童在内的共162人死亡，这证明皇家空军的担心不是多余的。而37毫米"砰砰炮"也发挥出了它应有的能力。一年之内，德国轰炸机被击落了28架，德国人在遭受巨大损失后停止了空袭。这场空地对抗，虽然以现在的标准来看，双方的力量都是微弱的，但却标志着战略航空力量的首次使用与防空时代的来临。

　　随着飞机设计制造技术的发展与改进，那些用来对抗它们的系统也变得更加致命。旧时那些仅能击落以80节速度缓慢飞行的木质轰炸机的防空系统，已经无法应对二战中速度越来越快、机动性越来越强的新式飞机。这意味着防空系统必须装备更精确的瞄准系统来攻击目标，于是英国人制造出了人类历史上第一套自动化防空火控系统——"克里森"射击诸元解算仪（Kerrison Predictor），虽然它最初是为了对付轰炸机而设计的。

　　随着瞄准系统的升级，武器系统也有了长足进步，而稍具讽刺意味的是，当时两款最好的防空炮却都产自中立国家。瑞典的博福斯公司（Bofors）制造了一种40毫米口径的轻型速射炮，将其作为防空炮使用再合适不过了。博福斯还不分敌我地向各路武装力量出售武器，以此体现自己"商业中立"的立场。顺便说一句，把博福斯从钢铁厂转变成兵工厂的人是炸药的发明者阿尔弗雷德·诺贝尔，就是这个人创立了诺贝尔和平奖。

瑞典制造的"欧瑞康"（Oerlikon）20毫米炮在战争中被美国海军和英国皇家海军作为近程防空武器。有趣的是，这款炮的衍生产品则装在了轴心国两款最出名的战斗机——日本三菱生产的"零"式战斗机和德国空军的"梅塞施密特"Me 109战斗机上。

德国人还研制了"飞拳"（Fliegerfaust）系统，虽然很简陋，但它却是世界上第一套便携式地对空导弹系统。它由很多管子组成，看起来像一门加特林炮，实际上却是手动瞄准的20毫米对空火箭。

"瀑布"（Wasserfall）则是大名鼎鼎的V-2火箭的衍生产品，它有一套无线电控制瞄准系统，由操纵人员手动瞄准并控制它撞击目标。该系统用来应对数量庞大的美军轰炸机机群，但在实战中遭遇惨败。

在朝鲜战争结束和越战刚开始的这段时间里，飞机和防空系统的能力已经远超二战时期的水准。这导致空中作战任务的内容和形式都发生了变化，出现了近距离空中支援和高空精确轰炸等作战方式。像U-2这种高空侦察机，飞行高度超出了任何战斗机的升限，就连地对空导弹也很难对它造成威胁。

1960年4月9日，一名叫作鲍勃·埃里克森（Bob Ericson）的美国飞行员证实了这一点。他驾驶U-2侦察机从帕米尔山脉进入苏联，此时米格战斗机、防空炮，以及成千上万知道他在哪儿却只能干瞪眼的苏联人的诅咒都对他无效。他毫无压力地飞越了苏联最敏感的4处目标，其中就包括了在萨雷沙甘（Saryshagan）的地对空导弹测试中心。

但仅仅几周后的5月1日，另一名U-2侦察机的飞行员就没有那么幸运了。弗朗西斯·加里·鲍尔斯（Francis Gary Powers）突然成了家喻户晓的人物，但这对一名侦察机飞行员来说可不是什么好事。美国空军和中央情报局惊讶地发现，他的飞机是被几枚俄国人称之为S-75的地对空导弹击落的。值得注意的是，北约为了混淆视听，宣称击落U-2的防空系统名为SA-2"果阿"（Goa），但实为SA-1，其被部署在莫斯科周围，用于抵御美军B-52轰炸机的侵袭。

长达35英尺，直径达2英尺的SA-2（即S-75的北约命名）拥有超过3马赫（3倍于音速或时速2600英里）的极速和80000英尺高的射程。如果被这根5000

磅重的飞行电线杆击中，那你的飞机不太可能会有几块完整的地方。

加里·鲍尔斯的侥幸之处在于，SA-2的雷达制导系统虽然不是那种不靠谱的新设备，但离彻底完善还有一段路要走。那时是电子管年代，还没有现在的微型芯片和超级计算机，所以要瞄准一架在7英里高空飞行的喷气式飞机，仍然存在不少困难。不过加里·鲍尔斯驾驶的是一架大型侦察机即U-2，它与战斗机不同，体积庞大且笨重，飞行轨迹容易被预测，这确实有助于3枚SA-2导弹击落他的座机。所幸，他最终活着回到了自己的祖国。

随着苏联人不断努力，美国飞行员的命运也变得越来越黑暗。另一名来自南卡罗莱纳州的U-2飞行员鲁道夫·安德森少校（Rudolph Anderson）就没有鲍里斯的运气。1962年10月，他在古巴被SA-2导弹击落并阵亡。

这些事件最终逼迫五角大楼开始认真地考虑飞机上的电子对抗系统是否需要与时俱进。这些系统包括雷达告警接收机、箔条和热焰弹。雷达告警接收机能告诉飞行员自己是否已经被地面的雷达给盯上。干扰导弹制导的箔条可以让飞机暂时从雷达上消失或者难以分辨，热焰弹可以掩盖喷气式飞机那灼热的尾喷口。不过上述措施仅仅满足自保需求，能够干扰对方雷达的攻击型干扰吊舱才是掌握主动权的装备。虽然这是一个全新的领域，所有相关设备都相当原始甚至尚未出世，但是U-2的频繁损失让五角大楼下定决心发展对抗地面防空导弹的能力。

20世纪60年代早期，越南人还不算是美国的敌人。1963年，肯尼迪总统甚至公开表示美国将从东南亚撤出。不幸的是，他过早地离开了这个世界，不知道美国即将深陷战争的泥潭之中。1964年8月，两艘美国驱逐舰"马多克斯"号〔USS Maddox（DD-731）〕和"特纳乔伊"号〔USS Turner Joy（DD-951）〕在越南东京湾遭到"袭击"，随后的《东京决议》允许白宫在没有国会宣战的情况下实施作战行动。这意味着，接替肯尼迪总统的林登·约翰逊总统可以对任何国家宣战。

而这正是他所做的。

按照固定模式，美国通常由空中和海上力量发起战争。"火焰飞镖"（Flaming Dart）、"滚雷"（Rolling Thunder）和"弧光"（Arc Light）行动是旨在保护美国地面部队和摧毁北越战争能力的空中行动。1965年3月，大约有3000名海军陆战队队员部署到了越南，但到12月，这个数字就增加到了20万。

为了应对美军空中力量造成的威胁，河内政权开始大量进口苏联的武器装备，包括最新的地空导弹和高射炮。众所周知，越南人有着丰富的丛林战经验，他们知道美国人不可能在地面战上获得胜利，便认为越南人可以轻松地战胜美国人，就像20世纪50年代战胜法国人一样。但美国人和法国人不一样，他们拥有法国从未拥有过的空中支援能力。如何对抗美国人的空中力量成为越南人需要首先考虑的问题。越南人需要先进的防空力量，而苏联人也需要一块试验场来测试他们的武器装备，同时干掉美国人。

美国飞行员的飞行任务突然面临着极度危险和意料之外的防空威胁。1965年的一个夏日，一个悲剧性的事件验证了敌人的防空能力，并催生了"野鼬鼠"。

和所有悲剧的主角一样，空军第45战术战斗机中队的上尉罗斯·法贝尔（Ross Fobair）是一名F-4C"鬼怪"Ⅱ（Phantom Ⅱ）战斗机飞行员。他已经执行了55次作战任务，在他最后一次任务结束之后，就可以回到加利福尼亚和他的妻子、妹妹和年幼的外甥团聚。这名29岁的上尉飞行员已经提前一天收拾好行李，他计划在当天下午的任务结束后，乘坐晚上的飞机回国。那天是1965年7月24日。

那是罗斯·法贝尔生命中的最后一天。

与他一起驾驶战机的是上尉理查德·"老爹"·基恩（Richard "Pops" Keirn），这是基恩第5次轮换部署到越南。二战时期基恩是一名轰炸机飞行员，曾在德国上空被击落，后在"勒夫特1号"（Luft 1）战俘营度过了9个月的时间。基恩在F-4C的前座驾驶战机，而法贝尔则在后座控制战机的武器系统。他们执行的任务类型是空中战斗巡逻（CAP），即米格战斗机巡逻（MiGCAP），任务目标是保护F-105攻击机机群免受北越战斗机的袭击。就像他们早就熟悉的那样，那些F-105要去轰炸距离河内40英里的一个叫作康芝（Kang Chi）的地方，那里的几座工厂就是F-105的目标。F-105的麻烦就是那些四处寻找机会攻击它们的北越米格战斗机，所以F-4C需要迫使那些米格战斗机把注意力放在F-4C身上，好让F-105能够安心地投弹。F-105将打击地面目标，而F-4C则将进行"狗斗"。

如果按照上面的剧本演出的话，那会是完美的一天。

但事与愿违，在河内东北方向40英里处的永富省（Vinh Phu Province）上空，一枚地对空导弹穿过云层击中了"鬼怪"。当时的F-4C并没有装备后来在升级版型号上才有的威胁探测设备，所以机组并没有对导弹做出任何反应。而且不幸的是，由于之前被地对空导弹击落的美军飞机仅涉及侦察机，所以中央情报局和空军并没有真正地了解过这种威胁，也没有人知道如何去应对它，自然更没法让飞行员进行针对性的训练。对于基恩和法贝尔来说，这枚导弹就是击落鲍尔斯和安德森的SA-2导弹。

导弹击中了战机的脊背，巨大的冲击使得机组立刻失去了对"鬼怪"的控制。前排座椅上，基恩正在充满刺耳告警音和刺鼻烟雾的座舱中努力地辨别着告警灯，寻求挽救战机的希望，然而他并没有从后舱的法贝尔那里获得任何回应。当他顶着巨大的过载回头观察法贝尔时，发现搭档已经瘫在座椅上，血正从他的鼻子里流出来。随着"鬼怪"旋转着跌入云层，基恩选择了跳伞，并且开启了他的第二次战俘生涯，在臭名昭著的绰号为"河内希尔顿"（Hanoi Hilton）的北越战俘营里度过了7年半的时间。

但罗斯·法贝尔失踪了。32年后，他的外甥布鲁斯·格里芬（Bruce Giffin）回到越南寻找他的舅舅。他最终在一座海拔4000多英尺的村庄附近发现了罗斯·法贝尔的遗体，并把他带回家举行了一场隆重的军人葬礼。

一个人在战争中死去，往往连他的死因都不甚明白，更别说还要从大量足够让人麻木的牺牲中凸显出任何意义。但罗斯·法贝尔的死却带来了"野鼬鼠"的诞生。自"野鼬鼠"诞生的那刻起，飞行员的生命就得到了保障，因为美国空军从此有了专门的人和飞机来狩猎这些地对空导弹系统。如果说可以从罗斯·法贝尔的命运中找到一个意义，那"野鼬鼠"也许就是这个意义。

不到两周后，空军官员就召开了秘密会议，试图找到应对新威胁的方法。而随后，海军和海军陆战队的飞机也输给了地对空导弹。这时不仅仅是美国空军，整个美国军方都需要一种能够抵御这种威胁的飞机。这种飞机可以去寻找、追踪并最终毫不留情地摧毁地对空导弹系统，不给它们任何立足之地，就像一只凶猛无情的野鼬鼠一样。

"野鼬鼠"项目，也被称为"野鼬鼠1号"，自此诞生了。

但万事开头难，"野鼬鼠"面临的第一个难题就是该如何搜寻地对空导弹阵地，特别是当后者还伪装在越南浓密的丛林之中时。为此，美国应用技术公司（Applied Technologies Corporation）制造出了AN/APR-25雷达寻的装置和告警接收机（RHAW）。理论上，SA-2开始寻找目标时，它可以通过雷达的照射来给飞行员提供一个大概的敌方方位。

AN/APR-25的工作原理是这样的：导弹逐渐接近目标时，会愈发频繁地更新目标的精确信息，以此确保击中。而AN/APR-26可以检测到这种引导波束的改变，并在座舱内触发一个闪烁的红色警告灯，提醒飞行员导弹来了。此外，IR-133接收机可以让电子战官（EWO）通过分析信号来识别特定的威胁。随着各型地对空导弹被设计、制造出来并被投入战场，信号分析也变得非常重要，因为应对不同的导弹需要采取不同的措施，正所谓知己知彼，百战不殆。然而这些新出炉的装备还未经历过实战检验，从科研人员到机组，每个人都还在不断地摸索，鉴于每天都有美国人在越南战场上死去，所以他们的压力只增不减。

"野鼬鼠"项目另一个需要解决的难题是：就算可以提前预警地对空导弹，飞行员对威胁的认知也仅仅停留在视觉上。基恩和法贝尔的陨落反映的不仅仅是如何预警导弹攻击的问题，他们在被击落之前未曾发觉导弹接近，也不知道自己已经成为目标。但显然，即便当时他们发现了导弹，也无法进行有效对抗。这显然需要更为复杂的解决方案。新装备必须安装在拥有足以摆脱地对空导弹的机动性的飞机上，而飞机上也必须设置能够打击地对空导弹阵地的武器。空军的答案是，将AN/APR-25安装在战斗机上。

但是究竟选用哪种战斗机呢？你需要一架速度非常快的喷气式战斗机，它应具备良好的机动性，以此最大限度地提升机组的生存能力。轰炸机和侦察机虽然可以携带大量的干扰和对抗设备，但显然他们也是绝佳的靶子。

为了解决这个问题，空军选择了F-100F"超级佩刀"（Super Sabre）来搭载由飞行员和电子战官编成的双人机组。当"野鼬鼠"项目开始构思的时候，F-100F已经投产并服役近10年了。F-100F本来只是用于训练飞行员的双座教练机，所以只装备了两门20毫米口径的机炮。现在看来，这应该不算是一个理想的选择，但是"野鼬鼠"项目在如此短的时间里开展得如此迅速，并不算坏事。

专用设备有了，飞机也有了，只剩下最后一个问题：谁来驾驶这架飞机？所有接触过战斗机飞行员的人都知道，这群人就是一个特殊物种。不了解内情或者嫉妒他们的人往往觉得他们非常高傲，但事实并非如此。如果你没有一颗自认举世无双的膨胀心，怎么敢在一口超音速铁棺材里工作。

战斗机飞行员通常把战斗视为一项挑战，所以"野鼬鼠"项目已经选择了顶级飞行员作为F-100F的驾驶者，但电子战官则是另外一码事。由于此前空军从未把电子战官塞进过战斗机里，所以他们选择了B-52轰炸机的机组成员到佛罗里达州的艾格林空军基地（Eglin AFB）进行训练，此时是1965年10月，罗斯·法贝尔被地空导弹击中后不到3个月。

他们接受了对抗SA-2的训练，所有已知的或未知的情况都压在了他们的肩膀上。虽然一开始，他们还傻乎乎地以为接受的是导弹防御战术的训练，不过当他们在模拟应对地对空导弹阵地时，其中一名电子战官突然开了窍，理解了今后他们面对的任务将会是何等的恶劣与困难。

这次模拟训练任务要求他们在攻击机机群到达阵位之前进入越南，猎杀地对空导弹阵地。这时，考虑到装备的局限性、情报的不确定性和越南丛林的浓密程度，一名困惑的飞行员提出，如何才能搞定那些越南导弹。到底应该怎么做？其实很简单，除非你亲眼看着导弹发射，否则真没办法能绝对确定这些导弹的位置。只要你被击中还没死，你就知道它在哪儿。只要你没死。

无法反驳。

这时，一名叫作杰克·多诺万（Jack Donovan）的上尉电子战官说出了那句永载史册的话："你让我坐在一架偌大的战机里，跟着一名自大无比的飞行员去找越南人的地对空导弹阵地，还要在它干掉我之前干掉它？该死的你在逗我？"

该死的你在逗我——就是这句话定义了"野鼬鼠"的使命，直到今日也未曾改变。

1965年11月，前5架"野鼬鼠"版"超级佩刀"战机抵达泰国呵叻空军基地（Korat AB）。从一开始，"野鼬鼠"们就知道对付地对空导弹的唯一方法就是用炸弹彻底毁掉它的发射阵地。你可以先用反辐射导弹来压制他们的雷达，但这并不能从根本上解决问题，因为明天他们可能会换一部新的雷达，所以你必须用机炮或者炸弹摧毁整套导弹发射系统。于是"野鼬鼠"们与F–105D"雷公"（Thunderchief）超音速战斗轰炸机合作，开始猎杀地对空导弹阵地。

这种任务被称作"铁手"（Iron Hand），飞行员们要驾驶战机进入导弹的攻击范围，正如前面提到的，他们首先要把自己变成被攻击的目标，SA–2的目标捕获雷达才会开始锁定"超级佩刀"。一旦雷达开机并且试图锁定"野鼬鼠"，它便会被跟踪与定位；若有导弹发射，你就可以清楚地看到导弹发动机留下的尾迹。随后"雷公"便会用炸弹和机炮好好地清理这座导弹阵地。

随着时间的推移，这种战术逐渐变得成熟，但最重要的几个点仍没有改变：首先，必须要让地对空导弹保持足够长的时间去跟踪"野鼬鼠"；其次，"野鼬鼠"必须存活得足够久才能找到目标并进行攻击；最后，当你攻击的时候，所有的地面火力都会对准你，你不能挥霍任何机会。

感觉很容易是不是？

是的。

1965年圣诞节的前3天，罗斯·法贝尔阵亡后不到5个月，艾尔·拉姆上尉（Al Lamb）和杰克·多诺万在北越参与攻击并成功摧毁了一座SA–2阵地。"野鼬鼠"证明了自己的价值，并在战争期间留越继续作战。

但是他们的座机F–100F"超级佩刀"可没有。

在9次可以确认成功的摧毁地对空导弹阵地的行动中，"野鼬鼠"单位付出了高达50%的伤亡率，更新飞机迫在眉睫。由于降落时发出的巨大噪音，F–105"雷公"也被称作"雷"，从一开始，它就配合着"野鼬鼠"执行任务，由"野鼬鼠"寻找目标，再由F–105进行攻击。那么为什么不把强大的单座F–105改装成双座飞机，将其变成新的"野鼬鼠"战机？这样"野鼬鼠"就可以自己寻找猎物并进行攻击。

"雷公"是属于男子汉的飞机，它在任何方面都超越了"超级佩刀"，速度也要快得多。"雷公"的速度可以超过2倍音速，机身长达20英尺，重达20000磅，航程是"超级佩刀"的2倍。最为关键的是，"雷公"有5个武器挂点，共可挂载武器6000磅，另外还可内置武器8000磅，这足够让很多地对空导弹阵地从地球上消失。

美国空军让共和航空公司（Republic Aviation）用从东南亚战场上获得的教训升级了F-105F：为了使用APR-25和搭载电子战官员，飞机被改造成串联座舱；加装雷达高度表便于低空飞行；升级弹射座椅；加装更厚的装甲与全新的武器投放系统。

到1966年6月，在罗斯·法贝尔被击落不到1年的时间里，"野鼬鼠3号"项目便在越南投入实战。总共有86架F-105F被改装成"野鼬鼠"，这是空军计划严谨而又高效的表现。次月，F-100F就要退居二线。与此同时，"滚雷"行动成功地把越南丛林里的参天大树变成牙签，战事一拖再拖。

国防部部长罗伯特·麦克纳马拉的观点是，缓慢增加对北越的压力，会让胡志明意识到对抗世界上最强大的军队完全是徒劳的。显然，这种默许战争的行为是非常幼稚的。

麦克纳马拉是一个真正的政治家，但他并不了解应该如何运用军事力量，也没有准确地去评估他的敌人。"滚雷"行动也只是分散了我们的力量进行零碎的打击，反而留给北越足够多的时间去修复损伤、转移资源和研究我们的装备战术。华盛顿的业余战争爱好者们甚至连河内的时区都不知道。随着战事进一步北移，约翰逊政府更是让敌人有机会学习如何通过改进苏联的地对空导弹来对付美国的空中力量。

1966年8月底，前11架F-105F中就有5架被越南人击落，这再一次证明"野鼬鼠"必须跟着苏联的导弹一起进行升级。它的后续型号称作F-105G，G型是一款真正意义上的"野鼬鼠"战机，专门为猎杀地对空导弹阵地而设计。APR-25/26被升级的APR-35/37所取代，后者提高了探测地对空导弹雷达信号的保真度和灵敏度，使得对敌方导弹的定位更加精准，这可以为机组提高一定的生存概率。

同时，G型机身下方一个气泡式设备舱里还携有西屋公司（Westinghouse）生产的AN/ALQ-105电子干扰吊舱，这为F-105G带来了更强大的对抗能力，因此留出额外的重挂点以便携带非常重要的对地武器。为了换装更强大的ALR-31雷达信号告警系统，翼尖也进行了重新设计，以便信号接收机能够更完整地覆盖飞机周围的天空。

这些改进全都来自用飞机和人命换来的经验。通过APR-35/37被动检测系统发现地对空导弹的雷达信号，随后ALR-31告诉飞行员导弹是否发射，而ALQ-105则负责干扰对方的雷达，F-105G已经跃跃欲试。

F-105G完成了它的前辈们无法完成的任务。

从1967年下半年开始，新的"野鼬鼠"陆续从泰国皇家空军基地飞进战区，猎杀那些快速增加的地对空导弹。总而言之，F-105飞行了2万多个架次，在战斗中损失了300多架飞机，仅在1966年就有126架之多，尽管不是所有的F-105都是"野鼬鼠"战机。F-105的机组中有103人被地对空导弹和自动防空炮击落，从任何角度来说，这都是一项非常危险、代价高昂的任务。

从北越发动的"春季攻势"（Tet Offensive）来看，北越并没有被打败，而罗伯特·麦克纳马拉的业余战略理论则是完全失败的。他的"滚雷"行动导致损失了数百架飞机和一千多名天才飞行员。麦克纳马拉在1967年年底辞职，并成为世界银行的行长。他从没淡化自己的罪过，也没有为自己的所作所为做任何的辩护。林登·约翰逊在1968年3月宣布自己不会谋求连任，并于1973年1月死在他的农场，麦克纳马拉则在2009年去世。我想，当他们下去的时候，58178名美军官兵的亡魂应该还在等着他们俩。

随着林登·约翰逊和麦克纳马拉的卸任，越南北部的空战暂时告一段落。在11月的总统选举前，"滚雷"行动宣告终止。1970年，F-105已经停产，而战斗造成的损失还在不断增加，这时又有新的飞机即将加入到"野鼬鼠"的队列中来。

它就是F-4"鬼怪"Ⅱ。

由麦道公司（McDonnell Douglas）制造的"鬼怪"战斗机，最早于1961年作为海军的战斗攻击机开始服役。1962年，美国空军也采购了F-4C战斗机，并于1963年5月进行了首飞。"鬼怪"看起来比"雷公"要粗短，但是它更重，且装备了火力控制系统。麦道公司随后又推出了改进版的F-4D和E型，每一款新型号都提升了"鬼怪"的能力，包括武器精度、机动性和航程。其中36架F-4C被重新命名为EF-4C，并被称为"野鼬鼠"Ⅳ，但这对逐渐恶化的北越战况和实力逐渐增强的地对空导弹系统来说，只能算是一项补救措施。

1971年年初，越南的平静结束了，美国在越南北部上空的活动开始增加。1972年3月越南人发动了新的攻势。4月中旬，我们突然发现这场战争对美越来说都只有50%的胜率。尼克松为了兑现自己的承诺——尽快结束这场战争，计划了旨在对河内周围的铁路、机场和地对空导弹仓库进行轰炸的"后卫"（Linebacker）行动，美国空军随之开始了紧锣密鼓的准备。

"野鼬鼠"再次进入战场，有时候一天要飞行4个架次，因为他们还需要去攻击铁路、机场和仓库。过去7年来一直让敌人保持运作的基础设施终于进入了美军的打击目标清单中，美军的实际打击对它们造成了重创。这场行动的成功促使了巴黎和谈的进行。"后卫"Ⅱ行动是推动战争结束的最后力量，从12月18日开始，"野鼬鼠"为B-52轰炸机进行大规模轰炸扫清了障碍，最终使河内瘫痪。但从美国人的角度来说，这场战争我们已付出了太多的血与泪。1973年年初美国开始大规模撤军。1975年1月，北越军队攻进了距西贡（Saigon）仅80英里的富隆省（Phuoc Long Province）。4月30日，南越共和国不复存在。

随着越战结束，"野鼬鼠"们终于要回家了，但他们其中的一些人却永远地留在了越南：24架"鬼怪"被击落，42名军官遇难、失踪或被俘。两位"野鼬鼠"单位的飞行员里奥·索斯尼斯（Leo Thorsness）和梅林·德福森（Merlyn Dethlefsen）被授予荣誉勋章。

地对空导弹的出现带来了一场战争形式的革命，而它最终也促进了一体化防空系统的诞生，直到今日，该系统依然是对飞机最为致命的威胁。而"野鼬鼠"Ⅳ也不断地在越南丛林的上空进行反击，这些技术会不断发展。有些从越南上空得到的经验会过时，会被遗忘，有些则不会。同样的，有些设备将被淘汰，而有些则会一直更新和升级。但我们都知道，只有一件事不会改变，那就是如果没有"野鼬鼠"的存在，美国的空中力量也不再会如此高效与强大。

第二章
戎马倥偬

"如果树越来越大，那么向后拉杆直到你看见蓝色。"

这些是我从我父亲那里得到的飞行圣经的第一条，接下来是"赶紧拉起来不然我们都要死了"。

父亲当时是名商人，也是名娴熟的工程师，他为美国太空总署（NASA）设计太空船的驾驶舱仪表，同时也为阿拉斯加输油管道设计流量计。他还是一名退役的海军陆战队战斗攻击机飞行员，所以飞行一直是我家的传统。我的父辈出过几位将军，其中一位是内战期间的同盟军骑兵军官。我的曾祖父曾与老罗斯福总统在古巴的圣胡安山并肩战斗过。还有一位父辈只是因为忍受不了老婆的唠叨而跑到法国参加了第一次世界大战。

尽管家庭组成和传统摆在那里，但是父亲并没有强迫我进入军队，事实上我上了大学，并成为一名建筑师。飞行只是我生活中的一部分而已。操纵一架漂亮的飞机让它离开地面，做出炫酷的特技动作，然后安全地降落也是一件非常有趣的事。人类天生不能飞，而且大多数人没法学习飞行，所以我喜欢飞行时那种自由的感觉，现在也是如此。但是战斗机飞行员因为事务繁杂，无法深入感受飞行的美妙，不过从你进入天空的那一刻起，不管你有没有空欣赏，它也会如影随形地跟着你。

后来我发现飞行其实是一个泡妞的好方法。假设你是一位姑娘，1号男嘉宾请你去吃饭和看电影，这感觉还不错。但是如果2号男嘉宾跟你说"嗨——我们先去天上待一阵，然后再下来吃晚饭怎么样？"

是的，她跑不掉的。

我上大学的第二年，一些人和事触动了我的内心，让我立志成为一名专业的飞行员。而在两年前，我还在从事建筑工作，我非常喜欢建筑设计带来的创造感。但我必须做出决定——如果我准备参军并且立志成为一名军官，那我就得立马离开当下的环境，接受为期18个月的痛苦训练。那么，我究竟是要每天打着领带在办公室里一坐就是40年，还是投最猛的炸弹开最快的飞机？

感觉根本不是选择题，对不对？

1986年的春天，我用4年的时间完成了5年的学业，留下了足够的时间，所以我可以保留我的本科飞行员训练（UPT）资格。这是一所最基础的空军飞行学校，但只开放给通过了身体和精神层面筛选的现役军官。20世纪80年代后期，有5座空军基地用来筛选未来的飞行员。我曾经面临这样的选择：等待9个月，然后前往亚利桑那州阳光明媚的威廉姆斯空军基地（Williams AFB）；或者在5个月内前往俄克拉荷马州的万斯空军基地（Vance AFB）。当时我还是个毛头小伙子，对于未知充满了急切的渴望，所以我选择了后者。你知道居住在中西部那种无名之地是什么感觉吗？万斯空军基地所在的俄克拉荷马州小镇伊妮德（Enid）便是答案，它简直和电影《浑身是劲》（Footloose）①里的那座小镇如出一辙。不开玩笑，那里直到1987年才可以合法跳舞。

参加本科飞行员训练的人几乎都和我一样，都是来自高等院校的新晋少尉，有的来自空军学院，有的来自空军军官候补学校。我们会被几个委员会依次筛查，他们会仔细地审核我们的背景。这其中包括我们的文化成绩、运动水平、推荐信，以及发型。除此之外，还有身体检查、眼科检查和心理评估，以

---

① 1984年上映的好莱坞歌舞电影，讲述了一群热爱现代文化的美国年轻人与所在小镇的保守势力斗智斗勇的故事。

及全面的笔试和面试。这仅仅是成为一名现役军官而非飞行员所要面对的项目。参选的近7万人中大多数折在了这些项目里，被迫进入后勤支援领域，只能从事类似机务之类的工作。此外，还有一些额外的测试项目来阻碍你成为飞行员，特别是那些测试你有没有飞行天赋的项目，它们会让你觉得自己真的很笨拙。在7万人中只有1万人能够成为飞行员，而战斗机飞行员只有3千人。

所以，假设你以足够高的分数通过了这些测试，你基本已经半条腿跨入行了。但你最终能得到的，只是一枚带有银色翅膀的空军飞行员勋章而已。与一般的行当相反，这里没人关心你是哪儿的，你父亲是谁，你从哪儿毕业的，这些都不重要。空军飞行员训练就是要磨灭你的梦想和希望。我几乎见过所有被淘汰的人：有在工程学位上拥有4.0平均学分绩点的学院派；有在参训前就积累了上千飞行小时的民航飞行员。但他们都不能好好地驾驶战斗机起降。

所以，要么你熬得住，要么你滚蛋。

我们是这样过日子的。

前两个星期，我们做了飞行之外的任何事情：注册个人信息，当飞行外科大夫，当保安，等等。对于新人来说，一件事情通常要做好几次才能做好。当然，我们不是来给人打工的，相关的理论课程也随即开始。美国空军非常重视课堂上的理论教学，任何的训练课程，不管你是想成为一名伞兵①还是一名飞行员，一份教学大纲是必不可缺的。鉴于现代喷气式战斗机极为复杂，我们所学的项目也异常繁杂。但我们毕竟刚从学校毕业，文化课学习是非常拿手的。我们非常高兴自己正在一步一步地接近飞行。

在美国空军的任何一座飞行基地里，都缺不了飞行中队、维护人员以及一切能让飞机顺利起降的人和设备。对于一名飞行员来说，跑道和滑行道就是他的家，这种情况直到他成为一名校官以后才有可能改变。当然，我们现在连飞行员都不是，目前对于我们最精准的形容是"钉子"（Studs），即"飞行学员"（Student Pilots）的缩写（当然，我们不会在向军官俱乐部里的姑娘们

---

① 此处实际指的是美国空军的伞降救援队（USAFPJ），一支隶属美国空军的特种作战单位，专职救援任务。

搭讪时说得如此详细）。对于所有飞行学员来说，这是在这一年里不断鞭策自己前进的称号，直到我们实现自己的梦想。

之后，第一个美妙的时刻来临了。我至今还清楚地记得，我一个人在自己的单身军官宿舍里，注视着那件崭新而又笔挺的飞行服，甚至能闻到一股甘甜的香味〔飞行服是由诺克梅斯（Nomex）材料制作而成的〕。当我穿着它去酒吧的时候，我的内心极度膨胀。

其实不只我是这样，几乎所有人都这么傻过。

但这种感觉并没有持续很久，因为我们的飞行服上并没有那双象征着自己是一名飞行员的银色小翅膀，而且那些讨厌的飞行教官每分钟都会跟酒吧里的姑娘们提示这一点。显而易见，这种情况就跟上半身穿了件漂亮的定制西装，下半身却只穿了条短裤一样。所以和每个最终都毕业了的人一样，我也立志一定要拥有那双珍贵的银色翅膀，不管付出多大的代价。

本科飞行员训练的前半部分是在可怕的T-37"鸣叫"（Tweet）喷气式教练机上进行的。这款飞机噪声大、动力弱，连地勤人员都看不起驾驶这种飞机的人。一开始我们驾驶的是T-6"德克萨斯人"（Texan）教练机，但那只是入门级别的螺旋桨飞机，我们必须接触更高级的T-37。不管怎么说，刚开始的飞行都是小打小闹，这也是教官们第一次有机会淘汰学员。我们要在这里学习地面操纵、起飞降落、尾旋改出、特技飞行和不可或缺的紧急处理程序。

我们的教官来自很多地方，他们大多是加油机、运输机和轰炸机飞行员，战斗机飞行员的占比很低。无一例外的是战斗机飞行员都痛恨驾驶训练机进行飞行训练，我要是他们也一样。为什么痛恨？因为他们认为在一线战斗机中队飞行才叫飞行员，待在空军训练司令部带学员无异于开卡车拉货。幸运的是，他们只要待上3年就可以回去了。

另外一些则是头一次当教官的新教官飞行员（FAIP），这些家伙和我们一样，是大学毕业后来学习飞行的，但从本科飞行员训练课程毕业后没有得到航空教育与训练司令部（AETC）[①]的分配，所以只能待在这里当教官。据说

---

① 美国空军训练司令部在1993年得到重组，改名为航空教育与训练司令部，并沿用至今。

他们会在德克萨斯州的圣安东尼奥先待上几个月，在那里，他们会从刚毕业的学生变成老师，然后回来带学员飞行。所以最终的结果是，他们只比我们多在德克萨斯学了一点儿东西，只有不到两年的飞行经验。

我的教员是一名粗鲁的前B-52轰炸机飞行员，但他的无线电呼号却是"兔子老爹"（Daddy Rabbit）。我们有6个人被分到他手下，但是我们很幸运，飞机就像宠物，而飞行员就是宠物的主人，然后彼此越来越像。飞机不可能变化，那么变的就只有飞行员了。众所周知，B-52有着难看的外形，因而被讥讽为"又肥又胖的傻蛋"。虽然"兔子老爹"不胖，但他人高马大，长得还丑。不过他的确是名出色的飞行员，他总是告诫我们要掌控全局，不要拘泥于细节等。"兔子老爹"遇事沉着冷静，看起来不像是一名新教官飞行员。

"该死！"当我正尝试从尾旋中改出，我们座机的风挡就已经被俄克拉荷马州的尘土填满时，他说道："你得正确地完成动作，我们晚上才能活着在酒吧喝酒。"他痛恨训练命令，而且极度讨厌那些新教官飞行员。所以，"兔子老爹"，如果你在读这本书，谢谢你教会我的一切。

在一周内，教官们就开始清理门户了，那些没有掌握紧急程序，或者没法做到同时飞行和思考的学员们即将滚蛋。如果一名学员在一个项目上摔了跟头，那么他可以得到一次挽救的机会。如果他又搞砸了，那就会由一名资深教官带他再完成一次。如果他再次搞砸了，那他还可以接受一次熟练度检查。如果他继续失败，那么他就可以走人了。我曾经见过一个人，周一刚来，周五就滚蛋了。

我们在T-37阶段进行的是编队飞行和基本仪表飞行，此时也有学员继续被淘汰。在这个阶段中，我们有学不完的东西：空气动力学、飞机系统、气象学、仪表飞行，以及任何可能阻止你成为飞行员的东西。而重要的紧急处理程序训练是从不间断的，更多的理论课程和模拟机飞行训练接踵而来。每天早上还有一个小项目叫作"起立"（Stand Up）。

这个项目在大型的飞行简报室内进行，每名教员都有一张桌子，通常有4～5名学员。每天早上在飞行之前，都有一次简报，这包括天气、飞行时间和一般的公告。一名教官会给出涉及飞行情况的各种场景，然后随便抽一名学员。这个时候学员要"起立"，并随时准备"接管"飞机，在教官和其他学员的注视下，用各种理论解释他将如何以及为什么这么处理该情况，从而让飞机安全地回到地面。这是一套非常有效的训练体系，能让学员们在特殊情况下忽略压力，冷静地进行思考并处理危险情况。

在经历6个月的学习和两次测试检查之后，我们中的一些人转移到了T-38"禽爪"（Talon）教练机上进行高级飞行阶段的学习。现在我们大概完成了40%的课程进度，已经不算菜鸟了。当然这不叫自大，我们虽然还没拿到银色小翅膀，但已从那些艰难的课程中熬了出来。看着身边不断减少的人数，我们恢复了一丝早就不存在的自尊心。

这个阶段的训练内容会有所不同，但教官仍会淘汰学员，他们依然觉得我们虽然在过去的6个月内证明了自己，但也只是幸存者而已。只不过空军在我们身上花了太多的钱，他们不能让这些钱白花在我们身上。

我爱T-38，相比野蛮落后的T-37，驾驶T-38就是份细致的工作。它飞起来已经像一架战斗机（至少有20世纪70年代式战斗机的味道）了。空军的AT-38和F-5"虎"Ⅱ（Tiger Ⅱ）有几款战斗型，修长的起落架让它们即使停放在地面上也有挺拔的身姿。它们还有串联座舱，这比教练坐在你旁边的T-37的感觉要好太多。

在接下来的6个月里，我开始逐渐摆脱在T-37上养成的习惯来熟悉T-38，直到和T-38融为一体。T-38有一个加力燃烧室，用以提供额外的推力，而且我需要穿着抗荷服来抵御机动中带来的过载。与高性能的战斗机相比，T-38并不是一名强大的战士。但看到风挡上反射出我的头盔和抗荷服时，我认为自己已经快要实现目标——作为一名战斗机飞行员用自己的方式去搏命。我喜欢这个样子。

在整个本科飞行员训练课程进行到第十一个月的时候，所有的教官和指挥官就会花一个漫长而又繁忙的周末来评估我们的一切——对理论考试、模拟飞行和实机飞行进行评分。我们所有的一切都变成了分数。如果两个人的分数相当，那就由教官从主观方面进行打分，包括态度、攻击性、外表，以及军人气质等。

评估结束后，所有的"幸存者"们会等着教官给他们排序。在我的班上，一共有22名幸存者。然后教官会划出一条"20%线",在线上方的每个人都能胜任战斗机、攻击机和侦察机飞行;而在线下方的人,则要转行去开加油机、运输机或者轰炸机。我的班里有5个人过了线,根据空军的需求,我们会被分配到不同的地方。

根据综合分析和计算,每个班都会分到少量相应种类的飞机。我们班得到了3架战斗机,而有5个人在"20%线"之上,所以只有前3名才能获得驾驶它们的机会,剩下两个人得继续留在学校当教官。每名飞行员都有自己喜欢的飞机和自己想去的地方,所以你得把你想要的一切填在一张"梦想表格"(Dream Sheet)上交给空军,再由空军决定把你分配到什么地方。这个结果会在黑夜中降临。

分配仪式是周五晚上在一间军官俱乐部里举行的,这个晚上,俱乐部里的酒吧营业、音乐表演以及游荡的姑娘都会为仪式让路,俱乐部里的人只有我们。仪式开始后,被喊到名字的人会依次出列站到屏幕下面,他的下一架飞机会对应出现在屏幕上。不过为了找点乐子,也可能混入其他什么飞机的照片。比如你心心念念想要一架战斗机,而屏幕上突然出现了一架C-130运输机或者教练机,可能会让你恨不得立刻就去自杀。大家就是想逗你露出这种反应。但是请记住:这个夜晚是你毕生梦想的高潮,4年的大学生活和1年的飞行学员生涯,为的就是这么一个夜晚。轮到我了,他们在屏幕上放了一张T-38的图片,吓得我魂飞魄散。随后在各种疯狂的尖叫中,一架美丽的F-16战斗机出现在了屏幕上。最后大家握手告别,各奔东西。而我,得到了我想要的一切,对我来说,这是一个完美的夜晚。

随后我便离开了万斯空军基地,经过这一年的摧残,我显得相当瘦小,不过我的胸前终于挂上了那对傻乎乎的银色小翅膀。和多数的军事科目一样,你很快就意识到自己虽然毕业了,但你实际上什么都不会干,因为总有下一项训练项目或下一座学校在等着你。这一年里我所做的一切,不过是为我打开了一扇门而已。对于一名有抱负的战斗机飞行员来说,在你到达接收你的第一支作战中队之前,还需要又一个年头的历练。

首先是在新墨西哥州的霍洛曼空军基地(Holloman AFB)进行为期3个月的战斗机入门训练课程(LIFT)。这是在AT-38飞机上进行的,此时我们的教官都是实打实的战斗机飞行员。课程目的也很明确，就是要我们成为一名战斗机飞行员。所以，除了像投掷炸弹和空战训练之外，他们还教会了我们别的东西，比如在酒吧一边豪饮一边吟唱空军军人自创歌曲《小萨米》（Sammy Small）和《亲爱的母亲，您的儿子牺牲了》（Dear Mom, Your Son Is Dead）。我们也被夺去了由空军训练司令部颁发的臂章和由战术空军司令部（TAC）颁发的姓名牌及臂章。这是一个明确区分我们与那些挂着耀眼的盾型战术空军司令部和战术战斗机中队（TFC）臂章的老飞行员们的特征。

我们同样在这里经历了离心机的训练课程，想象一下被绑在移动厕所那么大的空间里并以每小时400英里旋转时的那种快感。哦，对了，还有人负责给你拍照。毕竟我们是第一代需要长时间应对高过载的战斗机飞行员，目前来说，还不能确定长期保持这种状态会对我们的身体造成什么样的影响。高过载会导致血液从脑袋里下压，这时候大脑就会进入昏迷状态。很明显，在一架每秒钟能爬升900英尺的战斗机里，这不算是好事，大多数飞行员在这种情况下都会完蛋。像T-38这种老式飞机可以做出7G的过载，但它的发动机推力不够大，机翼的升力也不够强，所以过载很快就会降低到5G左右。而F-16的厉害之处就在于，它可以长时间维持8～9G过载，就算你顶不住发生晕厥，飞机还是可以继续运转下去。离心机训练的目的就是让你适应长时间的高过载状态。这意味着他们要把你绑在座椅上直到你被甩晕。不过像我这样的人可不在乎，我们所面临的职业风险可不止这一点儿。

实际上，战斗机入门训练课程中最大的威胁是"霍洛曼寡妇"（Holloman Widows），这些曾与军人结过婚的女人在与丈夫离婚后，又继续待在这里寻找下一名军人结婚。想象一下，一名年轻军官和一位带着孩子的女人在一起。你应该懂这种感觉，我可不想去接手，更不想这么早就结婚，所以我一直远远地避开她们。

不过在离开万斯一年后，我才发现霍洛曼其实是个天堂。好吧，也许在你们看来，新墨西哥州的阿拉莫戈多（Alamogordo）并不是一座大城市，但它并没有那些奇怪的法律，而且基督圣血山脉离这里的车程只有几个小时而已，那里的鲁伊多索（Ruidoso）有一座大型的现代滑雪场。所以相对于俄克拉荷马州，这里还算是一个现代人类社会。

在接下来的战斗机入门训练中，我被送到了华盛顿州的费尔柴德空军基地（Fairchild AFB），开始接受高级生存训练。在这两个月的训练中，课程包括如何逃生和躲避追捕，我们会被丢在山顶上，身边仅有弹射跳伞后的救生设备，但这比什么都没有只强一点儿。

当你被丢下后大概1小时，就会有全副武装的士兵前来追捕你，他们唯一的乐趣就是在荒野里追捕军官。在我接受训练的时候，苏联和东欧军队是我们的假想敌，这便是他们模仿的对象。他们只说俄语或者德语，连武器和制服都是华约的，我猜他们应该是在东柏林学的这套。

我开始寻思怎么才能从这帮人手下逃脱。漫山大雪的环境里，我既没有雪鞋，还被一群熟悉地形的虐待狂追赶，听起来好像只能坐以待毙了。

但我不是那种等死的人，我琢磨着怎么获得逃脱的机会。于是我选择顺着山坡冲下去，然后又学着电影里的套路，开始踩着我之前的脚印倒着走，之后回到一棵树下，爬上了那棵树。

是的，这也许不是最好的计划，但却是当时我能想到的最好的办法，反正肯定比在4英尺厚的积雪里乱跑要有用得多。而且确实奏效了。

足够让我再次拥有自信。

我看着搜捕队经过我藏身的树旁，来到河岸边停下。我根本听不懂搜捕队里自称"汉斯""弗里茨"和"尤里"的队员之间的对话，但我能看出来他们还想着怎么把我从雪地里揪出来。随后，他们其中的一个仔细地看了看我的脚印，这时我就感觉不太妙了。接着，他们的狗也加入了搜寻的行列，狗鼻子可比人灵敏多了，但是刚才他们那种困惑的样子在我看来确实非常有趣。

被抓住后，我就和所有人一样被扔进了一座模拟战俘营里，虽然我们不会接受真正的拷打，但是一番折磨肯定是跑不了的。在经过连串大吼小叫的恐吓和辱骂之后，我被丢进了一间储物柜大小的牢房，在这个地方你根本就没法坐下来，只能把自己贴在墙上。当然，这里不会还原战争中那些更折磨人的招数。但在这间牢房里，我逐渐感到心凉。对于我这种从学校毕业没多久的一帆风顺的年轻飞行员来说，这次训练突然让我脑中生出了一个虽然微小但却十分令人不安的想法：也许在战争中，我就只是一个无名小卒而已。

除了战俘营的经验以外，各种求生训练、逃脱技巧和一切旨在让我们能在跳伞后活得更久的训练我们都走马观花地过了一遍，当然收获也不少。但我觉得一旦面临这种情况，说明你的运气已经差到不行了，所以这些课程我学得还算用心，毕竟这都是曾经的倒霉蛋们在越南留给我们的经验。

不幸的是，这种训练的出现是源于现实需求，因为我们正在为最后的战争进行准备。不过好在我们最终并没有与俄罗斯发生战争。但后来我才发现，正是因为我们一直以与苏联人作战的标准进行训练，所以后来的那些阿拉伯人才没有给我们带来多大的麻烦。

这个小插曲过后，我去了F-16的替换训练单位（RTU）。感谢上帝，它在亚利桑那州日照充沛的凤凰城。之前在俄克拉荷马州，文化生活匮乏到让我接近窒息；而在华盛顿州，那里的姑娘没让我有过一次欲望。所以对我来说，卢克空军基地（Luke AFB）简直就是天堂。在把所有的东西打包成一条蓝色的黄貂鱼后（显然我没有太多东西），我在卢克空军基地的大门前感受到了重新做人的喜悦。

当时F-16才服役9年，是美国空军中人气最旺的一款战斗机。顺便说一句，只有外行才叫它"战隼"，行家都管它叫"蝰蛇"。因为首先它起飞的时候从正面看起来就像一条蓄势待发的蝰蛇；其次它有点像科幻电视剧《太空堡垒卡拉狄加》（Battlestar Galactica）里的战斗机，或者二者兼备。

F-16产自于1979年，作为一款轻型昼间喷气式战斗机，"蝰蛇"迅速表现出了远超人们预期的能力。这主要得益于电子技术和模块化设计的兴起。这架战机可以随意地拓展和装备最新的尖端技术。同时它也是一台致命的空战格斗机器，由于采用了纵向静不稳定设计，F-16需要计算机控制才能完成飞行，但正是这种静不稳定性带来了非同寻常的机动性。同样，"蝰蛇"的发动机也异常凶悍，加上机身尺寸娇小，发动机产生的推力超越了战机自重，这保证了F-16可以长时间维持9G过载的盘旋，这样的F-16几乎是不可战胜的。F-16还采用了电传操纵系统（FBW），飞行员的操纵输入被转换成电信号，经过计算机处理，最后传递到舵面上来实际控制飞机。不过，这种异常优秀的机动性也不全是好事。长时间的高过载飞行对飞行员来说存在致命的危险，前面已经说过，在高过载状态下，血液会从头部回流到下半身，同时你的软骨和肌肉也可能被撕裂。

在接下来的8个月中，我要学习如何与时速高达500英里的喷气式战斗机作战，动辄8～9G过载的机动变成了我痛苦的日常生活。我学会了在空战中如何一对一甚至一对二并不落下风，也逐渐掌握了F-16可以携带的每种武器，包括通用炸弹、空对地导弹、空对空导弹和机炮。

驾驶F-16的过程中可能会遇到的每一种紧急情况都在我脑子里不断被加深印象，直到完美地处理它成为我的本能。理论课也没有落下，我们在教室里没日没夜地分析着F-16，直到弄清楚它的每一个零部件是如何工作的。这是一架时速500英里、价值4000万美元、人工驾驶的喷气式战斗机，它是一件非常昂贵的商品。我们能在任何环境下的任何地方驾驶它，并能完成空中加油。

接下来，我们还要学习如何面对各种敌人的威胁。我们要掌握敌方战斗机的性能、各种防空导弹的类型和参数，然后学习如何运用战机上的反制系统和保护系统。因为总有一天我们会遇到敌人，而战机上的设备则可能于危难之中拯救自己。当我被分派到了一线战斗机中队后，会更细致地学习相关技能。当然，这些系统会不断地升级和改进，敌人的装备也会愈发地致命，这种了解敌人和自己的训练会贯穿我们的职业生涯。

在卢克空军基地，我深刻地认识到了一个道理：飞机只是工具，而决定胜负的是我们。这是战斗机飞行员不同于其他的军用飞行器飞行员的众多原因之一。战斗机是我们战斗时的战马，但战斗的胜负是由自己决定的。

在替换训练的后期阶段，我们接到了战斗机联队下派的后续任务。这些任务并不严肃，甚至可以由我们自己提出，但有些也取决于我们最终的分配单位是如何要求的。这与之前的本科飞行员训练相当不同，因为经历了这么长时间的磨砺后，我们早已证明了自己，有了专属的银色小翅膀，所以我们有资格提出自己的愿望。我毕业的时候，我的家人像往常一样来到了我学习的地方，连我的祖母都来了。围观我的座驾时，她还饶有兴致地询问这架飞机的空速管有多长。直到几年后参加她的葬礼时，我才发现了她还留下了一张小纸条，上面整齐地写着有关F-16战斗机的信息。她是一位仅仅因为出生在印度就难以获得美国护照的女人。

我以一班41名学生之一的身份开始了本科飞行员训练的课程，我们班最终有22人毕业，只有包括我在内的3人成为战斗机飞行员。我所在的战斗机飞行员训练课程班上有13名学员，最终有11人毕业。这些人其中一半已经结婚，他们一般都想留在美国本土的空军基地。这是在海湾战争爆发之前的情况，而这之后，军队的情况会彻底改变。如果没有长期部署在海外恶劣地区的经验，那么作战中，这支中队的生存率显而易见不会高到哪里去。当时我还单身，除了直系亲属外，没人跟我有太多联系，所以我想去海外看看世界。

在我看来，德国应该是一个不错的地方，所以我把重点放在了德国的3座可以部署F-16的空军基地。哈恩空军基地（Hahn AB）和拉姆斯坦因空军基地（Ramstein AB）在我们的任务周期内已经没有空位留给我了，所以我最终选择了之前从没听说过的第52战术战斗机联队的所在地——斯潘达勒姆空军基地（Spangdahlem AB）。不过也无所谓，反正都是在德国。

随着冷战的对抗进一步加剧，如果真的爆发战争，那么欧洲才是主战场。我们在远东地区也有空军基地，不过我对那里没兴趣。

首先，空军的作战单元大概分为几大部分。从战略单位上来说，有战略轰炸机、运输机和加油机。轰炸机需要深入苏联的领空，在苏联的城市投下核弹，而运输机和加油机则需要保证零件和燃料的正常供应。

其次是战术单位，有战斗机、前进空中控制机和侦察机。至少在欧洲，装备战斗机的我们应该被算作是消耗品。当战争开始时，我们会立刻进入最前线，目的仅仅是放缓苏联坦克前进的脚步。众所周知，苏联想要前进，就必须通过西德边境上的福尔达峡谷，这是哈茨山脉里的一条狭窄通道，并被认为是第三次世界大战中坦克对抗的焦点地区。所以，美国陆军和北约军队在这里投入了大量的资源，还花费了大量的人力和时间绘制这个地区的详细地图。但是，依然存在一个问题。

仗不一定会这么打。

一个人数超过了我们10倍的敌人，可以轻而易举地把西欧打回石器时代。而且他们还有核武器，如果核战争全面爆发，那意味着我们也要在西欧投下核弹，苏联人会乐于见到这一切，但欧洲那些美丽的城市、河流、艺术品和美酒都会消失在巨大的闪光之中。如果真的是这样，那我们之前的所有努力不过是毫无意义的小打小闹而已。

就像我说的那样，这太疯狂了。

直到今天，我都不知道我们是如何避免上述那种情况发生的。请注意，我对地缘政治相当不感兴趣，就像其他的年轻士兵一样，在战争中我不过是一个简单的工具而已。尽管我的肩上有几道杠，胸前有银色小翅膀，还有一架很酷的战斗机。但说实话，我不在乎跟谁战斗，关于战斗我只信奉一条原则：你必须比坐在对面驾驶舱里的那个人要更凶狠，更致命。

而我肯定是最好的飞行员。

英国皇家空军，或者别的一些北约国家的飞行员，肯定会对我这句话提出异议，因为他们也使用了我们的装备，也加入了我们的训练体系。但在过去的20年里，我们有一群在东南亚参加过实战的飞行员。幸存下来的都是顶级高手，他们向下一批菜鸟传授了如何在战斗中保持高效的战术和技巧，以及很多你无法从书本获得的东西，同时他们也教会了我们如何在战斗中思考。

当我到达新的驻地时，第52战术战斗机联队实际上包含了第480、第81和第23战术战斗机中队。这是一支"野鼬鼠"联队，致力于猎杀敌人的防空力量。而我则加入了第23战术战斗机中队——最著名的"战鹰"（Fighting Hawks）中队。这是一支不同寻常的中队，因为它包含了两种类型的战斗机：越战遗留下来的F-4G，以及从未参加过战争的F-16C。我发现我能来这里，是因为很少有F-16飞行员愿意来这种两款战斗机混编的联队。当然，空军正在准备逐步将老旧的F-4G退役。

说实话，混编也有混编的问题，我和F-4G飞行员之间就存在着代沟。他们虽然都是老练的飞行员，但是他们已经习惯了F-4G的一切，而且在他们即将退役的前几年，已经无意学习如何驾驶新型飞机，所以不会为了空军的训练投入哪怕一丁点儿的个人时间。

所以，我感觉自己到了一个全新的世界。我们离战时的最前线只有10分钟的航程，在这里，没人关心你的靴子擦得多干净，或者你的梯形编队飞得多漂亮，这些东西一文不值。我们只需要记住一句话：如果有导弹冲着我们来了，我们只能活90秒——这对你的人生观会造成很大的影响。

我还要面对一种不曾体验过的生活，因为这世界上有一种人叫作电子战官，说实话我以前从未见过这些人。我之前看过电影《壮志凌云》（Top Gun），也知道片中角色"呆头鹅"（Goose）是怎么死的。我大概知道海军里有类似这样的角色，但从没见过一个真人。

然而，到了1988年，美国军方还装备着这种双座或多乘员的战术飞机。美国空军有F-4G、F-15E和F-111，而海军则有F-14和EA-6。而F-16就不一样，F-16代表着未来，它是一架多功能单座战斗机。这意味着，不管再多的事情，一个人就能搞定。

当然，在F-16之前，还是有很多单座战斗机，像F-86、F-104和F-105等。不过在未来，根据五角大楼的预测，通过更先进的计算机、更方便的人机交互界面等技术，一名飞行员完全可以胜任过去两名飞行员才能完成的任务。这个真理从我刚进学校的时候就被塞进我的脑袋里了。

单座单发闯天涯。

这是我的座右铭。

总之，万事不求人，如果你不能独当一面，那么你就无法完成任务，这就是我们的价值观。所以，我和其他每一名F-16飞行员都没有心理准备去与那些不会驾驶战斗机的人共事。糟糕之处就在这里，许多电子战官都没有接受过操纵飞机的训练，虽然他们穿着与我们相同的飞行服，胸前也挂着银色翅膀，但他们不会驾驶战斗机。随着F-16的到来，他们似乎已经知道自己的位置将要被取代了，但他们对我们的态度和接待方式并没有发生改变。很明显，他们并没有把我们这帮刚毕业的毛头小子当成竞争对手。

而此时，任何一名才来基地的新飞行员，都必须接受训练，不管他是谁，也无论他是什么军衔。当然，这些训练是根据这名飞行员的水平和资历量身定做的。而我，尽管过去两年内都在不断地接受训练，但仍然是一名"该死的新人"，并且不能执行任何任务。因为这是冷战中最前线的部队，他们可不会信任我这种在亚利桑那阳光下锻炼出来的菜鸟。此外，不同的基地有不同的职责，有的负责打击敌人的地面部队，有的负责投掷核弹，有的负责打夜战。而我们则是负责压制敌方防空力量的"野鼬鼠"。

我第一次执行基地职责属性的训练任务，即被称为局部区域定向（LAO）训练任务的时候，是由一名教官带着我完成的。由于我们是混编联队，所以我的长机是一架F-4G，这意味着我有两名飞行教官，一名是飞行员，一名是电子战官。我的认知再一次接受了挑战。

训练的战术规划要提前一天完成，作为一个典型的新手，我想给教官们留下一个好印象。所以在飞行的前几天，我花了点儿时间向其他的飞行员套了些情报，做了所有新手应该做的功课。任何精锐的部队都有自己的逆鳞，而战斗机部队也是如此。任何新手来到这里都要低调做人，直到证明自己的实力，而我则有点儿操之过急了，因为"该死的新人"这个头衔让我很不痛快。

经过了计划、简报、启动战机并完成各项检查后，我驾机滑行至跑道。战机终于起飞了，这让我稍微振作了一些，我决定让他们见识一下我的本事。

德国是绿色的，摩泽尔河谷沿岸连绵不绝的丘陵上点缀着红色屋顶的小镇。我们开始进行编队超低空飞行并继续前进。此时我的身份是僚机，这意味着我只要跟着长机就行了。我有限的责任包括不要离得太远导致丢失对长机的目视，不要跟得太近导致发生碰撞，也别让自己坠地。就像我以前执行过的任务一样，从第一次电台通话开始直到着陆，我所做的一切都会被评估和打分。

90分钟后，我们返航并降落，之后在同一间简报室做了总结。我汗流浃背，有点儿亢奋，对自己的表现也很满意。我们大部分的飞行是以450节的速度进行的，而我大部分时间都跟在长机后面并牢牢地保持着自己在编队里的位置。这意味着我把全部的精力都放在了跟长机编队上，从而忽视了外界的环境。不过对于一名新人来说，我觉得我做得还算不错，至少我是这么想的。

所以，当那名电子战教官，而不是前座的飞行教官，掰着手指头一一列出我所犯的错误时，我不知道该如何应对。我的意思是，我竟然被一位没驾驶过战机的人数落自己犯了什么错，懵了。我不记得这是怎么开始的，但我记得几分钟后这场数落是怎么结束的。

他说："你的战术编队横向间隔太大了，而且纵向间距也是，你没有待在你应该待的位置上。"

"为什么？"

"为什么？"他看起来对我的反应感到十分惊讶，我注意到他额头的静脉开始跳动。"因为你不在我觉得你该在的地方，如果你不在那儿，我就要花费额外的精力去找到你。"

"为什么你需要一直能看见我在哪儿？"

"你说什么？"他的表情告诉我，接下来我可能没有好果子吃了。我的余光瞄到前座的飞行教官，他停下在成绩单上写字的笔，同时抬头看我。

"嗯……你不是飞行员，所以你能不能看到我有什么关系？"我清楚地记得，我话一说完，电子战教官的脸就开始涨红，就像他皮肤下的血管爆开了一样。"我的意思是，你不是在后座上忙着你的事么？"我并没有说出口，但我确实是这么想的。

我觉得我这么问并没有问题，因为你必须要争取你所拥有的权利。我只是困惑为什么他需要一直能看见我在哪儿。电子战教官似乎勉强地理解了一点儿我想要表达出的意思。他的嘴巴张开，就像得了口腔溃疡一样，他坐在那儿，脸上露出一种既震惊又愚蠢的表情。包括他在内的那些F-4G机组，这些人还活在20世纪70年代。我能明显感觉出他的愤怒，从他的角度上来看，我只是一名愚蠢的新人。在他的世界里，他是一座移动的图书馆，所以他把他的经验和知识传授给我这样的新人。但在我看来，如果他是一名飞行员，我肯定会毫无异议地接受他的点评。但他并不是，这意味着你没有资格教我怎么去驾驶战机。

那名飞行教官冲我眨了好几次眼，顺便清了清嗓子试图引起我的注意，但我仍全神贯注地与那名电子战教官争论。所以他动身挽救这个尴尬场面时，为时已晚。我被他从简报室里拖出来的时候，我发誓我看见电子战教官的靴子已经砸进了天花板里，而其余的人也被吓了一跳。

不过这一切才刚刚开始。

就在我把那名电子战教官激怒仅仅几天后，我参加了一场四机编队的任务简报。那些F-4G机组在每次飞行简报结束前会添加一个特殊项目——"牢记机组间的协同合作"，然后由飞行员和电子战官进行相关讨论。一名F-16飞行员，他也是一名中尉，有着极好的幽默感但却没用对时候。到了机组间讨论的时候，他却对着自己的手指说话。照我说，手指也是他的"机组成员"，不是么？但那些驾驶F-4G的家伙们可没觉得这样很搞笑。他成功地分担了压在我身上的仇恨。看吧，我并不是唯一这么想的人。

不过总的来说，这些电子战官有好有坏。他们中的一些人只会贬低年轻的战斗机飞行员，因为我们可以做到他们永远做不到的事情。而另外许多电子战官真的非常有天赋，很快我就察觉到了。他们可以在几秒钟内判断雷达告警接收机发出的音频信号，然后判断是什么种类的雷达在试图咬住你。更厉害的人甚至了解每一部以后我们可能在战场上遇到的敌方雷达，甚至可以通过判断那些独特的告警音来识别单个雷达。他们也乐于传授他们在这些方面的技艺。这真是太神奇了，我完全沉迷其中，因为在战机上的装备能完全搞定这一切之前，电子战官才是"野鼬鼠"任务的核心所在。

最初的SA-2和它的"扇歌"（Fan Song）雷达，是为了击落轰炸机和侦察机而设计制造的。干扰机、反制系统和威胁预警装备在一定程度上可以让比赛双方公平竞赛，不过对飞机来说，最有利的方法是超低空飞行。

众所周知，所有雷达都有它的探测盲区，我们管这个盲区叫作"缺口"（Notch），"扇歌"雷达的缺点是它无法将雷达回波与地面产生的巨大回波分离。这意味着只要你驾机飞得够低，你就可以隐藏在地面回波里，永远不会被雷达发现，就像穿着黑色T恤藏在黑暗中一样。如果雷达无法发现你，那它就无法跟踪和击落你。如果导弹已经发射，你还可以通过下降高度来扰乱雷达对导弹的制导。虽然对很多大型飞机来说这非常不现实，但这种战术对于战斗机来说再理想不过了。

盾与矛的对抗总是不断地促进两者互相升级，越南战争之后，所有的飞行员都知道低空飞行的战术优势。所以为了应对低空威胁，美国和苏联的工程师都在想办法堵住这个缺口。因此有些导弹可以通过电视系统进行发射，毕竟一架在低空飞行的战斗机比一架在20000英尺的高空飞行的战斗机看起来目标大多了。

而那些反应更快更准确的新雷达也诞生了，不像那些老古董系统，需要几分钟才能发射导弹，它们只要几秒钟就可以完成跟踪和发射，且机动性很强。像SA-2这样的大型地空导弹发射系统很容易就被发现，所以也很容易被干掉。苏联人很快意识到了这一点，因此他们开发了让我们感到非常棘手的移动防空系统，并且大幅改进了高射炮，以之填补这些防空导弹的盲区。它们被密集地部署在一些战略地点，攻击范围可以相互覆盖。这些系统机动性强，伴随着地面作战单位进行机动，这意味着它们可以出现在任何地方。

更新一代的SA-6系统在20世纪60年代末投入使用。这是一套把地对空导弹装在履带式地盘上的机动防空系统。它使用了"同花顺"（Straight Flash）雷达，北约称该系统为"根弗"（Gainful）。它的苏联名字是"Kub"，意为"立方体"。SA-6的每个发射架上有3枚导弹。导弹飞行的前半段是根据雷达的指令去机动的。到了飞行的最终阶段，导弹可以顺着照射雷达提供的目标回波信号自行攻击目标。这被称为指令加半主动雷达制导，比单纯的指令制导要致命得多，因为系统的反应时间被大大缩减了。

苏联将SA-6防空系统出售给了埃及等国，1973年的赎罪日战争期间，大部分以色列空军损失的F-4"鬼怪"Ⅱ和A-4"天鹰"（Skyhawk）都是由它击落的。叙利亚人在贝卡谷地也使用了这种导弹，不过不是很成功。第一次海湾战争和科索沃战争期间，SA-6均击落了至少1架美国的F-16。

接着登场的是SA-8"壁虎"（Gecko），尽管看起来就是一辆6轮装甲车，但这套系统可不是什么善茬。SA-8的"地滚"（Land Roll）目标跟踪雷达极其灵活，从打开雷达到击落目标，可能只需要几秒钟的时间。因为该系统的射程很短，所以当它的雷达开始照射你时，通常意味着它离你非常近，留给你的反应时间非常短，你必须第一时间做出反应，否则你无法存活下来进行反击。

当然，给我们带来麻烦的不仅仅是苏联人，"罗兰"（Roland）同样是一套非常危险的防空系统，法国人荤素不忌，任何人都可以购买他们的装备。虽然在拿破仑之后，法国人就没打过胜仗，但他们的武器装备确实很好，这套便携式防空系统（MANPADS）被大量制造并销售。它对在低空飞行的战斗机来说非常危险，因为它使用了红外跟踪器来跟踪飞机发动机发出的红外信号，所以不会触发飞机上的任何告警系统，除非你碰巧看见有人向你发射了什么。这时候你可以选择投放大量的红外干扰弹来对抗它。但是由于这套系统太便宜了，所以通常会有不止一枚导弹想要把你打下来。并且要发现它也是极其困难的。凭借便捷的操作、低廉的造价和还算不错的性能，这套红外制导的地对空导弹系统绝对是款第三世界国家军队的理想武器。

美国军方一直痴迷于雷达制导的地对空导弹。这种导弹的好处就是精度高、射程大和难以被干扰，但问题是其他国家也有这种高科技装备。而美国的战斗机没有装备过任何一种红外告警系统，如果有的话，唯一的告警就是你眼睁睁地看着一枚拉着尾焰的导弹划过你的座舱，或者击中你的发动机。

　　学习敌人装备的优缺点占用了新飞行员们很多时间，他们还必须完善自己的飞行能力和战斗技能。随时面临测验，从笔试、检查、评估到升级训练，而且无穷无尽。

　　但是我爱在这里的每一分钟。

　　在进入战斗机中队的最初两年，一名年轻的飞行员只能从僚机做起，以此来磨炼自己的技术和阅历。然后他会进入任务就绪状态（Mission Ready），并接受所在中队对他做的最后的各种类型的任务考核，为期2～3个月。此时，他依然只是僚机飞行员，但他无限渴望成为长机飞行员。

　　执行作战任务的时候，通常有双机编队和四机编队。也就是说，一名飞行员既可以指挥两架飞机作战，也可以指挥由两支双机编队组成的四机编队作战。双机编队是最基本的作战单元。根据任务的不同，通常会组成四机、六机或者更大的编队机群。

　　通过不同层次的考验向上攀爬被称作"升级"。每一名飞行员都渴望成为作战编队里的领头羊，而他成为长机的必经之路便是要经历严格的个人能力检验。在作战中，稍有迟疑就可能会机毁人亡，就算是在平常的训练中，危险也无处不在。想成为一名独当一面的长机飞行员，显然不是一件容易的事情。在成为一名僚机飞行员两年后，这名年轻飞行员所在中队的飞行教官会对他的记录进行讨论和评估，包括了他以往的成绩、任务质量、态度，以及最重要的——他是否临危不惧并足够成熟。不过这个成熟度仅仅是与飞行有关的专业成熟度和决策成熟度。如果无法通过最后这一关，我们仍然是僚机飞行员。

　　这次"升级"是十分重要的，因为在过去的3～4年里，你一直在追随着别人的脚步，由别人教导你学习与飞行。虽然单座战斗机有很强的独立性和自主性，但是附近总有一名更成熟的飞行员来引导你如何进行作战。想要成为长机，这种心态上的变化是非常重要的一步。

　　虽然我描述得很困难，但实际上的程序却很简单。就像所有的训练计划一样，每一个飞行科目在教学大纲里都有一个最低要求，只要保证训练的熟练度，通过这些要求并不困难。

　　成为长机，另一个重大的跨越是你得学习飞行简报的艺术。一场好的飞行简报不应该超过90分钟，这听起来很久，但我可以告诉你，事实并非如此。目前除了少数情况，所有参与任务的飞行员都要提前协调编写计划。和平时期，简报室位于飞行中队的一个叫作"保险库"（Vault）的地方，它藏在一扇巨大的金属门后面，就像是银行的金库。里面包含了中队各种任务所需的保密信息。这间房间大概10英尺宽，15英尺长，足够容纳一支四机编队的飞行员完成一场飞行简报。简报进行时，僚机飞行员们围坐在桌旁，而长机飞行员则站在他们面前进行讲解。简报室里还有一块白板用于绘制各种细节和战术场景，另一块可滑动的黑板则用于呈示大多数任务中的通用标准，比如武器投放规则、转场信息和地面操纵规程等。

　　长机飞行员负责组织和讲解飞行简报，从他开始的那一刻起，所有人的手表都必须对时以保持同步。随后，他开始简要地交代任务序列。首先是一次快速预览，这里讨论的是所有飞机都在非战术情况下的飞行计划，比如起飞类型（加力或不加力起飞）、编队、路径、通信和降落顺序等。其所交代的情况与飞行员的飞行能力、训练要求和天气有很大的关联。应急计划也是飞行简报的重要组成部分，假如编队内的某架飞机发生故障怎么处理？如果发生故障的是长机，那么剩下3架飞机谁要成为长机？如果需要空中加油？如果需要夜间飞行？还有太多的"如果"，所以这里仅仅讨论较大概率会出现的情况，战斗机飞行员早已习惯在时速400节的战斗机里处理各种险情。

　　在进入任务之前，一次典型的飞行简报在临近结束时会花费大概20分钟的时间进行讨论和回顾，我们管这个过程叫"要旨"（Meat）。就像一次典型的"野鼬鼠"任务，以发现和摧毁一座SA-6阵地、保护己方的攻击机顺利投弹为目标。"要旨"的第一步是布置出一张任务"宏图"（Big Picture），这其中包括了攻击机机队的构成，进入目标的路径、时间和无线电呼号。最新获得的情报也需要温习一下，这包括目标的位置、地对空导弹和防空炮的部署地点，以及它们可能做出的反应。一名经验丰富的长机飞行员会告知飞行员们额外的信息，例如如何使用对抗和干扰措施，当友机被击落时应该如何组织搜救等。

有关如何攻击敌人方面的信息最为详细，毕竟这是我们的本职工作，所以携带武器的搭配和数量也是我们讨论的重点。像上面的情况一样，这里同样充满了很多变数和偶然性，不过也有相应的重点。譬如一枚导弹突然攻击你，或者一架米格战斗机突然出现，这个时候你该怎么办？如果你选择躲避，那么你要怎么样才能重新投入对地面目标的攻击？如果目标区域的天气状况过于恶劣该怎么办？我们可能面临的麻烦实在是太多。

冷战结束后，我们被部署到别的基地进行训练。虽然时间不是很长，但通常可以去很棒的地方。在欧洲，我们在萨丁岛（Sardinia）进行空对空训练，在英国和西班牙进行空对地训练。训练要求无穷无尽，你不得不去投掷如此多的炸弹、发射那么多导弹、完成无数次的夜间起降……每个月总有那么几次，我们必须以相当高的精度投下足够多的炸弹，以保证我们处于任务就绪状态。当德国天气不好的时候（每年大概有6个月时间），我们就去别的地方训练。

我第一次去西班牙是到萨拉戈萨空军基地（Zaragoza AB）参加一次海外部署，这对我们来说是好事，因为我可以和自己的弟兄们在阳光明媚的西班牙飞行30天，西班牙的冬天比德国的冬天要暖和太多了。几千年前，萨拉戈萨曾是罗马军队的驻地，在我们来到这里之前，哥特人、阿拉伯人、各种宗教团体和拿破仑都曾经来过这里。但这儿依然是一座美丽的城市，鲜艳的花朵淡化了中世纪的味道，摩尔式建筑依然占据着至高无上的位置。

我们几乎每天都要沿着美丽的西班牙海岸飞行，进入巴德纳斯靶场。在这里，僚机会变成更优秀的僚机，而长机也会变成更优秀的长机。晚上我们通常去军官俱乐部打发时间，喝着当地甜美的桑格利亚气泡酒，唱着歌谣，在开放式的烧烤架上烧烤。花香、肉香和新鲜水果的果香永远铭刻在我们的心中，这就是西班牙。

这绝对是个适合居住一辈子的地方。

每隔几天，在不影响训练的前提下，我们可以乘坐出租车去市中心吃饭逛街，每一名刚来到萨拉戈萨的不谙世故的美军飞行员都会体验一场"绿豆之旅"。新人在进城那天，都会由他的教官带领着穿过萨拉戈萨中心大教堂，来到一条阴暗的小巷，巷子里面挤满了推车，遍布着各式小吃店。

其实这是一场捉弄新人的把戏，谨慎的新人会严格执行教官的每一道命令，不管教官让他吃什么，他都会照办。活动的最后，他还不得不喝下一种被当地人称作"提托"（Tito）的红酒，这种烈酒还是盛装在皮袋子里的。有时其他中队的闲人也会加入这场闹剧。

他们围着新人，让他遍尝美食并畅饮"提托"，看他能不能坚持不呕吐。尽管会被拼命灌酒，但据我所知，还没人敢在这里喝到酩酊大醉。这条小巷的尽头有一座广场，中队的指挥官和高级军官们会在那儿守株待兔，我在这一年里见过几次，他们通常选择安静地喝着普通饮料。当地人似乎对我们很热情，不过这都是演技，他们只喜欢我们口袋里的钱。

这项特殊的活动结束于一场"命名"仪式。战斗机飞行员都想要一个响亮的无线电呼号，就像你在电影里听到的那些很酷的绰号一样。谁不希望成为"小牛"（Maverick）、"冰人"（Iceman）①或者"雷神"（Thor）呢？

愿望当然是这样。

但现实情况可能跟你们心里所想的有点儿不太一样。当然有一些既好听又有男子气概的呼号，像我就听过什么"重击"（Slash）、"魔法"（Magic）、"破坏者"（Crusher）、"暴徒"（Bruiser）和"风暴"（Storm'n）等呼号，就算是"幽灵"这种呼号其实也不算太坏。实际上，呼号通常源自这名飞行员做过的一些让人印象深刻的事情，而且不一定是好事情，或者这个飞行员本身就是一个混蛋——"J雷"（JRay）②、"巴尼"（Barney）③和"摩西"（Moses）等都是极佳的例证。

"滑雪者"（Slider）是一个降落时忘记放下起落架的笨蛋；"划痕"（Scratch）是一个在降落时擦伤了机腹的倒霉蛋；而一个无意中在低空突破音障从而导致5英里内的所有玻璃破裂的冒失鬼则被我们取名为"大声公"（Boomer）。

"开关"（Toto）④——这是个意外关了自己发动机的家伙。我甚至听过

---

① "小牛"和"冰人"是好莱坞空战电影《壮志凌云》中主要角色的无线电呼号。
② "J雷"实际指的是刺杀马丁·路德·金的杀手詹姆斯·厄尔·雷（James Earl Ray）。
③ "Barney"一词有争吵、骚乱和动乱之意。
④ "Toto"实际是"throttle on, throttle off"的缩写，意为"开关油门"。

一个"水泡"的传说，这家伙在大西洋上把自己弹射了出去。所以取呼号这其实是一个公平的游戏，呼号的诞生取决于你的所作所为，也包括了个人的特征和外表。所以我们也有"奥佩人"（Opies）①和"伍基人"（Wookies）②，甚至是"驴鞭"（DDong）③。我相信这家伙的妈妈肯定会非常自豪。

这其实是一场公平的游戏，呼号的诞生取决于你的所作所为，而且呼号也是有一些规矩的。首先，也是最重要的一点是，如果你已经取了一个呼号，那么这个呼号会跟着你一辈子，你永远都不能更改它；其次，就算你在三个不同的地方飞行（比如欧洲或者远东等地）你也只能使用同一个呼号；最后，再重复一遍，就算你很讨厌你的呼号，它也会伴随你度过你的整个飞行生涯。

我的呼号是"二狗"（Two Dogs）。当时我的战友们正在谈论一个关于美洲印第安人怎么给自己的两个孩子命名的老笑话，而我只是随意插了一句嘴："你们为什么不聊两只狗怎么在夜里交配？"便获得了这个呼号。我确实不怎么喜欢这个呼号，但想一想，也许还有更坏的，比如"本垒打"（Homer）、"克拉肯"（Kraken）④和"摩托"（Moto）⑤。不管怎么样，当时我不是很开心。老实说，在那个西班牙的深夜，就算他们管我叫"辛迪"我都不在乎，只要能放我赶紧回到宿舍的卫生间里解决内急。

在西班牙的那段时间，我们还有机会去一次西班牙的"里维埃拉"——布拉瓦海滩⑥，那里到处都是穿着沙滩裤的美国人和小号"速比涛"牌泳衣的欧洲人，大家在沙滩上一边享受日光浴一边欣赏靓妞。照我说，沙滩上确实遍布身材一流的年轻姑娘，但并非人人都养眼，总有"那种"德国中年妇女乍然闯进视线，毁掉这美如画的海滩绝景。这就像生活，并不总是完美。

---

① 奥佩·泰勒（Opie Taylor），美国哥伦比亚广播公司于1960年出品的著名系列情景喜剧《安迪·格里菲斯秀》中的主要角色——一个淘气但天真的小男孩。这里用复数"奥佩人"（Opies）是调侃这名飞行员性格比较孩子气。

② "伍基人"原是经典好莱坞科幻电影《星球大战》里的一个外星种族，具有毛发浓密的外形特点。显然这个呼号也是在形容这名飞行员毛发浓密。

③ "DDong"是"Donkey Dong"的缩写。"Dong"实际是"Dido"，俚语意思是假阳具。

④ 传说中的北欧海怪。

⑤ "无聊大师"（Master of the Obvious）的缩写。

⑥ 里维埃拉是对从法国到意大利的地中海沿岸区域的统称，该地区拥有典型的地中海气候，是著名的度假旅游胜地，西班牙的布拉瓦海滩与其非常相似。

我们必须在西班牙北部的巴德纳斯靶场度过至少两天的时间，靶场控制官（RCO）由一名合格的飞行员担任，自然，这个脏活儿会落到新人头上。当获得靶场控制官的许可后，飞机才可以在靶场进行投弹。除此之外，靶场控制官还要负责处理出现紧急情况的飞机，并且正确地给飞机投下的所有炸弹打分。虽然空军把这件事丢给新人干，但这并不是一件没有技术含量的工作。

空军在靶场还有一支分遣队，负责摆放地面目标维护计分装置等。成员们似乎都是西班牙裔美国人，而且喜欢说西班牙语。管事的是高级军士维克（Vic），我到最后都不知道他姓什么。我们总是说"跟着维克走"，因为他喜欢带着我们穿梭于西班牙的大街小巷，带我们去吃晚餐和逛景点。他甚至还在我短暂的西班牙之旅中帮我达成了一项不可思议的成就：与潘普罗那（Pamplona）的公牛一起赛跑。

500年前，西班牙纳瓦拉（Navarre）的商人们就开始去潘普罗那的集市卖掉他们的商品，他们把牲口拉到狭窄的街道上等待出售。为了证明自己的货物有多么强壮，他们会让这些牲口在街上"赛跑"。而一些有劲没处使的毛头小子们也找到了乐子，他们为了证明自己也很强壮，就和公牛一起赛跑，并以超越公牛为目标。随着时间的推移，这逐渐成为一场仪式。每到圣福明节（Feast of San Fermin）期间，人们就会举行这样的活动，每天早上把街道清空，然后进行人与公牛的竞赛。

从职业角度考虑，战斗机飞行员不应该参加这种活动，因为这项运动极具风险，每年都有上百人因此受伤，甚至丢掉性命。但是激将法对于战斗机飞行员来说是屡试不爽的，你越不让他们去做的事情，他们就越想去尝试。我只记得节日的当天十分热闹，漫天的烟花，人们纷纷戴着红色的手镯摇旗呐喊。当地人都赤脚穿着白色宽松的工作装，很明显，这样更容易看到血。我还清楚地记得，人们（主要都是天不怕地不怕的年轻男人）在这条狭窄而又崎岖的街道上冲刺，这种感觉很棒。我惊觉身边有个东西摇来晃去，余光一瞥，突然意识到这是公牛的牛角。于是我立马向离得最近的一堵墙冲过去，还好，我确实跑得比牛要快一丁点儿，然后有几只手把我拉出了街道。

为什么要冒这么大的风险来参加这项疯狂的活动？要是被牛角给顶到眼睛或者裆部，那我的事业和人生就全完了。为什么要和一头被激怒的公牛比个高下？不为什么，老子就是喜欢这么干。其次，我在大学期间读过海明威写的小说《太阳照常升起》（*Sun Also Rises*）[1]，海明威做到了，我也必须这样做。不得不承认，文学的确在高等教育中起到了很好的作用。

总而言之，我在西班牙的日子过得非常愉悦。既能驾驶超音速的战斗机，还能游览美丽的欧洲景色。而那些能把我从这种梦幻般的生活中拉回来的事情，比如结婚、生子和战争，那都在遥远的未来。现在我掌控着自己的生活，中队指挥官也对我的成绩很满意，我被提拔成一支四机编队的长机飞行员，并在1990年年底获得飞行教官资格，而那时我还只是一名中尉。

但8月份的时候，这种优哉游哉的日子结束了。在伊拉克入侵科威特之前，我还从未听说过一个叫萨达姆·侯赛因的人。当休假被取消的消息传到我耳朵里的时候，我才刚刚从世界地图上找到伊拉克。所有计划中的训练课程也都停止了。我们其中一些会说法语的飞行员专门去了一趟法国，会见了那些带过伊拉克飞行员的法国教官。但说实话，当听说伊拉克人是法国人教出来的后，我立刻松了一口气。我的意思是法国人打仗怎么样，大家都很清楚。内利斯空军基地（Nellis AFB）和中央情报局都忙碌了起来，开始制定对付伊拉克人的战术，而我们也将不可避免地卷入这场战争。

"野鼬鼠"，要再次大显身手了。

---

① 《太阳照常升起》是美国作家海明威创作的长篇小说，故事背景也是潘普罗那的斗牛节。

第三章
大开眼界

1991年1月19日

伊拉克北部 ，摩苏尔

"'火炬（Torch）'……开始进入战区前的座舱设置和调整。"

我的手在座舱里高速地工作着，进行作战前的开关设置检查。我调整了干扰弹的投放设置，并且调高了雷达告警接收机的告警音量。我收紧了肩带，再次检查了携带的所有武器弹药。我盯着我的主武器开关，确认一切妥当后，解除了武器保险，这意味着现在我只要一按下操纵杆上的投放按钮，机翼下的真家伙就会立马发射。

我深吸了一口气，盯着左侧距我1.5英里的那架F-4G。在F-4G左侧1英里处，是另外一支由F-16和F-4G组成的双机编队。我们现在使用的是流体四机编队，这是四机编队队形中的一种，总的来说就是4架战机分别处于一个等边梯形的4个角上。这种编队的优点是战机之间有很大的空间可以机动，而且敌人也很难一下子看见4架战机。这是一个能见度极佳的美丽清晨。我们的身后，一架KC-135加油机正在土耳其东部那白雪皑皑的高山上盘旋。从这一刻开始，我们只能靠自己了。

我们的前面是扎格罗斯山脉锯齿状的山峰，过了扎胡山口，我们就将进入伊拉克。直到去年8月，我们还不知道这个国家在哪儿。萨达姆·侯赛因犯了一个巨大的错误，他入侵了科威特，以为这样就可以威胁沙特阿拉伯的加瓦油田（Ghawar oil fields）。其实我一点儿也不关心他们是怎么结下梁子的。因为我只想着怎么去打仗，而且由于这是我第一次踏进战场，所以对我来说，前方等待着的必将是一场惊心动魄的冒险。

事实上我还挺兴奋的，因为历经了超过3年的高级飞行训练，我终于能上前线了。我位于第一批从北部前线进入伊拉克的战斗攻击机机群的最前端，在正确的地点，正确的时间，坐在正确的飞机上。我努力地让呼吸和心跳保持平缓，随着山脉从机翼下方掠过，伊拉克北部的大平原逐渐出现在我的视野里。随后头顶出现了大量的凝结尾迹，那是F-15机群正在爬升过30000英尺向南前进，去处理那些可能出现的米格战斗机。

"'链锯'（Chainsaw），这里是'剃刀（Razer）1'，请求提供当前空域的战术态势信息。"

"剃刀1"是我们的任务指挥官，他想知道我们的敌人在哪儿。

预警机在伊拉克南部上方盘旋并进行监视，类似这样的通讯我在训练中早就习以为常，但由于正处在危险的战场之中，所以接下来发生的事情让我略感不适。

"'剃刀'……情况是……3支编队，靶心1—5—0方向，距离45，中空，航向向北，敌机。"

"靶心"是指一个空域内所有战斗机的共同参考点，这是一个绝对位置，没有任何地理意义。但是这有利于预警机精确提供目标的位置，再由各名战斗机飞行员依照信息自行换算出敌人与自己的位置和距离。而今天，靶心的位置就在摩苏尔城里。

显然，敌人还不知道他们的位置已经被我们知晓了。我们使用特殊的无线电台进行通讯，它的名字叫抗干扰跳频电台（HAVE QUICK），它会将一段话用不同的频率播出，这样就算敌人能听到某一个频率的内容，他也仅仅能听到一段话里的一个字而已。这时，我的大脑已经处理完预警机提供给我们的信息了：摩苏尔东南方向有3支敌方编队，他们正在向北飞行。

明显是冲着我们来的。

我们的任务指挥官，来自西班牙托雷洪空军基地（Torrejon AB）的F-16中队长此时显得很冷静。随后我就听到头顶那支F-15编队的长机回应了预警机的通报，然后他们打开加力，加速向南飞行去拦截这批米格战斗机。

"幸运的家伙们……"我嘀咕道。但我确信再过几分钟，待我们飞到那些防空导弹的射程内之后，我们也可以大显身手了。

就在所有通讯暂停了大概半分钟后，那些F-15们正在较着劲儿，看谁能打下第一架伊拉克飞机，而其他人则默默地关注着他们的战况。随着攻击机机队的先头单位进入地对空导弹的攻击范围，这种短暂的宁静瞬间被打破。

"'柯南（Conan）1'……受到来自南面的雷达锁定。" F-15的无线电通讯表明，一架敌方战斗机的雷达已经将其锁定。

"'剃刀3'……受到来自SA-2雷达的照射……西南方向！"又有一架F-16被一台在南面某处的SA-2雷达发现了。

"'创'（Tron）……电子干扰启动！"EF-111①开启了它的干扰系统。

"'柯南4'！导弹升空……来自摩苏尔！"

我不知道他说的是地对空导弹还是敌方战机的空对空导弹。

"地对空导弹升空……从摩苏尔发射……"

这意味着伊拉克的防空系统已经开始攻击我们。

"'火炬1'……使用'哈姆'（HARM）②攻击SA-2！"

我们开始发威了！我偏了下脑袋，看着"哈姆"导弹的尾焰从我的机翼下方蹿出去，干净利落，一气呵成。我之前从没见过这种光景，一枚真正的导弹从我的机翼下发射，拖着白色的尾迹扎向地面。突然，我惊讶地发现地面上又出现了几条灰色的烟带，就像几根扭曲的手指一样迅速地向天空伸展。

地对空导弹！

---

① EF-111电子战机之所以使用"创"这个无线电呼号，是因为"Tron"是著名好莱坞科幻电影《电子争霸战》的英文片名。

② "哈姆"（HARM）为攻击防空系统的AGM-88高速反辐射导弹（High-speed anti-Radiation）的简称。

我敢肯定我至少看见了4枚导弹，而且就是冲着我们过来的。我赶紧瞄了一眼我的告警显示器，几个数字"3"重叠在一起（"3"实际指的是SA-3导弹）。就像被一根锋利的长矛贯穿了胸膛一样，我被吓蒙了。我此前从未体验过如此近距离地接触死亡。

惨白的天空下，几条灰色的轨迹正在追逐坐在战斗机里的那个人，轨迹尽头就是带着高爆战斗部以3马赫速度飞行的SA-3导弹，而它的目标就是我……

我十分紧张，随着时间的流逝，我的意识逐渐集中。此时驾驶舱闻起来就像一条沾了水的狗，我的座椅用的是羊皮坐垫，但它早就发霉了。发动机的震动通过地台传到脚上，这让我的脚后跟随着发动机的震动而一起抖动。当真正遇到一个你不认识的人试图用各种方法干掉你的时候，无论经受过多么严格的训练，你在这种情况下都会显得苍白无力。而你需要做的就是别停止思考，并做出最正确的反应。

我做到了。

"'火炬2'……SA-3……南……"

随着导弹升空，发动机燃烧产生的白烟就像白色的羽毛覆盖在尘土飞扬的棕色地面上。

我的长机飞行员是一位硬汉，他的呼号是"逆戟鲸"（Orca）。他冷静地告诉我们导弹来了，然后用教科书式的方法规避这枚导弹——把导弹放到你的左翼，这会给使用雷达跟踪的导弹带来很大的麻烦。但这些导弹一枚接着一枚，大量的热焰弹在F-4G后面开了花，我也不停地按下自己的干扰弹投放按钮。体型庞大的"鬼怪"翻了一个身，继续向着伊拉克深处前进。在接近20000英尺的高空被敌方的防空火力不断地攻击，这对我来说绝对是一次全新的体验。

向南面望去，我只看见一条导弹尾迹。不过雷达告警接收机显示器上依然闪烁着数字"3"，头盔里的语音告警也在不断地冲击着我的脑袋。当这枚导弹从侧面冲着"逆戟鲸"飞过来时，"逆戟鲸"做了一个漂亮的垂直向上机动进行规避，这枚SA-3显然无力应对这招，堪堪擦着他的翼尖飞过。与此同时，我们全体转向以避开这枚导弹的必经之路，然后继续爬升转弯并不断地释放干扰弹。

我盯着"逆戟鲸"从筋斗中改出，然后发现自己被夹在那些"鬼怪"和地对空导弹中间。于是我在"逆戟鲸"身后1英里处不断地做着桶滚。桶滚是一种有效的防御机动，但是它的高过载让我汗流浃背且呼吸困难。我们的机动和那些不断释放出的干扰弹还是挺管用的。至少有3枚导弹攻击了我们，但我们都顽强地活了下来。

"'二狗'……对着2—0—5方向盲射一枚'哈姆'。"

混乱的战斗中加入了我的个人色彩，因为在各种复杂的战场环境下，辨识度极高的呼号是找到一个人最快的方法。"盲射"（Slapshot）是一种快速发射导弹的方法，当我们只知道敌方雷达的大概方位时，使用这种方法发射"哈姆"，它会自己追踪这个方向的雷达信号，找到地对空导弹阵地，然后干掉它。

我调整航向到205度，盯着抬头显示器上用来显示"哈姆"搜索方向的提示环，接着把目光移到了抬头显示器底部，确定武器已解锁。然后我按下了操纵杆上的那个红色按钮。但接下来什么都没发生，于是我下意识地看了一眼左翼，突然之间，伴随着飞机剧烈的晃动，"哈姆"咆哮着离开了发射导轨。

"去你的……"终于发射出去了。

"'火炬2'，使用'哈姆'攻击SA-2！"

发射完后，我立刻拉起爬升。这么做是因为"哈姆"的尾烟还是非常明显的，而我们的敌人并不是傻子，也就是说他们可能会顺着导弹的烟迹找到我的座机。

随后，无线电里又变得嘈杂起来。那些F-15飞行员们正在讨论怎么击落米格战斗机。更多的地对空导弹还在攻击我们。我们的攻击机机队因为他们背后的空中威胁而被迫提前投掷了炸弹。

在他们后面？！

我的大脑飞速运转。按照从书中学到的那样，我先冷静下来，然后开始用雷达扫描天空中的情况。如果我们这批先头部队的后面会有米格战斗机，那么他们会在哪里呢？

突然，我明白发生了什么。一些F-15的飞行员看到我们的"哈姆"发射，他们误以为这是空空导弹。我笑了，但这是可以理解的，因为在训练中我们从没经历过这些，而他们有这么强烈的警戒心也是一件好事。

我不用去折腾雷达了。

"'剃刀1'……从北面进入……'剃刀3'从东南面进入。"

任务指挥官的声音冷静而又清晰，这是一名久经沙场的战士才能体现出来的战争素养。我向前看了一眼，一大群F-16滚转一周后开始向下俯冲。

他们的对地攻击路径相当直接，通常在4000英尺的高度进入攻击位置，然后确保没有和别的飞机攻击同一个目标。理论上，攻击起始点就像一扇大门。在攻击之前，先用对空雷达确认没有发现敌机，然后打开飞机上的反制系统。进入攻击起始点，飞行员需要将自己进入攻击的距离和方向告知他人。到这时，他们就需要把有关弹药的一些参数，比如投放数量、投放间隔和引爆方式等输入任务计算机，然后对着目标投掷炸弹。这一切都可以提前计划，并且变数不大。

但我们"野鼬鼠"干的活就没有这么轻松了，因为敌人的防空网是不可预测的，移动式防空导弹是满地跑的。在没有固定目标的情况下，你自然不能计划攻击的具体内容，所以我们都需要随机应变。

"'火炬3'……规避从南面发射的SA-3！"

说话的是我们四机编队中的一架F-4G的机组。我没看见这架F-4G在哪儿，不过确实看见了两枚导弹升空。我们现在更为接近伊拉克的腹地，可以很清楚地看见摩苏尔。幼发拉底河在晨光的照耀下就像是一块漂亮的绿松石，我还能看见有4辆汽车正在跨河大桥上行驶。市中心被绿色覆盖，还有一座大型公园。灰色的郊区道路四通八达，西南方向的河西则是机场。那里有大量的混凝土建筑，还有很多用来保护地面飞机的防空炮和防空导弹。这里就是我们的目标，如果我们今天摧毁了机场和跑道，那当我们向南推进到巴格达时，就不会有来自摩苏尔的空中威胁。"野鼬鼠"的任务是压制和摧毁地空导弹部队，以便攻击机在机场投掷炸弹。

"逆戟鲸"并没有吭声，但是我看见他的F-4G已经对准了机场的防空单位，这时"哈姆"拖着尾焰从他的机翼下射出。

他为我们指明了攻击航线，所以我拉起机头贴到他的另一侧。现在我的下方到处都是友机，担任攻击机的F-16开始在目标上空投弹，之后他们拉着翼尖涡脱离攻击并准备下一次攻击。而我也开始俯冲，翼下的两枚2000磅重的Mk 84炸弹早已饥渴难耐。很快，机场就被爆炸造成的火光和烟雾所笼罩。

突然，一片闪光引起了我的注意。我下方有无数的灰色斑点在天空中闪现，那是防空炮。我按下了麦克风按钮：

"防空炮，10点钟方向……火力有点儿猛。"我紧张到忘记在通报情况前报出自己的呼号，幸运的是，长机还是听出了我的声音。这种错误可不是什么小事，如果你不告知自己是谁，那么别人也很难判断你所说的情况发生在什么地方。

F-4G机组并没有畏缩，带头冲了下去，而我也跟上了他们。通过不断改变飞行高度，至少在地面的敌军炮手下一次开炮的时候，我们可以骗一下他们。

"'镭射（Lazer）3'正在准备攻击……预期到达时间30秒。"闻言，我终于想起来要检查下自己的燃料情况。有一架攻击机没有成功投弹，它正准备第二次尝试。

"'火炬'收到，""逆戟鲸"立刻回应了他，"我们从东边掩护你。"

我扫了一眼天空，被天空中纵横交错的尾迹惊呆了，那些比较淡的尾迹来自战斗机，而更厚的则是导弹的。

"'镭射3'正在进入！"

"'二狗'……盲射SA-3，摩苏尔！""逆戟鲸"咆哮道。

这一次，我对准了目标，然后发射完了所有的"哈姆"。但我惊讶地看到，"逆戟鲸"的F-4还在冲着6英里外的摩苏尔飞。

"'火炬'……攻击地对空导弹阵地……攻击地对空导弹阵地……"

我傻了，他到底在干什么？我们两个都没弹药了，他拿什么攻击那些地对空导弹阵地？

"攻击……攻击SA-3……摩苏尔。"

我又上了一堂战斗课程。伊拉克人不知道我们已没有导弹，但我们知道他们会偷听我们的无线电通讯，所以"逆戟鲸"那些话纯粹是演给伊拉克人看的。伊拉克人可能迫于压力，关闭防空导弹的雷达。在"逆戟鲸"掩护最后一支双机编队攻击机场的同时，他用自己的战机去吸引敌人的防空火力，好让那两架攻击机可以安心投弹，这就是"野鼬鼠"的职责所在。我则在稍微高一点儿的地方晃悠，帮着他们观察地面的情况。在我身下5000英尺的地方，两架F-16拉着翼尖涡脱离了目标。

"'镭射'编队没有击中目标……从北面脱离攻击。"

"'火炬'收到，脱离航向0—3—0。"

当我再次把目光放到"逆戟鲸"身上的时候，发现他拉起了"鬼怪"的机头，在机场上空做了一个桶滚，一个个橙色的光点在"鬼怪"周围爆开。不过，在经历了十多分钟的惊心动魄后，我对这种小打小闹已经很淡定了。

我们向北缓慢爬升，这时我才意识到，我们可能是最后一批撤离的攻击机。"野鼬鼠"的另一个座右铭是——"第一个来，最后一个走。"我们确实这么做了。我扭头看了一眼机场上空飘着的棕黑色漏斗云，而那些低空导弹的灰色尾迹也还没有完全消散。

攻击通用频率里，一些正在我们的头顶上飞行的F-15飞行员们讨论起如何攻击伊拉克的战斗机，我也很希望自己能有机会打下那些米格战斗机。爬升过20000英尺后，我们向北转向飞往土耳其。天上的景色让我惊叹不已，晚霞灼烧着薄雾，边界上的墨绿色山峰直插云霄。西边，叙利亚的浅棕色平原一望无际；我右边则是扎格罗斯山脉。最令人惊叹的则是拥有巨大白冠的亚拉拉特山，山背后就是苏联的地盘。

我兴奋得摘掉氧气面罩，擦了一把脸，决定第二天上机时记得带上一瓶水和一些吃的。我还要记下今天学到的经验：永远不要直着飞，随时改变飞行高度；在条件允许的情况下，背对太阳进行攻击。

其实这些经验从第一次世界大战开始之后就没有改变过，虽然早就知道这些规矩，但是只有通过实战你才能深刻体会这些技巧真的可以保命。

突然，一根杆状物在我和F-4G之间爆炸。整整一秒钟我都没有反应过来，但是"逆戟鲸"立刻驾机转向西面，接着一串发光的热焰弹从他战机的尾部释放出来。

"该死！"我也跟着释放热焰弹，然后驾机滚转规避。这时我意识到，伊拉克人把便携式防空导弹带到了海拔12000英尺的山顶上，正冲着我们的尾迹开火。

"逆戟鲸"也注意到了这一点，因为他已经开始驾机下降高度以避免产生尾凝。之后我们翻过山峰，进入了土耳其。我又上了一课：如果你不想被地上的人发现，你就要避免在能产生尾凝的高度飞行，也不要在敌人的地盘上放松警惕。

我做了一个深呼吸，摇了摇脑袋，放松下僵硬的颈椎，安慰自己：此时我们飞行在凡湖（Lake Van）的上空，正准备前去与加油机会合。多么美好的早上啊，我们终于安全地回到土耳其……

"'柯南1'……高威胁……发现'妖怪'……航向夹角15度，下方。"

"柯南"是在我们上方飞行的F-15。

该死的这是怎么回事？

"'火炬'编队……立刻侧转……立刻侧转！""逆戟鲸"迅速驾机向西侧转向；我则相反，驾机向东侧转去。我们默契地完成了一个钳形机动。这个动作的作用是，当一支双机编队被一架敌战斗机尾随时，两架飞机同时分别向两个不同方向转向，那么攻击方就只能选择其中一架进行跟踪，另外一架没被跟踪的就可以转回来向攻击方发起反击。

"'柯南'……这里是'链锯'……再重复一遍？"预警机控制员表示非常不可思议。

我们正位于土耳其空域，伊拉克的米格战斗机根本不可能溜进来，更不可能出现在我们身后，而且我们的前面就是加油机。我琢磨了一下，难道这些米格战斗机想要攻击加油机？我没时间用雷达进行大空域的扫描，于是把我放在操纵杆上的左拇指向前轻轻一推，选择了快速空战机动模式。这是一种快速扫描模式，雷达只扫描前方10英里范围内的东西，并且自动锁定所发现的任何目标。

我抬起头，看到了F-15的尾迹。快速空战机动模式的雷达搜索光标在抬头显示器里上下晃动，找到目标之前，我只能等着这两架F-15先攻击目标。在刚才的通话中，F-15飞行员提到目标是"妖怪"而非"强盗"[1]，这意味着他们并不能确定目标是敌是友。虽然我们在F-15和F-16上都装备了识别各种

---

① 美军称无法辨别敌我的飞行物为"妖怪"（Bogey），确定是敌方飞行物的为"强盗"（Bandit）。

雷达信号用的电子系统，但是只有在进行目视识别，或者确认敌意——比如目标朝我们其中一架战机发射导弹——之后，才能完全确定是不是自己人。

"锁定……锁定……"

令人惊讶的是，雷达居然真的抓住了一个目标。我睁大眼睛，一个速度超过500节、离我只有8英里的黑点正从下方向我们靠近。

我打开主武器保险，然后拉紧肩带，从抬头显示器的目标指示框里看见了那个东西——一架奇怪的喷气机，它正飞跃山顶。

"'柯南1'建立目视……'妖怪'……在10点钟方向……下方！"

"'柯南'……这里是'链锯'……再说一遍？"

预警机正常巡逻中，在我的余光里，大概4英里外的F-15的机翼反射出了光芒，它正俯冲接近那个目标。我跟F-4G相隔差不多5英里，现在我们开始转向彼此。这个不明目标被我们仨夹在了中间，插翅难飞了。

不管他是谁，他死定了，唯一的问题就是被谁弄死。

我笑了笑，选择了AIM-9"响尾蛇"（Sidewinder）导弹，然后让它的红外引导头跟住我刚才锁定的目标。然而它连番努力，却就是没法锁住那个目标，所以我只能靠得更近点儿。以我们此时的速度，这并不是问题，我可以在15秒内将8英里的距离缩短到导弹的射程内。

就在那儿！从目标指示框里，我清楚地看见了它。这是一架非常小的飞机，尾喷口还喷着黑烟，除了F-4以外，还没有哪款美国战斗机这么不环保，而这架飞机明显不是"鬼怪"。我一直尝试用"响尾蛇"导弹锁定它，可这导弹就是无法锁定目标。

该死的。

如果对面那架F-15当着我们的面抢先干掉了这架米格战斗机，那我所有的积蓄估计都要用来治疗抑郁症了。

准备抢夺战果前，我已经率先驾机下降了几千英尺。这么做是有道理的，因为我不打算给这架米格战斗机任何机会让它用雷达上视然后攻击我的座机。当我下降时，势能会转化为动能，可以让我在减小发动机推力的时候保持速度——这样便能弱化飞机红外特征，使之难以被对方用红外导弹锁定。我没有提前释放热焰弹，因为如果对方还没发现我，热焰弹就会提前暴露自己的位置。但是这样做也有风险，如果对方使用红外弹攻击，那我只有1~2秒的时间释放热焰弹。但总的来说，我不喜欢防守。

弄死它。我把油门收到军用推力档位，逐渐接近那个不明目标。

现在它离我只有大概4英里，比我稍高一些，"响尾蛇"导弹那独特的提示音终于响起，告诉我它已经锁定了目标。虽然我还不知道目标是什么型号的飞机，但已经能看出这架飞机是棕色的。它肯定属于敌军，因为我们没有棕色涂装的飞机。

我哼了一声，将右手拇指移到了发射按键上，接着无聊地盯着它的尾部喷烟，等待F-15识别它的身份。

"'柯南1'，友军！重复……友军。"那名F-15飞行员的语气听起来比我还失落。

逗我玩儿的吧……

我的大拇指从发射按键上移开，然后飞向长机。两架F-15跟在目标后面从我们身边飞过，当它们离我们只有半英里远的时候，我看见了那根插着一对短得难以置信的机翼的棕色圆柱。

米格-21！我被震住了。

"该死的这是一架米格-21！"我在氧气面罩里大喊，然后拇指回到了发射按键上。我当时的第一想法是，F-15犯了一个巨大的错误。伊拉克空军有米格-21，这正是他们熟悉的战术，躲在山里伏击你！

随着距离拉近，我才看清楚飞机尾巴上的白色星月旗，然后不得不再次挪开了拇指。

难以置信，该死的真的难以置信。

是土耳其空军。我的脑袋再次运转起来。我说为什么这架飞机看起来如此眼熟，因为这是一架美国制造的F-104"星战士"（Starfighter）战斗机，我在博物馆里见过它。然后我小心地把主武器开关关上。如今一个什么样的莽夫才敢穿梭在100多架全副武装的战斗机机群里？我靠在椅背上深吸了一口气：还能有谁？一个土耳其蠢货呗！我们继续向北飞行，F-15押着F-104回去了，预警机同样也对这名土耳其飞行员的行为表示不解。

空中加油对我来说还算一件乐事，每次你进行加油的环境几乎都是不同的，而且需要极高的技巧才能完成。虽然平时空中加油的程序会非常单调乏味，但在战时就不一样了。每一个加油区由3架KC-10或者KC-135组成，它们相距约3英里，不过处于不同的高度，所以我们分别管他们叫高、中、低加油机。高度最低的加油机飞行在整个编队的最前方，这么做是有原因的。首先加油机没有雷达，如果能见度不高或者在夜间，它们可能会和别的飞机发生碰撞，所以要拉开前后和高低的间隔。其次，这种大型喷气式飞机的尾流相当恐怖，当你从一架加油机的尾流中穿过时，就会明白这并不是一件好笑的事情。

想要完成一次空中加油，首先你得在雷达上找到加油机，然后告诉它你要过去补充燃料。随后你得在脑内绘制一幅三维态势图，注意加油机和其他数十架战斗机的位置。你慢慢地靠近这个大家伙，保持在它的机腹下面，看着巨大的加油飞杆伸过来……不管我见过这个景象多少次，每次我都兴奋得打战。当然，夜间或者天气不好，或者燃料耗尽的时候可就没这么轻松了。

但是个早餐依旧明朗，在这个世界上的一个奇特的角落里，我从第一次作战任务中幸存，这让我周围的一切变得更加美好。在喂饱我们的F-16之后，我们下降高度并转向西南，此时我们的基地离伊斯肯德伦湾大概有200英里的距离。

半小时后，我们就到达了因吉尔利克空军基地（Incirlik AB）上空。通常情况下，这种基地的进近程序已经非常完善，比如恶劣天气下的仪表进近等。但这里也有"最低风险"程序，旨在让更多的飞机更快地进行起降。现在想想，在这种地方担心肩扛式防空导弹或者小型武器的攻击未免过于谨慎了。不过那是战争的第一天，没人知道会出什么情况。所以，我们以500节的速度掠过跑道，然后以定高分层盘旋式（Stack）降落，还是很有趣的。

所谓的定高分层盘旋式降落是指从20000英尺的高度就开始直接下降。这种利用高度换取速度的降落方式不需要你的发动机输出额外的推力，因此你的尾喷口相对来说没有那么热，那些肩扛式防空导弹便很难锁定你。所以，就像我说的那样，这种降落方式十分有趣，"逆戟鲸"跟我差不多是最后一批降落的飞机。我们身后除了那两架F-15以外，估计就只剩下那架在25000英尺高空的加油机了，它必须要等所有飞机降落之后才能降落。

"'火炬1'……进入高层盘旋空域（High Stack）。"

他向我通报之后，驾机做了一个急转弯。当他说"进入中层盘旋空域（Mid Stack）"的时候，我才可以开始下降。于是我解开了面罩，放松了肩带，擦擦脸放松一下。为什么不这么做呢？难道这会儿还会出现敌人？

然而即便在正常情况下，这种做法都有一定风险。何况现在是战时，我这么干简直是彻头彻尾的自大。

当我看着下面的飞机盘旋下降，然后穿过跑道入口的时候，从基地的北侧升起了一道并不该存在的白烟。我真的连下巴都快吓掉了。

地对空导弹！

该死的……我想赶紧把这个消息告诉还在天上的人，然后按下了麦克风按钮。

地对空导弹！

但是一个更歇斯底里的嘶吼盖住了我的声音。

"导……导弹！导弹发射！冲着'埃克森（Exxon）21'来的！""埃克森"是一架加油机[①]，飞行员被吓坏了。他的声音听起来就像被灌肠了。

转瞬之间，这枚快得吓人的导弹在一架正在下降的战斗机旁边爆炸了。

长时间的沉默后，塔台的通讯频率炸开了锅。

"塔台……"

"因吉尔利克塔台，这里是'泰山（Tarzan）3'，从基地里发射出来一枚导弹。"

"该死的这是怎么回事？"

"……在基地以北的地方……爆炸了……"

"……大概7000英尺的高度。"

"'泰山2'……你没事吧？"

后来我们才知道，当时防御基地的"爱国者"（Patriot）导弹处于自动工作模式，这意味着一旦导弹系统检测到干扰，那么它就会自动锁定干扰源然后开火。没人能预见到上百架战斗机的干扰吊舱、电台和各种电子设备会对"爱

[①] 加油机之所以使用"埃克森"这个无线电呼号，是因为其源于著名的石油和天然气生产商埃克森美孚公司（Exxon Mobil Corporation）。

国者"系统造成什么影响。但可以肯定的是，它把一些自己人当成了敌人，然后锁定了最明显的信号，随后向其开了火。那名可怜的加油机飞行员估计已经被吓得尿裤子了，但谁能想到呢？

弄清楚情况之后，大家终于平静下来，开始了正常的通讯。我平稳地降落后，发现"逆戟鲸"正在跑道头等我。我把武器保险打开，这意味着我的炸弹、导弹和反制系统已经停止工作，而且可以防止因意外操作让它们被误投掷到地上。我在离他差不多30英尺的地方向他挥了挥拳头。他冲我点头笑了笑，而电子战官的双臂搭在导弹发射架上，头垂下去，看起来就像睡着了一样。但是后来我看见他的头盔转向我，并向我竖起一根大拇指。

1个小时后，我们向机务汇报了战机的情况，以便他们进行维护工作，然后脱下飞行装具，在飞行记录上签字，而后回到了中队的驻地。这里是一座在冷战时期修建的低矮狭长的建筑物，闻起来感觉自打古巴导弹危机后就被废弃了一样。但是不要小看它，它经过了特殊的加固和强化，外墙有接近6英尺厚，足以抵御可能出现的核打击。结束任务后的飞行员们在值班台把他们的文件放下，然后进入情报室进行汇报。情报室是一个没有窗户的密封房间，里面有很多存有机密资料的计算机。所有关于我们的飞机、武器和任务的机密信息都存在这里。我们也收集了敌人的资料，在地图上详细地标注了有关敌人的飞机和导弹的最新情况。在这里，我们会分享自己在作战中遇到的种种，然后讨论一切有关目标地区的情况。

最后，结束上述一切之后，我们会找一间空的简报室，详细讨论作战中的细节。我们会检视自己犯了哪些错误，并了解如何正确地处理，以便下次任务可以执行得更加顺利。我们还通过分析抬头显示器录像，判断使用武器杀伤了哪些目标。在这里，任何有关作战的细节，都会提交给任务规划室（Mission Plan Cell），这个部门则通过我们提供的信息来规划下一次任务。

我在整个训练生涯中都遵循了这个过程，所以这并不是什么新鲜事。不过这一次，我们的关注点全都集中在了战斗的过程和武器的杀伤效果上。而与战斗无关的事情，最多讨论了如何保证在上百架飞机中安全地飞行，或者不想再遇见土耳其飞机偷偷练习如何拦截我们，以及确定"爱国者"导弹明天不会再误伤自己人等琐碎小事。

在降落后的3小时里，我们会总结当天的战斗，并计划第二天的任务。规划中的方案是以一支攻击机机群空袭被SA-2、SA-3、SA-6和大量防空炮保卫得密不透风的基尔库克（Kirkuk）。尽管我们的F-15已经击落了十多架伊拉克战机而毫发无损，不过他们对次日情况的估计并不乐观。

今天所有的收获都会改变明天的状况，而这一切都压在联合联队的小部分飞行参谋身上。这些人多为少校或中校，他们活得很累，因为他们需要算计整场战争而非仅仅一次战斗。他们会把我们提供的一切信息，加上联军总部、五角大楼和白宫等部门提供的指导或者要求综合在一起，然后发布一堆名叫空中任务书（ATO）的文件。空中任务书里面规定了主次目标，使用的武器和攻击时间。

到达目标剩余时间（TOT）是一个很难在30秒内理解的数字。但是面对数百架飞机投下各种炸弹的状况，这对于减少混乱和友军误击至关重要。从飞机起飞到过境，再到空中加油，都有一个倒数到达目标剩余时间来规定你开始动作的时间。我们的任务指挥官几乎都是打过仗的老兵飞行员，如果可能的话，还有一名武器官来给他打下手，为他的任务规划战术。任务指挥官会考虑空中护航机队如何应对米格战斗机，哪些防空导弹阵地是"野鼬鼠"的首要目标等问题。在到达目标空域前，一支四机编队会被分为两支双机编队，任务指挥官将要决定谁在什么时候攻击谁。他们还需要考虑到无数的偶然事件，像是恶劣天气、次要目标和返航计划等。不过计划总是赶不上变化，难免有突发情况出现，这就意味着战术必须简单直接，从而尽可能地避免受到突发事件的干扰。

任务指挥官会根据飞机滑行时间和地面流量来下达起飞命令。在起飞之前，所有参与任务的人都要聚在一起，听取最新的情报，并翻阅一些影响每个人的资料，像是无线电频率、编队位置和过境点等。同时为了防范最坏的情况，所有人也会被告知用于营救被击落飞行员的战斗搜索和救援（CSAR）计划。

当任务指挥官宣布了基准时间后，每支中队都要建立自己的飞行时间表，以决定谁要在什么时候做什么。这是一个漫长而无趣的过程，但我们习以为常。

当兴奋伴随着肾上腺素的衰减而逐渐消失时，我意识到自己又饿又渴，喉咙就像被砂纸摩擦过一样。当你经历过一件非常危险的事后，你会保持思想和意识的高度集中。而此刻我特别想要一杯威士忌，让自己好好放松一下。

和那些阿拉伯国家的战斗机飞行员不同，我们有一间军官俱乐部，更重要的是，这里其实是一间酒吧。我们四人走进去时，仿佛一瞬间又回到了美国。这地方挤满了用肢体语言表达自己的人，事实上，如果想让战斗机飞行员们好好说话，唯一的方法就是在他们中间放一杯酒，或者一位姑娘。

大多数飞行员穿着绿色的飞行服，脖子上挂着救生浮领。墙边就是那张长长的酒吧桌台，上面摆满了酒瓶和酒杯。昏暗的灯光下，吊扇慢慢地搅动着雪茄产生的烟雾。其实所有的战斗机飞行员酒吧都差不多，飞行员们穿着飞行服端着啤酒或者白兰地，酒吧里充满了烟味、爆米花味和汗臭味。某个角落里，一支中队正在唱那首名为《小萨米》的歌。

我到家了。

没有一名战斗机飞行员佩戴着自己中队的臂章，因为我们不能在作战中佩戴臂章。大多数人都只有一个姓名条，而呼号则在胸前或者左臂上。不同中队的颜色是不同的，这个酒吧里我看见了至少6支中队：来自托雷洪和斯潘达勒姆的F-16飞行员；来自比特堡（Bitburg）和苏斯特贝赫（Soesterberg）的F-15飞行员；还有来自上黑福德（Upper Heyford）的F-111飞行员。预警机的机组也在酒吧里。令人惊讶的是，我还看见了那两名开KC-135的飞行员。他们显然已经被今天的事情吓坏了，喝得酩酊大醉，不过似乎一直没人同情他们的境遇，所以我们过去请他们喝了两杯酒。毕竟，我们向敌人发泄了自己的怒火，但是他们并没有这个机会。

"嘿，'二狗'！"有人喊我，我顺着声音在绿色的人群中找到了他。

"这里，我是'逆戟鲸'，到这里来坐。"

"逆戟鲸"冲我挥了挥手，当雪茄的烟雾散去时，我发现了不少自己人，都在酒吧深处，包括我们的指挥官，外号"魔漫"的中校戴夫·穆迪，他刚刚来到伊拉克。参战之前，是他带领我们离开了德国，不过他的战机在地中海出现了故障，花了足足两天的时间才修好，所以错过了今天的战斗任务。但今天早上他带着一面从一所破败的小学借来的美国国旗站在滑行道上，向我们所有准备出击的人致敬。这个画面令我终生难忘，"魔漫"就是我心中的英雄。

"'二狗'，你个小混球，"他把一杯东西塞到我手里，"今天怎么样，炸到什么了？"

"我……"

"他吓到双手发抖。"有人插话。

"迷失了自己。"另一个附和道。

"我……"

"牛仔，快把实话吐出来！"

一只毛茸茸的大手搭在我的肩膀上，我一转身，看见"逆戟鲸"站在我旁边。"你们都别逗他了，他做得很好，在摩苏尔附近干掉了一座防空阵地。"

嘘声随之而来，但"逆戟鲸"只是微笑。"当'爱国者'试图干掉他的时候，他居然没尿裤子，"他眨了眨眼睛说道，"这个小子立马动手打算干掉那台该死的玩意儿！"

他的话只有10%可以信，但那10%也差不多够我吹一辈子了。事实上，我确实没像那两名加油机的飞行员一样被吓破了胆。

更多的嘘声在我周围响起，每个人都在欢呼，他们抓住我的肩膀，然后把我推到吧台。"魔漫"咧嘴一笑，举起杯子说道："恭喜你活了下来！"我们碰杯然后一饮而尽，喝完后我被这杯酒噎住了，他被逗得笑个不停。

"这是……什么玩意儿？"我喘着粗气，盯着酒杯问道。

"苹果利口酒（Apfelkorn），加入了一点耶利米·韦德（Jeremiah Weed）调味。"

苹果利口酒是颇受驻扎在德国的战斗机飞行员们喜爱的利口酒。耶利米·韦德、杰克·丹尼威士忌（Jack Daniel）和杜林标（Drambuie）是战斗机飞行员们的标配。这3种酒单独饮用还好，但混合在一起相当要命。

周围非常热闹，随着酒精的作用，我逐渐被这种气氛感染，我很荣幸可以成为他们其中的一员。成为精英团队中的一员是可以炫耀一生的事，然而在成为精英之前，这一切都只有一个信念，那就是撑下去。但是，当你看着一些人以这样或那样的方式被淘汰，而你却坚持了下来，那么你获得的最大的奖励就是同行们的认可和自信心的增强。我非常幸运地成为这个景象中的一部分。

但在美国的基地里，同样满是飞行员，而他们晚上可以带着老婆回家。真希望他们跟我们换一下。

我非常自豪，就像我看到的那样：美国的利益受到了威胁，而我们则出面搞定这一切。伊拉克人几乎拥有世界第四大的军事力量，数百架喷气式战斗机，数以千计的地对空导弹，而我们刚刚端开了他们的家门。他们成功地惹恼了世界上最强大的国家，向美国竖了一根中指，不过今天我们把它掰断了；而明天，我们就要去算总账。

而在这里的我，就是要去做这件事的人。

在我右侧，一群人围在一起玩游戏。在我左侧，稍远的地方有一座舞台，虽然没有乐队，但有一台点唱机放了乐队主唱的位置，十多个穿着飞行服的家伙正跳着"万岁拉斯维加斯"（Viva Las Vegas）舞[①]。仔细一看，预警机上的几名女军官身边围了一大群男人。这些姑娘长得并不漂亮，套着飞行服也看不出她们的身材，但她们是这里唯一的女人，所以玩得很开心。不过预警机上的男性军官们却没聚在她们周围，我起了点儿好奇心，决定找找他们看。

我眯着眼睛在阴影中到处寻找他们的影子，无意中又注意到一张桌旁围了4名肤色深暗的飞行员，他们的衣服和头发一样利索。他们放弃了弄清一种名为"Crud"[②]的桌球游戏的规则，转而观看着舞池里的女军官们跳舞。

那是土耳其人。

他们从一个没有标签的瓶中倒出清澈的液体，我差点儿以为他们是在喝水。

"那是什么？"我指着土耳其人，在"魔漫"的耳边问道。

"马上你就知道了。来瓶拉基（Raki）！"他转身向酒保大喊一声。后者拿着两个酒杯和一瓶同样清澈的东西过来。

他再次眨了眨眼，并用标准的德国口音说了一句："Prost（干杯）！"

喝下去的瞬间我的眼泪就冲了出来。拉基是土耳其烈酒，这酒尝起来就像烟草伴甘草一样，我捏着鼻子才喝下去。"魔漫"看着我的样子笑了出来，

[①] 此舞出自1964年上映的由"猫王"主演的同名好莱坞歌舞爱情电影，该片又名《红粉世界》。
[②] "Crud"是一种基于台球开发的桌球游戏，由加拿大皇家空军飞行员群体发明，后来逐渐流行于整个北约空军部队。

然后就找别人聊天儿去了。最后我找到我那群年轻的尉官弟兄们，然后靠在吧台上看着这群人玩"Crud"。

这项游戏其实非常简单，游戏里只使用两种球——彩色的"目标"球和白色的"射手"球。玩法就是把目标球弄到球门里去干掉对手，而其他人负责阻止你把目标球送进球门。每个人轮流射击，如果你把球送进球门，那么在你之前射击的那个人就丢了一条命，每个人有3条命。实际上这项游戏只有两个硬性规则：第一，你不能击中裁判；第二，你只能从桌子的两端射击。除此之外，规则会根据谁在玩、有没有姑娘围观，以及每个人要喝多少酒自由改变。

今晚，大家都被睾酮、肾上腺素和酒精给刺激了。经过了一整天的玩命战斗，又加上有姑娘观战，战况多么惨烈自不用多说，简直从桌游变成了摔跤比赛，任何不算过分干扰对方的动作都可以使用，比如把你的对手从桌子上拖走。一些人已经一瘸一拐，还有一些人则鼻青脸肿。

这会儿军官俱乐部面向所有人开放，不过还是以战斗机飞行员为主，如果有非战斗机飞行员晃悠进这里，那他们很可能就是想给自己找麻烦（姑娘除外）。我注意到有两名这样的军官靠在墙边，显然他们不喜欢这种吵闹的野蛮行为。两个人都穿着干净的战斗服，靴子擦得铮亮，肩膀上还挂着防毒面具，非常搞笑。我们不认识他们，所以也不知道他们为什么会出现在这儿。

突然，电视屏幕开始闪烁着红色的光芒。

"什么玩意儿？"我旁边一个人指着电视问道。随后，基地的广播系统开始播报。

"敌袭……敌袭……红色警报……红色警报……"

这意味着基地被攻击了，所有人都应该立刻寻找掩体。不过玩游戏的人还在兴头上，喝酒的人更是连头都没抬一下。酒吧的工作人员倒是直接藏到了桌子底下。只有那些预警机的机组第一时间冲出去试图搞清楚状况。战斗机飞行员们涌到吧台边，趁那位土耳其酒保拒绝从制冰机下面爬出来的时候，开始自由取用酒水。

这时，那两名穿着铮亮的文员皮靴的作战参谋也挤到了一张桌子下面，双手还牢牢地抓紧桌腿，其中一人从背包里掏出防毒面具。

"就一块儿薄皮橡胶，他们为啥觉这种玩意儿就什么都能防了？"我问了一名在我身边的"鬼怪"飞行员。

"不知道，"他耸耸肩，接着倒了一大杯苏格兰威士忌，"我现在只想喝酒。"

"出来吧，"另一名呼号为"狂犬"（Cujo）的"鬼怪"飞行员把头伸进桌子下边儿跟他们说话，"我们要坐下来了。"我们拉起椅子，走到两位作战参谋的"防空桌"边，然后坐了下来。于是那两名参谋开始骂骂咧咧，因为我们的靴子侵占了他们防空洞的空间。

10分钟过去了，电视继续闪着光，我们则继续喝酒。当解除警报响起时，这些人才从桌子底下钻了出来。

"嘿……很高兴你们能加入我们，""狂犬"都没拿正眼看他们，"这里多舒服啊。"

他大声打了个招呼，然后转身离开酒吧，留下我一个人待着。

"你觉得这么做很有趣？"其中一名作战参谋说。我以为他是在跟别人说话，所以没看他，继续看别人玩桌游。不过他显然不喜欢被忽视，然后走到了我的面前。

"你听见了吗？"

我看了他一眼，他大概30多岁，眼睛炯炯有神。大多数参谋都是那种略胖的样子，当然啦，因为他们没啥压力能吃能喝。他佩戴着少校才有的橡木叶勋章，当然，没有银色翅膀。

"没太注意，"我回答道，"你挡着我的路了。"这时"狂犬"回到了酒吧，见到这一幕后大声地笑了起来，还把他胖乎乎的小手放在了参谋的大屁股上。

"起开。"

"该死的滚开。"

他眼睛周围的皮肤紧绷了起来："我是卡尔森少校，你不能这样和我说话……上尉或者中尉，不管你是谁。"

我们的军衔和臂章都是用魔术贴粘贴在飞行服上的，起飞前我们要把它们摘下来，但降落后我忘了把它们贴回去。

"也许我也是一名少校，你没想过吗？"

他冷笑了一下说："不可能，你年纪太小。"

"你老婆倒是觉得我够大了。"

他转过身来，面露恼意。通常情况下，我不会这么说话，但这个人不是飞行员。所以在我眼里，他算不上什么。此外，他是个蠢货，他还有个哑巴蠢货同伴，因为那个同伴没拉着这个不识相的少校赶紧滚蛋。

"你为什么在酒吧里还带着枪？"

他没长脑子吗？

我的意思是，在战争的第一天，什么样的蠢货会说这种话。如果我在战争的第一天只能像他一样盯着电脑，不知会有多无聊。

"去你的。"

我感觉身后有点儿动静，然后就看到几个弟兄过来了，显然他们也闻到了火药味。

"我要你的名字、军衔和单位，然后把你的枪交给我。"这个人要起官威来还是很娴熟的。

"为什么？我被你俘虏了吗？"

"名字！"他大声喝道。

"在你吃甜甜圈的时候，我在伊拉克上空把它弄丢了。"

他的脸绷得更紧了，就像有人在推着他的屁股。

"你这个傲慢的混蛋……我是少校，你不能这么和我说话！"

"好——吧——"有个故意拉长的声音加入了我们对话，"也许他确实不能这么说话。"说话的飞行员被我们叫作"双唇"（Lips）。他的眼睛和鼻子长得跟大卫·李·罗斯（David Lee Roth）①几乎一模一样。他同样是一名优秀的飞行员，一个不懂得怎么尊敬长官但是优秀的人。他走到了我的身边，像看蟑螂一样地看着这名参谋说道："啊，我也是一名少校，所以我说你们两个算了吧。"

为了以其人之道还治其人之身，并让他感受到我们对他的关心，我的中队伙伴们开始唱起了《"野鼬鼠"之歌》，堪称能够感化人心的美妙天籁：

---

① 美国著名歌手，重金属摇滚偶像乐队范·海伦乐队的主唱。

"我们是肮脏的混蛋……地球的败类……"

作战参谋的脸色霎时惨白，因为他才意识到自己被大量飞行员围住了，而这些人已经喝多了，不知道能干出什么事来。

"肮脏的垃圾……婊子养的蠢货和母狗……"

"在妓院里抽着香烟喝着烈酒……"

他的同伴忽然也意识到了，他赶紧拉了一下那名作战参谋的胳膊，作战参谋后退一步，用粗短的手指指着我道："你给我等着。"

"我们是'野鼬鼠'……所以……去你的！"

当他愤怒地离开时，在场所有人都大笑起来。

大概30分钟后，我已经喝得差不多了。这时一位50多岁的高瘦男人大步走了进来，停在门口。他有一头铁灰色的头发，两侧剃得薄削，高颧骨，穿着一件褪色的飞行服，飞行服上有着一只象征着上校军衔的鹰。

我猜测他可能是联队指挥官中的一员，因为联队指挥官都是上校。正想着，之前那名作战参谋的脸又从这位上校的肩膀后面冒了出来。

"啊——噢——""狂犬"和"双唇"也看见了他。

那名作战参谋正指着我对这位上校嘀咕着什么，上校看了看我，点了点头。你可以用眼神来判断一名飞行员是什么样的人，而眼前这人的眼神里明显透出了坚强和稳重。他向我走近，我站了起来，这是一名上校出现在你面前时你应有的反应。他慢慢地打量着我，然后盯着我的脸。

"所以你是？"

我清了清嗓子说道："他们叫我'二狗'。"

"长官。"

"他们叫我'二狗'，长官。"

他毫无表情地干笑着。

"职务。"

"我是一名长机飞行员，长官。"

"什么时候的事？昨天刚当上的？"

"不，长官，是前天。"这是真的，但他显然以为我在逗他。我的伙伴们大声地哼了一声，想引开他的注意力，不过并没有成功。

他俯身向前，轻声说："当你跟我说话的时候，把你的脚并拢。"他并未大吼大叫，但我觉得这样更吓人，我赶紧把脚并拢。

上校环顾了一圈周围。我注意到他胸前佩戴着象征指挥官身份的星星和花环，除此之外还有驻欧洲美国空军的盾形臂章，最重要的是，我还在他左肩看见了黑灰色的战斗机武器学校臂章。我吓得倒吸了一口冷气，这个人来头可不小。

他回过头来看着我，感觉就像一只准备吃掉金丝雀的猫。他平静地问道："有没有人教过你们，就算是长机飞行员也不能跟一名少校对着干？"

"我没有，长官。"

他扬起眉毛问道："你没有？"

"我对他说'去你的'，长官。"

"我也是，上校。""双唇"也站了出来，上校瞥了他一眼。

"少校，当我问你时候再说话，不然我踢爆你。"

"以后不会了，长官。"

上校紧盯了"双唇"一阵，"双唇"被他的目光逼退回人群中。我想我今天遇上麻烦了。尽管如此，我还是难抑一丝愤怒。

"所以你为什么要骂他？"

因为他是个胆小怕事的家伙，在这座基地遇袭的时候，他躲到了桌子下面；因为我今天被导弹攻击的时候，他还在距离战场900英里外的地方穿着干净的制服优哉游哉；因为我不想看他那张胖脸。这些都是很好的答案，但我真正说出口的是："他想要我的枪，长官。"

"是这样吗？"

显然，这么说让他始料未及。

"好吧，他是对的，酒吧是不能携带武器的地方，就算是战争时期也不行。"他盯着我，然后伸出了手。

他可能是对的。然而，现在这个基地还没有建立供我们使用的军械库，所以没有地方存放我们的枪支。此外我们有可能在24小时内随时出动，所以必须保持武装。

"我不能把它给你，长官。"

这位上校稍微抬起头来，像看虫子一样看我。几秒钟后，他用大拇指点了点门外，说道："跟我来，上尉。"

除了跟他出去我还能做什么？那名参谋再次笑了起来，我的手开始发痒，真想一拳把他的牙给打断。

但我觉得上校非常冷静，直到我们走到了前门，他才狠狠地踹了我一脚。这是我今天晚上犯的第二个错误。上校的确是非常生气。

"过来。"

我又咽下一口唾沫，赶紧跟着他出去。"你留下。"他向那名参谋吼道。参谋的假笑立马冻住了。

我吸了一口凉爽的夜风，挺起了我的肩膀。刚一转过身去，脸就被对方用手指扣住了。

"听我说，你这个混蛋！"他吼道，我稍微后退一步，但手指又再次掐了上来："我在越南飞过127次战斗任务，在你开始职业生涯之前，我已经干掉了不知道多少敌人，营救了不知道多少自己人，经历了不知道多少你根本无法理解的事情，就凭你这种刚上战场的小奶狗，还想用资历跟我横？"我想，这个人确实比我厉害得多，但我也不能在他面前落了下乘。

"明白了吗？"还没等我回答，他又继续道："我被击落过两次，只有一次被救了回去，所以你在我面前算个什么玩意儿？现在——"我发誓他眯缝的眼睛里泻出了瓢泼怒意，然后口中吐出了最后几个字——"把那，该死的，枪，给我。"

我们彼此盯着对方看了很久，我脑袋里那些杂七杂八的想法早已消失殆尽，我现在清楚地意识到我面对的是一名高级军官，此刻他正处于盛怒之中。但我并没有被他吓破胆，在我看来，他错了。此外，如果把枪给他，那我明天出任务之前还能不能要回来？

"我不能把它给你，长官。"

他没想到我依旧会这么回答，不过在把他彻底惹恼之前，我得尽可能地说明自己的理由："10小时后我还有任务，我需要这把枪，上校。"

他再次盯着我，但我觉得他没有之前那种气势汹汹的态度了。最后，他叹了一口气，低头看着自己的靴子，摇了摇头，然后看了一眼远处繁忙的机场。夜间任务正在进行，喷气式发动机的轰鸣穿透树林，一直灌进了我们的耳朵里。

紧接着，我仿佛看到了这个人年轻时的样子，跟我差不多，只不过他是在越南的丛林上空执行战斗任务，而非在伊拉克的平原。

上校抬起头来，说道："少尉，你无疑是那间俱乐部里最自大、最难搞的蠢货。"他又扭头看了一下树林，吸了一口飞机的尾气，然后回头看着我，叹了口气，最后说道："所以今天晚上才会出现这种事，也许你觉得这才叫夜晚。现在，带着你的枪滚回你的狗窝睡觉去。"

我眨了眨眼睛，确信他已经没那么生气了。

"而且不要带着枪出现在酒吧里。"

我能想象出我当时那副蠢样，我赶紧把双脚紧紧并拢，挺直腰板，像名刚进军校的学员一样毕恭毕敬地敬礼。

"是的长官。"

他用深沉的表情面对着我，然后缓缓地给了一个回礼，当他准备转身离开之时，做了一件我没有想到也永生难忘的事——他缓缓地伸出了手，我也小心翼翼地去握了握他的手。他点了点头，随后松开了手。

"你的屁股肯定被我踢得很疼。现在，在我把你的蛋给割掉之前，赶紧滚蛋。"

我的狗窝是一间不算大的铁皮小屋，阁楼上还有几只正在调情的野猫，它们的叫声倒是很得趣，但味道就太糟糕了。一般情况下，这种房子只能住2名飞行员，但现在有8个人睡在这里。不过我们不是8个人同时睡下，因为有人是需要出夜间任务的。也就是说，可以每两个人轮流睡一张床。顺便一提，跟我轮着用床的是个意大利人，他还掉头发，毯子上落满了他的黑头发；所以我每天起床后，看起来都像是金刚狼。

在特殊情况下，资源短缺是正常的。况且飞行员这类人平时根本不懂什么叫作节约，连上个厕所都能用完一卷纸。到了所有人都需要休息的时候，有些人可以灌咖啡提神，但我们连这条件也没有。不过这是在战时，每天的任务结束后，我们一碰到床就能睡着，所以压根也没空抱怨住宿条件如何简陋。

那天晚上我躺在我的窄板床上，盯着天花板，仔细回想这漫长而危险的一天里发生的所有事情。我很高兴我能活着回来，因为我听说有些人已经死了。我从来没有怀疑过自己的能力，因为我当时还是一个狂妄自大的年轻人。尽管如此，我明白决定自己生死的并不是我有多么厉害。我们已经在伊拉克失去了昂贵的飞机和优秀的飞行员，而明天的日子还将更不好过，因为敌人已经被我们教训过了，他们正等着报复我们。

我一直对自己很满意，但当时依旧对未来充满惶恐。不过我经历了战争，并幸存了下来。

我在地狱门口走了一遭。事实上，当我回想起这一天所遇到的危险，甚至还笑了出来。睡着之后，我依旧在梦里大杀四方。

第四章
像个埃及人一样飞行

太阳升起30分钟后，机务开始撤去战斗机的轮档。我驾驶的这架F-16位于埃及中部，现在是1992年1月一个周三的06点01分45秒。

我看了一眼抬头显示器上的绿色空速度数，然后观察了一下外面的情况：一架报废的苏联造轰炸机，斑驳的机场围栏，远处闪烁着一座小型的金字塔，一条破败的跑道在我的眼前铺展开来。

这是战斗机飞行员感觉最美好的时刻。在宁静清爽的清晨，绑在熟悉的驾驶舱里，看着那些使人温暖的仪表背光。为了让轮胎离开坚硬的混凝土跑道，这些包裹着我的金属能产生超过上万磅的推力。我在离地20英尺高的地方开始爬升。这条跑道长达12000英尺，超过2英里了。我开了大概20秒的加力，当那串绿色的数字显示"510"，即时速510节的时候，我瞟了一眼发动机读数，随后在06点02分03秒开始更陡峭的爬升。

这只钢铁猛兽彻底自由了，它大口地吞噬着渐渐稀薄的空气，将它与燃料混合、燃烧，随后喷发出去。埃及的大地离我越来越远，数秒之内，遥远的地平线跃入眼帘。我以60度的仰角继续爬升，冲上了灿烂的晨空。F-16的座椅稍向后倾斜，用以帮助飞行员抵抗机动带来的过载，再加上飞机的俯角，我现在几乎与地面垂直。在我两腿之间的空调出风口正不断地吐出一股说不清楚的怪味，就像埃及的尘土和航空煤油混合在一起的感觉。

我皱起眉头，因为滑油似乎有点儿不正常，虽然这架飞机刚刚经历过更换发动机的维护。不过考虑到这是一架埃及空军的F-16，发生什么问题都是可能的，所以我一大早就赶来试飞这架飞机。我需要通过一系列特定的组合机动来彻底地、残酷地考验这架战机，随后才能放心地把它交给别的飞行员。埃及人根本干不好这个活，所以任务自然落在了美国人身上。但我并不介意，这对我来说是求之不得的飞行机会，因为不需要做任何烦琐耗时的飞行简报和任务介绍。垂直爬升了几秒后，我飞过了5000英尺，一切都很完美。

但我太天真了。

意外始于06点02分11秒。

"警告——警告……警告——警告……"该死。

我的双眼紧盯着与发动机有关的仪表和一排主故障告警灯。这些灯位于仪表遮光板下面，就在我眼皮底下。

可恶。

"发动机起火……液压……"所有我能遇到的最坏情况突然同时到来，在不到1秒钟的时间里，发动机失效了。

06点02分11秒。

我立刻开始应对这一切，把油门收到慢速挡，然后打算做一个筋斗，让战机恢复正常的姿态。没有发动机的推力，战机的速度下降得非常快，现在是450节，还在继续下降，如果你从远处看的话，它的飞行轨迹就像是一只鸡蛋的轮廓。当我的战机以400节的速度到达鸡蛋的顶部时，我并没有立刻向地平线俯冲，而是向前推了一下杆，维持了一段时间的负过载。这么做可以让我在现在的高度上多停留一会儿。我倒挂在天上，思考着接下来该怎么办。

从职业生涯开始之初，飞行员们就学习了如何面对那些足以致命的紧急情况。先诊断和评估，随后选择正确的处理方式。这种一边思考一边驾驶飞机的能力非常重要。这是单座战斗机飞行员区别于其他飞行员的一个特征，因为我们可没有帮手来协助判断目前的情况。

尤其是在带着武器、飞得比子弹还快的F-16上做这些事情，这是巨大的挑战。紧急情况通常有两种：一种不会要了你的命，另一种会。而我现在面临的是后者，所以我必须第一时间做出正确的反应。

好消息是，我下方这条跑道是苏联人为了起降轰炸机而建造的，所以它够长而且非常干燥，我在美国或者欧洲飞过的跑道都很短，还经常湿滑甚至结冰。不过坏消息是，苏联人选跑道时可没有我们美国人讲究，这条跑道的侧风十分强劲，这对降落来说可不是一件好事。

但此刻我考虑不了这么多，由于发动机已失效，唯一的选择就是尽快降落。当我观察发动机温度参数时，发现风扇进气温度表（FTIT）的指针进入了红色范围里，这不是好事。但液压系统和电子系统都在正常工作，这意味着战机的操纵系统一切正常，我依然可以控制这架战机。

06点02分22秒。

我突然闻到了滑油燃烧的味道，在一架带着7000磅燃料和各种武器的战机上，这是件非常糟糕的事情。现在这架价值4000万美元战斗机上的滑油压力是正常值的1/4，虽然不是0，但也远低于正常值。如果我真的着火了，那我只有两条路可以走：要么关闭发动机，要么直接弹射。

但这两个选项对我来说都没有任何吸引力。

或许我应该把油门留在慢速挡，然后祈祷座机不会爆炸，让它飘向跑道。我扭头去看机尾，并没有看见任何黑烟。尽管仿佛过了很久，但我仍然倒挂在埃及中部一座空军基地上空1英里的地方，我想了想，现在的情况不算特别糟。我的意思是，我的机翼都还在，也不是在敌人的地盘上被一枚导弹追着跑，对吧？

没错。

我顺手摸到了左边的控制台，打开了紧急动力装置（EPU）。该装置随即启动，伴随着"嗡嗡"的声响，我的座椅后面开始震动起来。如果发动机失效，那么，紧急动力装置将为液压系统、飞行控制系统和无线电提供必要的液压和电力。F-16还搭载了一台喷气燃料启动机（JSF），这是一台小型涡轮机，它通过一个变速箱连接到发动机。它的动力来自于压缩空气和燃烧一种叫作肼的剧毒物质。随后，发动机就会被这个小家伙带着启动起来。这意味着F-16可以不像以前的战斗机那样，需要一堆辅助车辆伺候着才能启动。

06点02分26秒。

此时，我的脊椎因屁股下面传来的剧烈震动而感到相当不适。我拉杆俯冲，然后扭头从左翼观察机场的位置，我现在太高了，而且离机场太近了。随后我把注意力分配在了仪表上。早上的阳光非常刺眼，我不得不眯起眼睛来看它。紧急动力装置提供的液压和电力足够支撑飞行控制系统工作。这是我目前唯一的好消息。

06点02分30秒，在跑道上空4900英尺的地方，我按下了麦克风按钮。

"贝尼·苏夫塔台……贝尼塔台……这里是'马科（Mako）41'……"

我现在正在离跑道大约1英里的地方低速飞行，且只能控制两个参数，那就是距离和高度。熄火着陆是重要的F-16非战术训练科目，不管白天还是晚上，我们都在各种天气下反复地练习这个科目，但那毕竟只是训练，训练的时候可不会真的把发动机关掉，我们只是模拟这种状况而已。而当你的发动机真的失效时，你的心态就会完全不一样了。

我现在就处在这种情况之中，虽然发动机还在工作，但当前的处境真的很糟糕，而我没有复飞的机会。我努力地控制自己不去骂那些埃及空军的无能机务。我的脚下有数以千计的涡轮叶片，长达数英里的管道和电线。这些埃及人连英语都说不利索，更别说要看懂6英寸厚的英文技术手册了，这也是我连弹射座椅都不敢用的原因之一。

"该死的我怎么就这么倒霉……"我一边驾机不断滚转以修正飞行路线，一边忍不住低声抱怨。我开始以250节的速度降低高度，由于喷气式战斗机的滑翔性能并不好，我必须保持足够的速度。此时座机的油压力几乎为0，驾驶舱闻起来就像油罐一样，但至少还没烧起来。

06点02分34秒，我放下起落架手柄。随着"砰砰"两声，我瞧见起落架信号灯只亮起了两盏——前起落架放不下来。该死的这真完美。此时塔台突然回应了我：

"'玛（马）可（科）'……'玛可'……介（这）尼（里）是巴（贝）尼塔台……你叫我？"埃及人还是一头雾水的样子。

我深吸一口气。

"'马科41'……熄火着陆……紧急状况。"我冷静地回答道。我觉得，即使在埃及，我也得装装样子。

我现在位于跑道西南约2英里的地方，刚刚下降到3000英尺高度，前起落架依然没有放下来。我狠狠地掰了几下起落架手柄，但是指示灯依旧黯然。我心想算了，继续保持速度，随后开始驾机转向对准跑道，但那名傻子般的埃及空管还在给我找事儿。

"'玛可'……什么？"他尖叫起来。阿拉伯人似乎天生就没有保持冷静和控制情绪的能力。

"重复一遍……你应该……"他已经被吓到说阿拉伯语了，为了让他冷静下来，我用阿拉伯语回答他。

"你个白痴……'马科'在西南方向，2英里处。"

当这名空管开始以高语速说着阿拉伯式英语时，我所能做的只有把无线电通话的音量降低。不管怎么样，他帮不了我任何忙。而且我正忙着处理别的问题。两个轮子降落对我来说不算致命，因为这条跑道足够长。我现在需要把注意力集中在触地点和空速上。如果我的速度太慢，我会失速然后坠毁；如果我的速度太快，那我会冲出跑道然后扎进土里。这种情况下，要加速或者减速，唯一的方法就是控制下降率。在没有发动机的情况下，我只能用高度换取速度。

在F-16的熄火着陆中，有个简单判断自己能否回到机场的参考标准，那就是每2000英尺高度大概能滑翔1～3英里的距离。我现在的位置还算不错，有足够的距离和空速滑翔到跑道上着陆。我做了一次深呼吸，再做第二次，我相信我可以活下来。

然后我就看见烟了。

一缕灰色的烟雾从我的空调出风口里飘出来，我的目光在地面和烟雾之间来回游走，不知道是不是该跳伞。我很怕这个东西有毒，虽然有时候空调出风口会出来一些看着像烟雾的冷气，但是味道没有这么浓烈，这次的烟雾是燃烧产生的。

我立刻关掉了发动机，但座舱的噪音并没有随着发动机的停转而安静下来，烦人的告警音和空气撞击座舱盖的声响还在折磨着我。

"警告，警告……警告，警告……"

好了，我知道了。

此时是06点02分40秒。

在距离跑道1.5英里的地方，我降到了1000英尺以下，速度减慢到230节。我的喉咙极其干渴，双手也因为紧张而变得湿冷。随后我看见了被朝阳照射得金光闪耀的塔台，以及几辆闪着灯的卡车在滑行道上疾驰，这让我十分惊讶，因为我一直以为这里没有消防车。

我把抬头显示器里的绿色飞行路径指引符（FPM）对准了跑道的中线，随后发现烟雾已经消失，这是个好消息；但我的前起落架还是没放下来，这是个坏消息。我稍微带了一点儿杆，把空速降低到190节。由于没有起落架，机头会触地，所以我要尽可能地降低速度。不过随着速度的降低，战机也愈发难以控制，这时我不得不把机头压下去以获得速度。

我保持着200节的速度，飞行路径指引符牢牢地固定在跑道上。随着跑道离得越来越近，我开始温柔地带杆，这个动作叫作"拉平"（Flare），让战机尽可能轻柔地接触到跑道。这时我听到前起落架放下时的"砰"声，不过我当时压根没空关注座舱里的起落架指示灯。我必须注意战机的空速，抬着机头保持住仰角，让巨大的阻力帮助我减速。

当速度降至100节的时候，我开始下压机头。发动机停转后，刹车系统是无法持续工作的，在大多数跑道上都有冲出去的危险，不过这个跑道比较长，所以问题应该不算很大。随后我大力踩下刹车，试图刹住这架战机。

06点03分07秒，在滑行至跑道的7000英尺处后，战机终于停了下来，我呆坐在座舱里，眼睛直勾勾地看着前方，双脚死死地踩着刹车，双手也用力地抓着操纵杆和油门杆。此时距我松开制动起飞过去了1分30秒，发动机故障56秒。

在确定自己还活着之后，我打开了驻车刹车，然后松开了氧气面罩，把头靠在座椅上。通过座舱盖，我能看见美丽的黎明和我自己的倒影。消防车呼啸着从我左侧接近，我长长地吸了一口气并放松下来。

关闭紧急动力装置后，我打开了座舱盖，然后取下头盔挂在抬头显示器上，埃及那温暖的空气扑面而来。哦，还有风沙和一丝丝燃烧产生的灰烬。我擦了擦脸，劫后余生的喜悦逐渐从脸上漾开。

没经历过比这更奇异的事。

纠正一下，这个场景应该没那么难看，因为接下来发生的事更让我哭笑不得。着陆后，有位上古时代打扮的老农就站在距我右侧30码远的跑道边上，很明显他是通过围栏的破洞钻进来的。如果这是在美国，这个人肯定没有好下场。这老头儿脸上的皱纹就跟葡萄干一样，眼窝也深深地凹了进去。他踩着一双破旧的凉鞋，套着一件长及脚踝的肮脏白色长袍，手里牵着一头比他还瘦的驴子，这一人一畜正大眼瞪小眼地盯着我。

后来我用我今天的遭遇总结了一下埃及人的所作所为：他们可以建造12000英尺长的跑道，却管不住一位老农；他们买得起4000万美元的战斗机，却不能让它正常工作。不过当时我可没想这么多，我刚把一架熄火的F-16带回陆地，还没搞清自己做了些什么，头脑一片空白，还傻乎乎地跟那头驴子对视了很久。

随后，老农听到了消防车呼啸着的警报声，便不紧不慢地牵着驴子从我的战机前走过，横穿到跑道的另一侧。当他们从我面前过去的时候，驴子抬起尾巴，在跑道上拉了一坨屎。老农回头看着我，然后故意摇了摇头。

我觉得驴子也摇了摇头。

一名作战人员的职业生涯除了服从分配以外，几乎没有任何额外的意义。美国军队的培养教条是让一个人在一个地方待上2~3年，然后再把他送到新的地方去，如此循环往复。这样可以让他在各种各样的环境下累积大量的作战经验。我认为这非常重要，而且你还可以顺带变得很擅长处理房地产事宜和搬家工作。

我一直被部署在海外，这其实没有什么理由，我就是想出去看看世界。德国很棒，但是时候换个新窝了。空军认为像我这样年轻而又经验丰富的飞行员如果去德克萨斯当教官的话，肯定可以发光发热燃烧自己。

我不这么觉得。

从个人感情上来说。

为了避免出现上面那种情况，我开始寻找其他战斗机飞行员交换那些在异域他乡进行的项目。这些项目中，有些是让美国飞行员去协助那些购买过F-16的盟国训练他们自己的飞行员。我有朋友去过希腊、土耳其和葡萄牙。

甚至有一个幸运的混蛋去了印度尼西亚，他没事就去巴厘岛看看那些穿着草裙的辣妹，我之所以知道，就是因为他曾经寄过当地的明信片给我。

而我则抽到了埃及。

不过，我还是很兴奋，因为这是一个充满神秘色彩的国家。我大学期间学的是建筑专业，而我现在可以亲眼见到金字塔和古埃及文明的其他建筑了。最重要的是，我不用在德克萨斯带着那些学员们做特技飞行了。

与1992年的埃及相比，现在的要安稳多了。胡斯尼·穆巴拉克掌握着国家大权，军方控制着国家的每一条街道。埃及军队拥有大约50万的现役军人和50万的预备役军人，而他们也是F-16在这个世界上的第四大用户。军官和飞行员享受着极高的待遇。美国每年给予埃及十多亿美元的援助，这使得我们在这里备受欢迎。

埃及的领导层非常关注海湾战争，他们就哪个超级大国拥有更精良的武器、更全面的训练和更优秀的人才进行了长时间的讨论。伊拉克军队大部分是由苏联人进行武装和训练的，但美国人却在不到90天的时间里把他们击溃。萨达姆的军队在中东，至少对于阿拉伯人来说，是非常恐怖的。作为我们的盟友，埃及人非常开心，因为有我这样从前线下来的人去教授他们的年轻飞行员如何打仗。

我是"和平航线"（Peace Vector）计划的一分子，美国政府通过这个项目向盟国提供技术援助和训练。由于美国是世界上最大的武器出口国，所以这可是个大项目，每年能拿到180~200亿美元的预算，从某种意义上讲，我此时是一名靠政府养活的雇佣军。

在经过了几次反恐课程和语言训练后，我被分配到了埃及军事合作办公室。美国大使馆在开罗高档的马赫迪（Mahdi）为我们租了一套到处都是大理石的豪华公寓，这地方环境很好，而且离市区很近。

我被送到了贝尼·苏夫空军基地（Beni Suef AB）的"和平航线"第3小组，这座基地位于开罗以南约100公里的法尤姆绿洲，以前是给米格战斗机和轰炸机使用的。古埃及时代，这里到处都是鳄鱼。不过当我来到这个地方时，鳄鱼早就没了。除此之外，"和平航线"计划在开罗、亚历山大和吉安克利斯

（Jiyanklis）也有分遣队。每支分遣队通常由2名飞行员、1名机务和一些不同领域的专家组成。每个地方都有一支至少由2个中队组成的完整的埃及战斗机部队。我们将嵌入埃及空军，协助他们进行各方面的作战训练。

起初，贝尼·苏夫这个地方让我很是吃惊，因为我早已习惯了德国，除了海湾战争的经历，我还从没去过中东别的地方。不过现在想想，那里其实还算不错。通用动力公司（GD）给我们专门造了一个园区，就像一座小村庄，里面有近百间房屋，我们委婉地把它们叫作别墅。这里有棒球场、网球场、排球场和一个漂亮的游泳池，最夸张的是居然还有一间带热水浴缸的酒吧。

就像麦卡锡时代担忧苏联的美国一样，埃及也保持着对其周边国家极强的戒备心。这意味着每支战斗机中队都有6张不同的作息时间表，以提防以色列人前来偷袭。至于以色列人怕不怕这些把戏，事实上我以前遇到过的一名以色列老兵飞行员，他给过我答案。他告诉我，在1973年攻击贝尼·苏夫之前，他们用指尖编队在这个机场的上空做了次通场，而埃及人所做的则是惊慌失措地把停机坪上的飞机全拖进防空机库里。但不管以前如何，现在这些埃及飞行员保持着一年365天不间断的训练（不过，就算埃及和以色列是敌对国，这也不妨碍美国在这两国同时开展"和平航线"计划）。

第一天，这些飞行员全都由C-130运输机把他们从位于开罗或亚历山大的家里送到机场。第二天到第五天是工作日，每天早上和下午分别都有4架次的飞行训练，所以一天共有8架次。而相较之下，一支典型的美国战斗机中队早上会进行10~12架次的飞行训练，下午或者晚上再进行8~10架次。对于训练，美国飞行员有时要花费5~6个小时去进行策划。而对埃及人来说，这步基本可以省略。第六天，他们乘C-130回家，然后享受4天的周末，接下来再次开启10天的轮回。

除了军事分队和平民承包商之外，大概还有30个平民和我们住在一起，没有孩子，但有两个女人。我跟他们的关系还算不错，我们一起打排球、游泳和做饭。几乎每天晚上，我们都会坐在屋顶上看日落。埃及的日落相当壮观，黄色、橙色和金色的光线就像被刀刻在地平线上一样，随着时间的流逝，它们会逐渐暗淡下去，最后的光芒绝望地向上挣扎，随后骤然陷入黑暗之中。美国人可不能经常看到这一幕，所以我们常常用大声呐喊或者放些古典乐来助兴。

埃及人似乎觉得我们大惊小怪，每当我们这么做的时候，他们都围在一起，对着我们指指点点。不过我们也无所谓。

就这么过了6个月，有天下午，我在泳池边打瞌睡的时候，突然被手持电台发出的震耳欲聋的呼救声给吵醒了。

"丹上尉！丹上尉……好多飞机过来了！"

好多飞机？

我都不想睁开眼睛去搭理他，这是典型的4天式周末的第二天，绝对不可能出任何状况。通常这几天我们会开车到红海沿岸潜水，或者去美国在开罗的大使馆里吃大餐。另一名飞行员去希腊度假了，而机务们回了美国，我留在这里也只是为了充个人头而已。

所以我决定当作没听见。可就在这时，远处传来了发动机的轰鸣，这种独特的声响只能由战斗机的高性能发动机产生，于是我睁开眼睛，向东侧距我1英里的跑道望去。声音越来越大，我几乎已经听不到塔台里的那个胆小鬼用电台对我说了些什么。我看见了它们。

4架F-16组成的指尖编队，翼尖距3英尺左右，完美地保持着队形。他们在跑道上方解散，做了一个急转弯后开始进入着陆程序，只有战斗机才能这么做，因为这个转弯需要拉6G的过载。长机开始对准跑道，我能看见它的起落架正在缓缓放下，随后另外3架一架接着一架着陆，在跑道上列队滑行。埃及人可玩不好这些操作。

"丹上尉！好多飞机……你快……过来……"这个胆小鬼似乎已经被吓哭了，一副唯恐被怪罪不知道有战斗机入侵的模样。不过实际上埃及军人就是这么没出息。

"没事，朋友，"我回答他道，"我现在就过来。"

我在泳池边上伸了一个懒腰，小跑进别墅，这时又有两架战斗机准备着陆了。穿上飞行服和靴子后，我琢磨了一下，又从冰箱里取了12瓶啤酒出来。我很兴奋，这些人肯定不是埃及人，此时海湾战争已经结束，危险也已随之而去，我们的北约盟友们终于敢把战斗机派遣到"战区"里了。我判断这些战斗机很可能是荷兰或者比利时的飞行员在进入沙特阿拉伯之前来此稍作休整。

无论如何，能见到新面孔对我来说总是好的。

我跟警卫打了个招呼，其中一名站在基地一侧的入口，还有几名穿着破网球鞋的警卫已经走到了路中间。他们认出了我和我的车，然后挥手示意打开大门，这扇大门实际上是横在两个废油桶上的一根木头。随后我进入了基地。

我把车窗摇了下来。右侧的跑道上，最后一架战机开始接近，它的起落架已经放下，着陆灯也已经点亮。这时我更开心了，因为我发现它们是美国空军的F-16，所有的战斗机都涂绘了简易的国籍识别图案，虽然这对于不懂行的人来说依然很难分辨，但就算它离我很远，我还是能第一眼就认出这是美国的战斗机。

我开始乐呵呵地哼着小曲，将油门踩到底，驱车冲向停机坪。出于某些奇怪的原因，跑道两侧涂上了大概2英尺宽的黑白条纹，这使人开车行驶在这条路上时总有一种穿越时空的错觉。我总在想，他们到底花了多少人力和时间才在这条好几英里长的跑道上涂完这些图案。

我来到一个巨大的L形路口，右转进了能去跑道的那条路，那边有几幢大宿舍，不过现在是空的，方便别的飞行员过来时歇脚。宿舍的后面是普通士兵的小屋。顺带一提，那些倒霉蛋是没有周末的。现在跑道边聚集了大概有50人，都在好奇地围观那几架战机。

我驶过机场最大的建筑物，前院种植的椰枣树和这个月刚在墙上粉刷的棕粉色油漆让这玩意儿看起来就像喷洒在煤渣块上的呕吐物——我这么说是不是很有画面感？

西方的军事设施，尤其是美国的基地，比修女的内裤还难碰触。要想进基地，你需要一块带着芯片的塑料片儿，内含你的简历、病史和各种安全许可等信息。进入机场更是如此，你的周围全是摄像机和带着枪的人。如果少带了一样能证明你是谁的东西，那你只能双手抱头跪在地上。

不过在这里，我想怎么进来就怎么进来。

跑道和滑行道是为了供苏联的Tu-16轰炸机使用而建造的，所以它们异常的宽敞。Tu-16叫"獾"（Badger），有3层楼高，翼展108英尺。它们的轮距很大，所以需要巨大的空间才能在地面上转向。事实上，滑行道上就停了一架早就生锈了的Tu-16，它旁边还有一架缺了机翼的米格-21。而就在它们身后的墙外，便有一座小小的金字塔，虽然它建于3800年前，不过看起来比这两架飞机要年轻得多。

我进入滑行道，然后看清了它们：在跑道北端，12架F-16停在一起。它们都采用了最新的暗灰色式战斗涂装，驾驶舱周围看起来就像一圈浅灰色的海浪。独一无二的金色座舱盖在阳光下亮得刺眼，垂尾上的防撞频闪灯一跳一跳地闪烁着白光。翼尖上带了红外寻的"响尾蛇"空空导弹，机翼下则是致命的AIM-120远程空空导弹（AMRAAM），除此之外，还有一对370加仑的副油箱。机腹下是矩形的电子对抗吊舱。它们看起来非常整洁，黑色的轮胎，闪闪发光的金属件，就像被抛光打蜡过一样。这是美国战斗机的正常形象，不过我已经6个月没见过了，埃及人可不会在这种细节上下功夫。

我靠近它们，看见了垂尾上巨大的"HL"字样，很明显，它们来自犹他州希尔空军基地（Hill AFB）的第388战斗机联队。我虽然没去过那儿，但战斗机飞行员的圈子很小，所以我很了解他们，再加上大家都是美国人，于是我默认他们都是我的好朋友了——尽管这会儿他们还不知道。

我的四驱皮卡已经抑制不住地飞奔起来，停到了他们面前10码远的地方，我打开车门下去，12顶黑色的头盔转了过来。我走到了长机的旁边，站在离长机飞行员足够远的地方。战斗机的发动机会吃人，它可以很轻松地把你吸进去，然后用几千个叶片把你打成肉酱。这种情况以前出现过。

我刚抬起头，就看见对方警惕地把氧气面罩推到脸上。面罩里面有通话用的麦克风，我知道他们肯定在说我。他是谁？我们现在应该开枪吗？我们在哪儿？算了，先把他放倒再说。

所以我赶紧友好地挥了挥手。但没人动。

刺耳的噪声不断地渗透着我的耳塞，为了不变聋，我用手在喉咙上做了一个切割的动作，这是通用的关闭发动机的手势。

他慢慢地摇了摇头，又说了些什么。我不能怪他们太小心谨慎了，毕竟他们停到了一座从没来过的外国空军基地，这里并不是他们的目的地。所以他们可能再次起飞，这应该是他们正在讨论的内容之一。我脑中灵光一现，突然想到了我的啤酒，便一路小跑回到皮卡上，翻出我带来的东西，这时我觉得他们肯定已经把手指放在了扳机上。

我笑着转过身，高兴地举起了6瓶啤酒，我看不见他们风镜和面罩底下的表情，但我知道这6瓶啤酒绝对有足够的吸引力。如果他们是从美国飞过来的，那他们在座舱里至少待了有10个小时，凉爽的啤酒对他们来说就是天堂。30秒之内，我就听到了一台接着一台发动机关车的声音。

何以解忧，唯有啤酒。

我把一瓶啤酒插进裤子口袋里，从皮卡上拉来一架登机梯，然后走到了长机旁边，小心地把登机梯固定，然后慢慢爬上梯子。

座舱盖打开后，我俯身看着驾驶舱，弹射座椅占据了这里的大部分位置，飞行员两边是宽阔的控制台，这上面每一寸都大有用处。大多数开关和旋钮在起飞前检查和设定一次就够了。有些则需要在离开飞机前关掉，像是电台、干扰吊舱和反制系统等等。右侧有控制座舱照明和空调的旋钮，以及F-16携带的各种传感器吊舱的电源面板和数据传输盒（DTC）插口。数据传输盒是一个盒式磁带，可以在飞行前由一台特殊的计算机输入数据，里面可以储存数以千计的导航点和威胁信息等。把它插进插口然后按下一个按钮，就可以把相关数据加载到战斗机的系统里。

在长时间的作战任务或跨洋飞行中，这些控制台上会堆满地图、食物和水，这些家伙们也不例外。你有没有想象过，一名穿着抗荷服和救生浮领的飞行员是如何把自己绑在如此狭小的座舱里的？

尿袋是一个装满吸水沙的塑料袋，尿完之后可以封口，这就是飞行员在天上的厕所。对F-16驾驶舱里那些东西的描述会贯穿整本书，所以这里我就不多赘述了。这家伙用过的东西都堆在舱壁上。

说到飞行员，差点儿把他忘了，我注意到他已经断开飞行服和头盔上所有与战机连接的管线，准备从座舱里出来了，但是他现在出不去，因为我把他挡住了。

"嘿，兄弟，"我笑着说道，"见到你真是太好了。"

这名飞行员简直是飞行员的典型：30岁左右，身体非常强壮，黑发紧紧地贴在头皮上，脸上戴着超大号的雷朋镜。他的左手放在抬头显示器下面的控制台上，这样方便他扭过身子面向我。然而他的右手放在挂在他背心上的黑色9毫米手枪上。这让我有点儿不开心，我再可疑，也不至于让你用手枪来对付吧？不过我没继续把这放在心上。

"来瓶啤酒？"

我小心翼翼地把酒放在梯子顶部，随后他慢慢地把手从手枪上挪开。我们相互瞪了很长时间，然后他说："我们，在，哪儿？"

事实上，他是用跟外国人交流的方式，逐字问我，于是我将计就计。

"什么？"

"我们，在，哪里？"

我有点儿不相信，他居然还没觉察出我是美国人，于是我把啤酒塞到他的怀里。

"灌一口再说，这里是贝尼·苏夫。"

他拿起啤酒点了点头，应该是为证实了自己的猜测而感到高兴。他猛灌了一口后，用戴着手套的手擦了擦嘴，说了一句让我永生难忘的话：

"你的，英语，说得，真溜。"

"什么？"

"你英语说得很溜！"

1个小时内，我再次乐得合不拢嘴。他很不解地盯着我，我从他的太阳镜上看到了我自己的身影。

哦。

原来如此，难怪他以为我是个埃及人，因为我穿着埃及的飞行服，上面还满是埃及飞行员的标志和中队臂章，而且我已经很久没刮胡子了。

"兄弟，我是美国人。"

"你的，口音，也非常，正宗。"他还没反应过来。

不过只要他不觉得我是操着美国东海岸口音的恐怖分子，那一切都好说。他们要在沙特阿拉伯的达兰空军基地（Dhahran AB）进行为期120天的观察部署。他们从美国出发，接着在大西洋上空进行空中加油进入欧洲，随后欧洲的加油机会再给他们进行一次补给。有时候他们会停留在德国或者西班牙，稍作休整后出发；不过一般会直接飞到沙特或者科威特，这一路要挤在座舱里飞行大约14个小时。这种情况下，他们会在地中海地区与美国部署在沙特的加油机会合，进行最后一次空中加油。

但显然，沙特又被沙尘暴覆盖了，本该去地中海接应他们的加油机无法起飞，他们的位置非常不好，剩下的油既不够飞到沙特，也不能飞回欧洲，所以他们被安排到了这里。如今飞行部署计划可以安排得非常细致，飞行的每一个环节，加油机、备降基地和无线电频率都是经过精心计算和安排的，所以一旦出现类似意外，这些人才知道该怎么做。在一架装满"魔法道具"的F-16里，一般不太可能出现找不到目的地的情况。他们很明显知道自己在哪儿，只不过被这里的环境吓坏了。毕竟在美国，机场里不会出现报废的飞机和乱跑的驴子。

我把那些正在睡觉的埃及机务和他们的小弟们都叫起来长长见识，这些飞行员们非常疑惑地看着我使唤埃及人。埃及机务震惊了，他们看着美国飞行员从翼下巨大的行李吊舱里拔出飞机需要的一切道具，如飞机轮档、进气口和喷口的盖子。而随后的景象让这些倒霉的阿拉伯人彻底崩溃了，因为美国飞行员自己把这些东西装到了战机上，而埃及飞行员通常在关车后就直接跳下战机去喝茶了。

当我把这群美国飞行员带到绿洲的时候（就是我之前说的通用动力公司盖的大院），我的新朋友们终于感觉回到了人类社会。他们一看到泳池和酒吧便开始浑身燥热，而我也很高兴有了伙伴。对战斗机飞行员来说，经过同样的筛选、同样的训练和同样的磨难，彼此间早已有了看不见的认同感，抛开个人好恶，你会知道他们可以用自己的生命让你依靠，而你也一样愿意为他们牺牲。没有什么东西能够与战斗中队生活相比较，战斗机中队就像一个拥有发达大脑和精良武器的，狂热而又忠诚的大家族。

这些家伙在我这里住了几天，我也帮他们制定了去沙特的飞行计划，还搞定了出入境许可。一般来说只用1天就够了，但我拖了整整3天。嘿嘿，我必须这么干对不对？对，他们自己也不急着走，因为没有人——我的意思是没有任何人想去沙特那个鬼地方。我们把它叫作"巨大的劫难"。

随着"蝰蛇"在跑道入口开始侧倾，并且用力地做了一个6G过载的转弯，我闭上眼睛，用力抓紧双座F-16D座舱盖上的把手固定身体。

每支中队都有一些这样的双座机，他们常用于各种"双人"训练。也就是说，一些任务和训练必须由教官飞行员陪着飞行员在同一架飞机上完成。美国人会尽可能避开这种训练，但埃及人却对双座机有着深切的喜爱——这是苏联留给他们的遗物，他们非要手把手地教才行。我总是被扔在后座，在授课的同时经历濒死体验。

我真的讨厌这种事情。

"呜——呜——呜——"

这是什么情况……我发现我带的埃及学员一边急转弯一边放下了起落架。我被他的精彩表演给吓呆了，随后这个家伙已经开始减速准备降落。

"哈马德（Hamad）……你为什么要把起落架放下来？"

"长官？"

"你为什么要放下起落架？"

"为了着陆，长官。"

我肺都快被他气炸了，你无法想象这个呆子居然一边飞6G的转弯一边放下起落架。这么操作很容易把战机上的液压管线和起落架舱门扯坏。所以收放起落架时，战机限速仅有300节。

所以哈马德的行为把我吓坏了。"复飞。"我在后座上指挥他。然后他乖乖地收上了起落架。

他增加推力爬升，随后重新进入一条10英里长的着陆航线，这样我们也可以好好地聊聊他为什么要放下起落架。不问不知道，一问吓一跳，这家伙以前是飞米格-21的，他们总是在三转弯①的时候放下起落架。对于米格-21来说，这倒是没问题，因为以它的速度转弯，米格-21拉不出6G过载来，而且笨脚的俄式战机要放下起落架，过程会持续很长时间。不过现在他飞的是F-16，所以必须按照我们的规矩来。

他发誓以后再也不敢这么玩儿了。

但是为了让他长个教训，我决定好好地给他上一课。我把我的膝盖顶在了后座的起落架手柄上，这样他在前舱就没法把起落架放下来。

当哈马德又做了一个急转时，我的膝盖被手柄顶得一阵疼痛。

---

① 五边飞行中从与机场平行的第三边进入与机场垂直的第四边时进行的转弯。

这下你放不下起落架了吧？害怕了吧？我觉得自己非常机智。

然后意想不到的事发生了。

"呜——呜——呜——"

这个蠢货，他居然把应急起落架手柄拉了出来！这是一套应急系统，只有起落架在正常情况下无法放下的时候才会使用，而现在这么做会导致战机出问题。后来，当我控制战机着陆时，我们的主液压系统已经失效。

除此之外，语言问题也一直让我的工作进展不顺。有一天，在另外一架双座的F-16D里，我试着教一位年轻人如何着陆。埃及空军安排所有的一线战斗机中队进行替换训练单位式训练任务，这是美国空军绝对不会去做的事情，也是另一种无甚意义的俄式理念，但埃及人仍然坚持。

这名学员叫穆申（Moshen），以前同样是飞米格-21的，他的每次着陆几乎都是冲着弄死我去的。在过顶降落中，有个位置叫作飞落点（Perch），这是在你离跑道大约半英里开始转弯时，用以对准跑道的点。对战斗机来讲，这还意味着你需要从这里开始下降高度，保持合适的下滑道然后接地。虽然每次的情况都略有差别，但实际上只需要用操纵杆和油门配合你的眼睛去完成着陆，非常简单。

但这位年轻人就是做不到，在他快要进入跑道的时候，他对距离、速度，甚至死亡都没有准确的概念。我们是这么沟通的。

"穆申……抬头。"

"长官？"

"抬头，我都能看到人在地上跑了，再不拉起我们就要撞地了。"

"长官？"

"……我来控制战机。"

然后我控制战机复飞，接着我会在战机上告诉他做错了什么。当他发誓他明白了之后，我再把战机的控制权还给他。

"抬头。"

"长官？"

"抬头，我们的下滑道太陡了，这样会弄死我们的。"

"长官？"

"该死的你看一眼地面好吗？穆申！"我开始用阿拉伯语吼他。

"我看不到地面，长官？"

"什么？"

"我的头抬得太高了，看不见地面，长官。"

我往前面的座椅看去，想知道这个蠢货到底在玩儿什么，然后我被眼前的画面惊呆了：这个人把自己的头抬得老高。我让他抬起头，但他却没明白我说的是战机的头。

这种事情经常把我气到失眠。

　　生活在埃及的这段时间里，我逐渐理解了埃及人是怎么思考和行动的。他们跟美国人基本属于两个不同的物种。阿拉伯人直到1992年之后才或多或少地了解了一点美国军队，当然这是因为我们赢下了海湾战争，尽管连我们这些接受了备战第三次世界大战训练的军人都不知道，我们究竟是怎么跟伊拉克打起来的。

　　我跟一些阿拉伯人交恶，但也结交了几个好朋友。同样我的本职工作也没落下，我一直在训练他们。阿拉伯人和他们的文化有许多值得欣赏的地方。我的埃及朋友一直在看美国电视节目以提高自己的英语水平，同时也能更了解我们。有一天，他们中的一个人向我问起他看过的有关美国养老院的节目。他说："这些老人没有家人照顾，真可怜。"我告诉他，这些老人很多都有家人，只不过在家里还没在养老院里过得好。这让他感到不可理解，他不懂为什么年轻人不愿意照顾自己的长辈。

　　而反面典型也不少。我见到过一个排的埃及坦克〔美国制造的M1"艾布拉姆斯"（Abrams）〕围住了一座据说包庇了恐怖分子的村庄，军人们给村民30分钟的时间撤离，他们抽完烟，然后就把村庄推平了。

　　了解他们对我的工作和生活来说都是好事，但这会对我的职业生涯后期产生一定的问题。有很多人，特别是那些快要升到中校或者即将成为将军的人，都没参加过海湾战争。他们现在的工作已经和他们所接受的专业军事教育开始产生冲突，因为他们只在计算机上打过仗。这些人还自欺欺人地以为国家仍停留在与苏联对抗的年代，不愿意承认世界的变化，从而改变自己的思想。

一名看过《孙子兵法》还知道OODA循环①是什么的官员就算很厉害了吗？

他们确实比较吃香。

所以我们看到，一名给将军写演讲稿的文员变成了战斗机中队的指挥官；一名只飞过C-130运输机的飞行员如今却成了空军的掌控者。

另外一个障碍是根深蒂固的军事理论。由于与苏联等国持续对抗了几十年，这期间，没人关心过基地组织和塔利班这些极端组织，虽然他们是杀人如麻的恐怖分子，但他们对大国不是威胁，所以没人搭理他们。就像阿拉伯谚语里说的："嘴里的苍蝇虽然不会要你的命，但能让你呕吐一阵。"即使埃及现在是我们的盟友，但是我也能感受到那种根深蒂固的对于美国人的仇恨。伊朗人和伊拉克人就更不用说了。

在这里煎熬了几个月后，我很高兴得到通知可以回家了。我已经离家4年多了，是时候回去了。虽然待在外国飞行还算不错，不过我开始想要尝一尝双层超音速汉堡，听一听熟悉的乡音。看一看美国电视剧，并在周六早上去市场买几盆我根本不懂得怎么照顾的花。我可以凌晨3点在街上溜达，因为那儿是我的家。

我现在就想回家。

---

① 该理念由前美国空军战斗机专家约翰·博伊德提出，后流行于军事界和商业界。OODA是"观察""判断""决定"和"行动"4个英文单词的首字母缩写，强调不同境遇下的快速决断能力。

第五章
臂章人

　　战斗机中队就像任何的精英团队一样，每位成员都极富个性，虽然从事着同一份职业，驾驶着同一种飞机，但每个人都是独一无二的。那些比较生猛的中队，比如第27和第94战斗机中队，都有着非常悠久的历史，甚至可以追溯到一战刚开始时。随后，二战中更多的部队迅速诞生。1941年，美国只有几百架战斗机。而到了1944年中，陆军航空队（现代空军的前身）[①]已经拥有了8万架战斗机。

　　整个空军包含了9个主司令部（MAJCOMs），按地点和任务分组。其中3个是战斗机司令部，其余的分别是轰炸机、运输机、训练和后勤司令部。你可能会问，不是有10个司令部吗？对不起，我可不知道什么是空间司令部（Space Command），我只想说一点，这个无能且花钱如同无底洞般的司令部，其2012年的预算比空中优势作战和空中特种作战两个领域加起来的预算还要多一点。空战司令部（ACC）指挥着美国本土的战斗机联队；太平洋

---

① 1947年美国陆军航空队（*Army Air Corps*）独立成为美国空军。

空军（PACAF）负责部署在亚洲或在太平洋的空军部队；美国驻欧洲空军（USAFE）负责部署在非洲和欧洲的空军部队。飞行员也可以在这几支部队之间调动，这是一个观察世界、学习语言和尝试不同生活的好方法。

主司令部由编号航空队（NAF）组成，例如第9航空队由驻扎在弗吉尼亚州、卡罗莱纳州、佐治亚州和佛罗里达州的5支战斗机联队组成。每支联队由一名非常资深的上校或准将指挥，其基地的运作就像一座小镇，有着不同规格的已婚和单身公寓，同时也取决于住客的军衔。还有消防局、警察局、沃尔玛、健身中心、游泳池和教堂，当然还有军官俱乐部。

每支战斗机联队由几支大队组成，他们共享联队代码。例如，肖空军基地（Shaw AFB）的第20战斗机联队由一支维护大队、医疗大队和其他一些安全警察之类的支援单位构成。第20作战大队包括第55、第77、第78和第79战斗机中队。而被调过来的飞行员，不管是中校还是没飞多久的菜鸟，都会被称为"该死的新人"。"该死的新人"会被分配到一支由5名飞行员、1名副飞行指挥官和1名飞行指挥官组成的中队行政单位中，后两者都是久经沙场的老将。飞行指挥官理应扮演教官角色，但实际只负责飞行指挥。

飞行指挥官会负责照顾那些"该死的新人"，他知道每名飞行员需要什么样的训练，并依此建立每周的飞行计划。他会关注每个人的成绩单，并帮助他们取得好成绩。这份成绩单会一直陪着飞行员，直到他完成所有训练。

除了飞行任务外，飞行员还有一项额外任务，他将进入一个名为"商店"的中队职能部门。"商店"的"店长"是一名高级军官，而"商店"则可以让这支中队顺利地发挥调度、训练、机动、飞行员生命支持、标准化评估、情报和武器战术等职能。

"训练商店"的原运作原理如下。其领导和成员负责让所在队的飞行员通过训练获得足够的"货币"。获得这些"货币"的手段，除了练习投放武器和进攻战术外，还包括达到很多让人头痛的硬指标，比如一个月必须起降多少次，其中有多少次必须是夜间仪表着陆等，林林总总，花样层出不穷。飞机未动，调度先行，调度首先要建立一份为期半年的时间表，列出已知的训练量，然后根据部署时间创建飞行窗口，这是整支战斗机联队的作息表。除此之外还有更多的事务，例如日程安排，这绝对是一项噩梦般的工作，这种累活儿当然要丢给"该死的新人"们。另外，调度工作还要满足一项特殊需求：为一支由300人和24架战机组成的中队发布部署时间。

机动部门除了负责所有的设备之外，还要负责文书等工作。生命支持部门拥有经过专业训练的人员，负责维护头盔、抗荷服和降落伞等安全救生设备。该部门还定期对飞行员进行有关急救、水中生存、陆地生存和自卫武器方面的培训。

标准化评估（Stan Eval）部门的角色类似于"飞行警察"，所有涉及军用和民用的飞行标准都由该部门进行审核。除了前述的内容，每名飞行员每年还要经历两次飞行检验（Check-rides）。所谓的飞行检验就是进行全面的笔试、面试和飞行考试。仪表着陆是其中一门重点科目，该科目用于认证每一名飞行员的仪表飞行等级和专业资格，确认其是否已经达到可以驾驶一架军用战斗机的水平。除此之外，我们还必须在模拟机上接受紧急程序的考核，在这门科目中，所有紧急状况我们都可能遇到。模拟飞行结束后，每个人的紧急处理操作都会得到分析和总结。笔试通常会留到最后，里面涉及飞机系统、飞行程序和仪表课程。实机飞行会在另一天展开。

我们的考官被称作标准化评估飞行审查员（SEFE），由他们针对任务的各个方面对飞行员进行评估。仪表飞行质量考核的重点是飞行员在进行特技飞行或者作战状态下保持对仪表信息的读取能力。熄火着陆也是典型的考核内容之一，因为单发战斗机很容易出现单发失效。在模拟机上完成这项科目后，审查员可以对任何飞行员进行面试，且谈话内容没有限制。

任务质量检查也遵循相同的原则，但重点则转移到飞行员的战斗技能上。在此环节中，由标准化评估飞行审查员选择相应的情景，但范围主要还是中队在战斗职能里负责的具体任务，比如有些中队主要考核激光制导炸弹打靶，而"野鼬鼠"则专注于用"小牛"导弹或者高技术炸弹攻击地对空导弹阵地。面试也是如此，虽没人喜欢这些测试，但是绝对十分必要。不管你是什么军衔或职务，都不会预先知道标准化评估飞行审查员会在什么时候对你进行考核，他们通常会一大早出现在中队里，随机抽选一名飞行员进行考核。这么做的初衷是让飞行员随时保持飞行状态和专业技能，且没有临时抱佛脚的时间，就像实战一样。

标准化评估飞行审查员必须是位飞行教官级别的强者，他们坐在在自己的飞机上给别人打分，并知道另一个座舱里发生了什么，这需要大量的飞行经验。当然，他们的经验也不是凭空而来，那是在烧掉几百万美元的航空煤油和炸弹后才累积出来的。在战斗机中队，指挥官和作战指挥（DO）应该始终是标准化评估飞行审查员。这其实也涉及一个模范效应，领导者必须是最厉害的人才行，特别是在战斗机部队里，如果你的技术并不拔尖，下面那帮刺头可不服管。武器官也可以是标准化评估飞行审查员，如果不是，那最起码也得是个助理作战指挥官（ADO）。

助理作战指挥官的军衔一般是少校，也有极少数优秀的上尉可以担任这个职务，他们一般会在学习完压根没什么用的专业军事教育课程并通过相应的考核后回到部队重新飞行。总的来说，他们就是给作战指挥官打下手的。有些管理机场的军官也可以成为助理作战指挥官，不过他们并没有指挥权，也管不了战斗机飞行员，只能管管机场里的小事。

作战指挥是中队的二把手，负责中队的运行和训练。一般来说，中队指挥官定下基调和重点，作战指挥就根据这些重点来确认具体的操作。只有经验丰富的中校或上校才能弄清楚中队是如何分工，以及如何协调进行工作的，所以作战指挥一般在这些人中间产生。如果作战指挥不打算退役并能忠于职守，那么没几年，他就可以熬成中队的一把手。

中队指挥官是我们的顶头上司，如果你遇到一名非常好的战斗机中队指挥官，那你的日子肯定会过得很舒坦；但如果遇到一名不好的，那就赶紧找下家吧。这两种情况我都遇到过。刚到德国那会儿，我们中队刚好有两周的时间进行滑雪训练，于是我们的中队指挥官把我们带到了阿尔卑斯山参加那儿的冬季大型派对。我刚在亚利桑那州的凤凰城完成了F-16的训练，所以对自己一到德国就可以坐在奥地利的山顶上喝啤酒感到难以置信。我在德国的日子过得非常逍遥。

到了葡萄丰收的季节，我们还在摩泽尔河沿岸品尝葡萄酒。除此之外，还有定期的"越野"飞行。当然，我们这么做可不是为了娱乐，这叫熟悉当地人文与地理环境。飞去哥本哈根看小美人鱼，或者去英格兰过周末，都是我们的保留项目。

另一支知名的中队每周都会举行一次颁奖仪式，我们称颁发的奖项为"蠢蛋"奖。这可不是只为了开玩笑而举行的搞笑颁奖。首先得经过中队一番严肃评估，然后某名在飞行中犯下最愚蠢错误的飞行员才会获此"殊荣"。当然，除了飞行以外的蠢事也可以，只要它足够愚蠢，而且还被别人看见了。

比如，某个倒霉蛋中尉跑去军官俱乐部，试图勾搭一位年纪稍长却风韵十足的女人，随后发现这女人是他新任指挥官的老婆，偏偏现场还被这名指挥官撞破。虽然那位指挥官的漂亮老婆觉得这很有趣，但是另外两位当事人却完全笑不出来。

如果说中队指挥官代表着一支中队的个性，那么"保险库"就是这支中队的心脏。

"保险库"位于中队的某个特殊的安全区域内，只能通过密码打开双层钢制保险门后才能进入。"保险库"内有简报室、资料库、任务规划室、地图室和一些计算机。"保险库"是战术行动的策划中心，也是中队武器官们的地盘。

从内华达的内利斯空军基地毕业，通过了战斗机武器教官课程（FWIC）的人被称为"臂章人"（Patchwearer）或者"靶子手"（Target Arm）[1]，他们是中队的作战行动专家，致力于教会中队飞行员如何在战争中存活下来并赢得胜利。这些人通过的是世界上最恶劣、最艰难的战术空战课程，你可以直接把他们看成战斗机飞行员里的"海豹"突击队，他们是精英中的精英。当某个家伙左肩佩戴着一块灰黑色的臂章时，你可以很快把他跟其他战斗机飞行员区分开来，因为那是区别精英飞行员与普通飞行员的标志。他们就是中队武器官。他们拥有化不可能为可能的能力，仅凭一人就足以让一整支战斗机中队知道如何打仗。

想进入战斗机武器学校必须经过下面的步骤。

中队的现任武器官们会不断地评估所在中队的飞行教官。现任武器官会

---

① 这是因为战斗机中队武器官毕业后佩戴的臂章图案是一块灰黑色的靶子。

像教官一样甄选并训练优秀的高级飞行教官，所以他们知道每年能有几位武器官候选人。光有能力和天赋是不够的，想要胜任武器官这项工作，还必须要有出色的领导能力，这跟飞行能力相比显然是另一码事。

空军的想法很简单：把少数人训练成超人，然后让他们去带徒弟。这就是为什么除了一流的飞行能力，卓越的领导能力也同样重要。如果没人愿意在你的指挥下飞行，那么你飞得再好也没用。

每支联队每年有两次机会提交1名顶尖飞行员和1名后备人选名单给战斗机武器学校进行筛选。因此，从整个美国空军体系中筛选出来的几百名战斗机教官里，大概只有30多名战斗机教官被选中，再参加成为武器官的训练。部署在美国本土的F-16部队有3～4个参选名额，部署在德国的1个，远东的2个。

当你入了候选并挺过了筛选，你会得到一个名为"自旋"（spin-up）的称号。实际上，那些"臂章人"会轮流践踏你的实力，两周内，你每天都会飞上天跟你们中队的假想敌进行空战训练，以此磨炼飞行技术。记住，你代表了自己所在联队的最高水平，你不能给自己的联队丢脸。

战斗机武器学校的训练一般持续6个月，内容涉及方方面面，课程覆盖了飞行员训练中的每一个环节。但是记住，除了致命的战斗技能之外，学会如何用合适的方法向新人传授相应的知识也同样重要。

当你前往内利斯空军基地（位于内华达州的拉斯维加斯），并在教室里度过第一周的时候，你的教官们每天都会在天上相互厮杀两次。到你首次升上内利斯的高空并展开飞行时，他们已经磨刀霍霍。这些人本来就很优秀，任何学员一开始都会败在教官高超的技术之下，被其实力碾压得难以喘息。但这是一门必要的课程，用来让你学会应对压力并且不被压力击溃，只要你一直相信，你是世界上最厉害的战斗机飞行员，那么很快你就可以克服他们带给你的一切麻烦。

基础空战机动课程（BFM）是我们的入门课程，虽然说是基础，但实际上已经复杂到无法言表，所以我只能简单地说一下。基础空战机动课程主要是驾驶战机以超过400节的空速进行战斗，其目的是教会飞行员如何正确地驾驶战斗机进行格斗，没有任何东西能像基础空战机动课程一样粗暴地展示你对飞机极限和物理知识的理解。在这里，分秒间决定着你的生死，空中相撞、飞机失控和飞行员丧失意识经常发生，这在动辄8~9G过载的空战中很正常。

它是致命的。

有4种类型的基础空战机动课程。第一种是进攻性基础空战机动，让你在对手的身后开始，随后他会开始尝试反击，你必须在他挣扎之前干掉他。第二种是防御性基础空战机动，这次敌人在你的身后，你必须躲过他的第一轮射击，随后尝试拖慢对抗的节奏，慢慢吃掉他的优势，避免被击落。第三种是中立基础空战机动，两架战机以大约1000节的相对速度头对头交汇，每一方都在每秒800英尺的高速中选出最有利的武器，试图抢占优势。除非出现失误，否则经验丰富的一方必然会取得胜利。第四种是异型机间的基础空战机动，不同于上述3种使用同型机进行对抗的训练，这是最贴近现实的格斗训练，因为在实战中，你很难分辨谁是敌人，而且你更不可能正好位于敌人的6点钟位置。

基础空战机动仅仅是道开胃小菜。

接下来是空战机动课程（ACM），它以基础空战机动课程为基础，课程中你会驾机与假想敌战斗机进行作战。和基础空战机动课程一样，分进攻、防御、中立和异型机这4门子科目，但空战机动课程更贴近实战。与僚机的沟通是至关重要的，你们必须一起找出威胁目标，然后对目标进行识别，紧接着做出相应的反应，最后击落目标。记住一点，你是在比步枪子弹还快的战机上完成这一切的。

空战战术课程（ACT）训练飞行员与未知敌人进行战斗。在这门课程面前，空战机动课程又变成了小儿科，因为在这项训练中，你不知道你会面对多少敌人以及什么类型的敌人。完成这项科目后，飞行员思考、战斗和取胜的能力会大大增强。

空战通常会面对两种情况：敌人的距离在你能用眼睛看见的范围内叫作"视距内"（WVR），此时通常用"响尾蛇"导弹或者20毫米机炮这种近程武器作战；与此相反的情况叫作"超视距"（BVR），通常使用中远程导弹进行攻击。最好的情况当然是你在敌人贴近之前就干掉他。试想一下，有个人提着一把刀向你走来，你手中有一把枪，你是愿意夺下他手中的刀还是直接用枪射击他的头？

空战战术课程里我最喜欢的就是异型机空战，我们通常跟F-15或者海军的F/A-18进行切磋，这两款战机可都不是善茬。有时候我们甚至能遇到F-14（你肯定听过"小牛"和"呆头鹅"），但在我们面前，F-14也只能疲于防守。空军不惜一切地邀请了大量外国飞行员驾驶外国战机陪我们练武。像法国的"幻影"（Mirage）、以色列的"幼狮"（KIFR）和德国的"狂风"（Tornado）战机都在我们的菜单里。

这些国际友人从世界各地飞往这座"罪恶都市"，然后在阳光下与我们格斗。某晚在拉斯维加斯，一群隶属英国某战斗机中队的人被赶出了赌场，随后被警察带走。英国人感到疑惑，他们只不过在赌场弹了一架没人动的钢琴，这对他们来说是家常便饭。但他们没搞清楚，这架钢琴不是在酒吧或者商场里，而是在这座城市最大的赌场里，如果我们也这么干，同样会被监禁一段时间。最后这些家伙们还像凯旋的英格兰英雄一样上了《每日镜报》（Daily Mirror）。我觉得还行，毕竟我不想跟哭哭啼啼的娘们儿交手。

空战战术课程在整个训练中起到了承上启下的作用，经历了种种磨炼之后，我终于重拾自信。

接下来就是无尽的理论课程。我们展开了超过300个小时的武器学术研究，涵盖所有飞机系统的工程细节。我们详细地分析我们在战争中遇到过的所有战术，然后从中学习如何应对每一种威胁。我们还必须完成一份相关选题的硕士学位论文，之后把它交给一名战斗机武器教官。这一切都是在没有中断的飞行、简报和总结中见缝插针地完成的。有天我累得正在冲凉时就睡着了。这很刺激，但我喜欢。

空对空训练的最后阶段是4对4，这意味着我方4架战机对阵另外4架战机。当时我们前往佛罗里达州，去跟驻扎艾格林空军基地的第33战斗机联队，以及与驻扎廷德尔空军基地（Tyndall AFB）的第325战斗机联队的F-15切磋。空对空作战是F-15的看家本领，也是它们的唯一工作，只干一件事是很好的，因为你所有的精力都投入到唯一的事情中。

但我们也都是驾驶F-16的老手，还被战斗机武器教官教育了整整3个月，这让我们自信心倍增，这些F-15只会成为我们的垫脚石而已。在我们开始更复杂的课程之前，就用这些F-15找点儿乐子吧。在佛罗里达标志性的沙滩上空干掉F-15，这非常刺激，因此我在3个月里头一次露出了笑容。

随着空对空阶段的训练结束，战斗机武器教官对我们的训练开始升挡加速。对于驾驶"蝰蛇"的飞行员来说，如果能将敌机消灭在地面上，那我们就肯定不会把战斗拖到空中。从来没有人通过空中优势赢得过整场战争，我没有说胡话，我的意思是，为了赢得战争，你必须掌控天空，但几乎没有人只用飞机就能赢得战争。自1917年起，每一场美国参与的战争都证明了这点。

投掷炸弹这种空对地支援方式的正式名字是"空对面攻击"（Surface Attack），这种任务就是F-16的基本生计。我们用不同种类的炸弹和20毫米机炮来执行低空空对地攻击任务，也用"小牛"导弹、激光制导炸弹和电视制导炸弹等武器来执行精确攻击任务。

最重要的是，作为一名"臂章人"，你必须眼观六路。在你的座机上，你必须精准而快速地投弹，然后判断攻击的有效性。脱靶就意味着别人要花额外的工夫帮你擦屁股，这还可能导致他们陷入麻烦。同时你还得防止误击友军，炸弹都不长眼睛，不管是我们还是战斗机武器教官，都必须清楚地分辨敌我，认真对待每一枚炸弹。

教官会带着你进行空对面攻击战术课程（SAT）的学习，他会分配给学员一个目标，并给出预计的攻击效果，以及其他一些细节，比如对一些地面威胁进行精确到秒的攻击等。随后他会开始制定上述的攻击计划，再带着学员们做飞行简报。

如今，内利斯的这套战场训练环境已经闻名世界。每年都有来自世界各地的超过500架战斗机在此进行超过2万次的飞行训练。美国所有的战术飞行部队每隔几年都会来一次，驻扎在欧洲和远东的部队也不例外。几乎所有的北约国家空军都来过，偶尔能看到以色列和一些比较友好的阿拉伯国家的空军，例如埃及和摩洛哥等。就连法国人也经常过来训练。

在空对面攻击战术课程训练之后，我们要面对的是任务部署（ME）阶段。这个阶段分为4个独立的部分，你会在任务中面对不同威胁和各种攻击窗口的问题，怎么处理这些问题取决于飞行员。你可能有完美的计划，但执行得很勉强；你也可能有糟糕的计划，但你用精湛的技巧扭转了态势。你永远不知道自己会遇到什么状况，所以适应和应变是从这个环节中幸存下来的关键能力。

渡过这个难关后，战斗机武器教官学员们只需再飞几次任务就能毕业。不过他们还需要面对一次考核，那就是成为一名任务指挥官。在最后的试炼中，学员们必须学会根据威胁和目标来决定路径规划、攻击协调、武器选择和各种战术，最后还要负责组织整场简报。

每架在内利斯飞行的飞机都装备了空战机动记录（ACMI）吊舱。所有的飞机数据甚至飞机的抬头显示器画面都会被传输到一套任务汇报系统之中。它就是"红旗"军演任务汇报系统（RFMDS），这是内利斯基地的心脏。每个任务中的每架飞机的空战机动记录数据都可以调出来。这是一台训练倍增器，你可以一边端着咖啡一边分析飞行中的失误，分析所有的操作、战术和投下的每一种武器。这是我们学习、改进和评估的方式，这也是美军空中优势如此明显的原因之一。

作为一名战斗机武器教官学员，任务部署阶段的难度并不高。但是，据我所知，有两个人在这个阶段被刷了下去，如果你也经历过这一切，你也不会相信都到了这个阶段居然还有人会掉队，但我确实遇见了。我接受过很多种训练，至此已经完成了其他所有正式课程以及可能的战斗机飞行员训练，并参加了海湾战争，所以能够明白这种在长时间紧张后突然放松下来导致的松懈感。毕竟，战斗机武器学校是我经历的训练中最艰难的。

当我结束最后一次飞行，开车回到飞行员宿舍后，我坐到了外面的长凳上。通常情况下，这里是任务失败的飞行员待的地方，你需要把你的无线电呼号和任务代码刻在长凳上，然后等着你那些成功执行完任务的伙伴们端着威士忌来嘲笑你。上面有几百个名字和任务代码，因为几乎每个人都坐过这条长凳。我坐在那儿，直到汗水蒸发，仔细地回忆着我经历的一切，我很快要成为一名"臂章人"了。在"臂章之夜"（Patch Night）后，毕业生能够得到灰黑色的臂章，并将骄傲地佩戴着它，走完剩余的职业生涯。他们还要回到战斗机中队，把所学到的最新的战术和理念传达给每一个飞行员。

在这几个月里，我发现自己从海湾战争中学会的策略或者经验在内利斯并不适用。内利斯的教官们早就把目光放在了各种类型的敌人身上，也为此制定了不同的战术，但我也早就明白，我们的敌人不一定只是那些训练有素的俄罗斯或中国飞行员。不过，如果你能在内利斯的模拟战场上活下来，那么你也能在世界上任何一个战场上活下来。此外，我注意到一个有趣的现象，我们常常把威胁的程度与自己的标准等同起来，我们可能过于高估敌人的能力，虽然高标准是好的，但偶尔也会因此衍生出一些有缺陷的战术。我决定不这么干，我想把我以前的经验和在这里学到的东西结合起来，这是有着战争经验的飞行员和懂得世界最先进战术的飞行员的完美结合。我回想起来，这个想法简直非常明智。

战斗机武器学校是一个对我各个方面都进行了巨大改造的地方，简直让我成了另外一个人，任何从这种地方幸存的顶级飞行员都会有我这种感觉。不管内利斯空军基地以后会变成什么样，这里永远都是我们心目中的"战斗机飞行员之家"。

第六章
中场休息

　　自从成为一名只有少数F-16飞行员才有资格成为的"野鼬鼠"成员，我就一直特别渴望将自己从战斗机武器学校和"沙漠风暴"行动中学到的知识应用到我们的新战机F-16CJ上来。F-16CJ是使用最新技术改造而成的升级版F-16。F-16天生就适合供"野鼬鼠"使用，它拥有惊人的适应和改装能力。由于大量采用复合材料，它的雷达反射面积很小，引擎不会像俄罗斯发动机那样喷出浓浓的黑烟，所以仅凭目视极难发现它。它也是世界上机动性最好的战斗机，对敌方战斗机来说，F-16就像地对空导弹一样致命，所以与需要护航的F-4不一样，F-16可以单独执行任何任务。F-16唯一的缺点就是由于其体积很小，所以武器载荷比较小。不过CJ型可以携带精确制导弹药弥补这一缺陷，如激光制导炸弹，或者空对地导弹等精确制导武器。如果你要把炸弹投掷到距目标3英尺的范围内，原来几枚炸弹才能做到的事情，现在一枚就够了。

　　这几年里，美国战斗机开始大量部署在西南亚。1991年，乔治·布什打了一场胜仗，但并没有斩草除根，所以任何头脑清醒的人都知道，中东迟早要爆发另外一场战争。伊拉克在第一次海湾战争前已经失去了制空权，因为我们建立了禁飞区，控制了天空。在这10年间，美国及其盟友不间断地在这一地区进行空中巡逻，其中可不仅仅是战斗机，还有空中加油机、运输机、预警机和其他一切支援力量。

这不仅是对我们飞行员的折磨，也是对飞机的折磨。由于持续执行高强度任务，很多飞机的使用寿命都缩短了50%，而我们也错过了圣诞假期、孩子的生日或者朋友的婚礼。总参谋长和决策者大力鼓吹一些威胁论，设立了一批可以替代苏联的假想敌，因为多数国家的武器公司和工业集团都需要一个敌人来保持赢利，各军种也需要一个敌人来向国会索要预算。

陆军和空军都需要夸大伊拉克的威胁去要钱，海军就安逸得多，因为他们的航母待在海上的每一分钟都需要大量的钱。不过对于陆军来说，维持一座前线作战基地（FOB）的开销也不算太过分。

空军必须具有全球性的后勤能力才能维持长期且繁重的作战任务。执行伊拉克南部禁飞区（NFZ）任务依赖于海军的舰载飞机或者陆基飞机，不过除了巴林，任何海军部署在岸上的飞机都是从美国空军在沙特或科威特境内的基地起飞的。执行北部禁飞区任务的飞机则只能从土耳其的因吉尔利克基地起飞。

不过现在，我们在这些地区已经有了由美国施工建造的立足点，若你看过一块沙漠地在几周之内就变成了自给自足的武装城市，估计也会和我一样对此印象深刻。

如今空军的观念也有所改变，他们会把你照顾得无微不至。空军基地是围绕着完成飞行任务而建造的，这里的跑道、弹药库和作业与维修设施都是世界上最好的。当然生活设施也不例外，供飞行员居住的都是预制公寓或者集装箱板房。为了维持士气，还有福利和娱乐区域，这里包括了餐饮设施和健身中心，条件允许的话还有游泳馆。中东的大部分地区都是沙漠，所以沙滩排球场也是必不可少的娱乐设施。根据作战的强度和基地的寿命，空军甚至还会搞出一些类似于美食街的花样，我见过中国、土耳其和印度餐馆，不过最常见的还是汉堡和比萨店。

但在这里，你连一滴酒精都找不到。"沙漠盾牌"（Desert Shield）行动的1号总指挥是这么说的：

"'沙漠盾牌'行动是将美国的武装力量以全新的面貌重新展示给地区盟友的重要行动，因为伊斯兰法律和当地习俗禁止或限制西方社会普遍允许的某些活动，所以自我限制这些活动对于维护美国与周边国家的关系，从而更好地开展联合行动至关重要。"

要搞明白，我们又不是来这些国家度假，也不是过来宣扬民主、救死扶伤和交朋友的。抛开石油、经济和政治因素，我们身在这里是因为沙特阿拉伯和科威特无法保护自己，他们对伊拉克的威胁感到恐惧，所以让我们来帮他们。你觉得有人会抗议那些拯救他们生命和财产的士兵的个人行为吗？

我觉得他简直是在胡说八道。

而且我知道，多数沙特军官比我们还能喝，所以战争期间，美国人开的派对里满是阿拉伯人。美国人忙着保护他们的国家，他们忙着参加派对。英法部队也在这里部署了很多，但他们就没有这种限制。事实上，英国人喜欢开一种名为"果冻"（Jell-O）的派对，他们在自己能找到的任何东西里加上冰块儿，再灌上伏特加或者杜松子酒，最后一口喝完。在我12次被轮换部署到西南亚地区的经历中，也没听说过美军军人因为喝酒而造成什么不好的后果。

顺便一提，那些来沙特工作的美国公司的员工也可以照喝不误。我不是个酒鬼，但是不让我碰酒，这对我来说同样也是种折磨。虽然在陆军中，允许那些没接受过高等教育的孩子带着枪喝酒肯定是个坏主意。不过这样一刀切的政策未免有些过于讨好阿拉伯人了，以至于影响了我们自己的士气。我敢肯定，这种安抚政策会带来负面影响，不信我们走着瞧。

除了远离家乡和文明世界外，基地里的生活还算舒服，我们有很多时间去做自己的事情：有些人考上了空军要求的硕士学位；有些人沉迷于业余爱好；有些人追求姑娘；有些人备战铁人三项比赛；还有人自己动手给孩子做玩具。花样百出，你都想象不到。

不过思考战术占据了我大部分的业余时间。我们都知道，与伊拉克再发生一场战争只是时间问题，空军正在清理自己的家当，可以这么说，所有老式武器和战斗机都退役了，剩下的东西，包括人员在内，都大大地简化了。技术的发展让保持同样甚至更强战斗力所需的人力和物力大大减少，所以现在我们要考虑的是如何充分利用自身的优势。

伊拉克是一个相对简单的作战地区，至少对飞行员来说是这样。它的地势相当平坦，只有北部和东部有少量的山脉，与约旦和叙利亚相接的地方是山谷与丘陵。伊拉克的大部分人口都集中在底格里斯河跟幼发拉底河之间的美索不达米亚地区。

正因如此，伊拉克人很明智地选择保护重点区域而不是所有国土。北部的基尔库克和摩苏尔，中部的巴格达，南部的纳西里耶和巴拉士是伊拉克军队的重点防御区域。除了成千上万套肩扛式防空导弹系统，伊拉克还有8000多枚地对空导弹，其中较大型的SA-2、SA-3和SA-6c超过400枚，而移动式防空导弹则数以万计。

这些大家伙都集中在重要城市，用来保护机场、火车站、通信设施和其他一些重要基础设施。由监视雷达、空管雷达和远程搜索雷达获取的信息全都集中到名为"卡里"（KARI）的综合防空系统（IADS）中。理论上讲，这套系统可以把所有雷达捕捉到的目标融合在一张大型的"空中地图"里。根据这些，伊拉克的防空指挥官把拦截指令下达给伊拉克的战斗机部队。

但这套系统可没有听起来那么唬人。首先，"卡里"系统是法国人搞的东西，我承认他们的葡萄酒酿得还可以，但是他们的武器……你们可以问问德国人、越南人和阿尔及利亚人怎么看。其次，这套系统没有什么抗干扰能力，而电子干扰是美国人的熟练技能。我们能够，也确实会让他们所有的雷达都变成瞎子。我们最初的目标只有伊拉克的远程搜索雷达，但当我们穿过边界后，伊拉克人的手机就都没法用了。这么做的道理很简单，你把敌人的眼睛和嘴巴蒙住了，他们就既没法看见你，也没法呼救，所以他们赢的概率是0。

绝大多数伊拉克军人的军事理论都是俄罗斯人教的，俄罗斯人的战场思维非常中心化，在他们的作战体系里，只有指挥官负责思考，下属单位只要乖乖执行命令就行。所以伊拉克人军人也没什么独立思考能力，要是没有接到上级的命令，他们就几乎什么都不会做。

"卡里"系统只有同时应对10～12批飞机的能力，而我们每天都有300多架飞机前去蹂躏这套防空系统，还伴随着强烈的通讯干扰，更制造了大批的假目标，这让"卡里"系统立刻就趴了窝，所以我们两天内就获得了完全的空中优势。

他们的米格战斗机和"幻影"战斗机光荣地起飞前去驱逐侵略者（我们又来啦），但几乎有去无回。有一次，两架米格-23为躲避美军战斗机，操作失误坠地；而另一次，我还帮助了一架叛逃的"幻影"战斗机进入伊朗领空。所以这不只是技术问题，伊拉克空军连士气也毫无一二。

我们在1991年时已经或多或少地感觉到，极端的适应性才是美国空军最为重要的特征之一。不过直到2003年，我们才真正地发现这一点。"野鼬鼠"在任何作战方式和组成上都可以很好地发挥战斗力。作为不需要严密监督的小型独立单位，我们也能很好地运作。事实上，监督通常受到高度排斥。

在下一场战争到来之前，我们还有很长的准备时间。虽然我们面对的将是同一个敌人，但是"沙漠风暴"行动的目的仅仅是拯救科威特和沙特的石油，而下次我们将开进巴格达。

没人喜欢每年两次的沙特或科威特轮训，但我们还是去了。我们在那儿熟悉地形和天气，并深入了解自己最终面临的威胁。虽然我现在还是不喜欢那里。

来自第20战斗机联队的"野鼬鼠"就这样被部署到了沙特阿拉伯的达兰空军基地，这座基地从"沙漠风暴"行动开始存在至今。这里不算太差，原因有几个：首先，它距离伊拉克边境不到100英里，反应时间相当短，所以任务中花在赶路上的时间也少了很多；其次，不同于沙特的其他地方，这个地方的人们早已熟悉了美国人，除了拥有酷似美国本土风格的商场和饭店之外，当地人对美国人的容忍度也相对较高；最后（也是最重要的），这里有一座去巴林岛的桥。

这座桥是沙特人自己搭建的，他们受不了美国人和欧洲人在沙特的所作所为，所以决定去沙特以外的地方亲自体验一下这种异教徒生活（因为只要不在沙特，真主就不知道他们干了什么）。他们开车上岛，把长袍和头饰摘下来，然后就去岛上的酒吧里找女人。我们可不在乎他们怎么样，我们晚上也会去岛上购物和用餐，那里就像一处海滨度假胜地，没有骆驼蜘蛛或者军用口粮，虽然只有几十英里的间距，但与沙特相比，它确实是另一个世界。

1979年，沙特政府突然善心大发，为贝都因人①修建了50多栋免费公寓，用来安置老弱病残，或者供每年去麦加朝圣的人居住，每栋8层，每层4户，每户都有一间大客厅，有厨房和浴缸。这是现代贝都因人所需要的一切。

---

① 阿拉伯游牧民族。

但贝都因人似乎并不领情。

生病的时候他们住医院，老的时候他们住养老院，他们也不坐飞机去麦加朝圣。所以直到1990年，当美国、法国和英国飞行员找不到地方住时，这片空置了11年的建筑群才迎来了它的第一批居住者。抱歉，我们也不想住的，但我们要把和平进步的沙特人民从可怕的北方邻国的手中拯救出来。

战争结束了，但异教徒仍然存在。我们曾经为沙特和他们的石油而战，不过现在他们让我们滚出去，因为对他们来说来自伊拉克的威胁已经没有了。虽然萨达姆是个杀人如麻的屠夫，但沙特人显然更讨厌我们这群挽救过他们还喜欢吃培根的士兵。

暂时的解决办法是把我们安排在一处比较和谐的地方，达兰便被选中，第4404（临时）战斗联队在被称为胡拜尔塔（Khobar Towers）的贝都因大院里安顿下来。

但闹剧才刚刚开始。

6月一个潮湿的夜晚，和谐被打破。一道刺眼的亮光骤然出现，那时我只觉得耳膜受到了压迫。在大楼开始震动之前，我还没往最坏的方向考虑。随后大楼的外墙玻璃全部被震碎，我花了好几秒钟才反应过来自己正坐在地板上，各种建筑碎屑落进了我的头发里，有的还刺穿了我的皮肤，但感谢上帝，我的眼睛没有受伤。再检查一下关键部位，再次感谢上帝。

我又开始检查脚、腿和手等部位的情况，这时，我的室友闯进了我的房间（这套公寓房有4间卧室，每人分得一间），他被这场动静震下了床，在我门口傻站了一会儿，挠了挠头，看着我。

"嘿……我觉得是炸弹。"

别乌鸦嘴，大侦探。

事实上，确实是一枚巨大的炸弹。

恐怖分子驾驶着一辆带着25000磅TNT炸药的油罐车行驶到大院的东北角，一名受雇于美国空军的安全警察立刻注意到了它，随后他示意卡车过来接受检查，却见两个沙特人迅速地跳车然后飞奔而去。这名警察意识到大事不妙，立刻召集人手准备疏散离卡车最近的131号楼，但为时已晚。

这个时间，所有美国飞行员刚结束夜晚娱乐活动，正是筋疲力尽，而我正在楼上悠闲地喝着牛奶。几分钟后，我就躺在了玻璃和水泥里。我以前在开罗遇到过类似的袭击，虽然也是炸弹，不过威力小得多，而且离得也比较远。我盯着我的脚，发现自己居然还穿着溜冰鞋，这时另一名上尉也看见了，我们不约而同地大笑了起来。

因劫后余生而疯狂大笑。

警笛的呼啸声逐渐变大，我们快速地检查了每一层楼，叫那些还躺在床上的家伙下来避难，途中我的脸还被一块碎玻璃割伤了。我们下楼之后，发现园区里所有的灯光都熄灭了，而周围沙特人的住宅区域却完好无损，天空中布满了灰尘，一些建筑物正熊熊燃烧，人们奔走呼喊。空军的大部分编制都是支援人员，他们的存在很有必要，但这些人没有接受过战斗训练，不知道如何面对这种情况。此外，除了飞行员和警察，也没有人可以携带武器。

幸运的是，安全部队的反应十分迅速，当我们聚集在角落时，安全部队的武装警察已经赶到了爆炸现场，并对人员进行分流。

当晚有19名美国人死亡，并有数人受伤。

克林顿总统发表声明："我们将追究到底，这些人不可能逍遥法外。"

是的。

不过，凶手至今没有落网。

尽管这是1996年发生的事，但直到"9·11"之后很长时间，本·拉登才成为家喻户晓的人物。但此前早就有明显的迹象表明，中东的美国军人也时刻处于危险之中。例如前一年的11月，在沙特利雅得的国民警卫队项目经理办公室外，一枚汽车炸弹的爆炸，导致5名美国人丧生，另外还有30人受伤。1996年初春，巴林也发生了爆炸和暴力事件。1996年1月，空军特别调查办公室（AFOSI）的报告特别强调了胡拜尔沿线汽车炸弹的威胁。

尽管有这些警示，但在1996年6月，胡拜尔仍然处于毫无防备的脆弱状态。胡拜尔的两边被沙特修建的住宅区包围着，北部（汽车炸弹爆炸的地方）是当地人活动的公园。准将特里尔·J.史瓦利尔（Terryl J. Schwalier）[1]确实对

---

① 时任第4404（临时）战斗联队指挥官。

汽车炸弹的威胁做出了反应，所以整个园区的主门修得比马其诺防线还复杂，设置了各种检查站、铁丝网和武装警卫等安保措施。这一切让人印象深刻，但整个园区不可能全用这种等级的安保措施防卫起来。即使恐怖分子头脑简单，他们也不会硬攻防御力最强的地方。

最后，第4404（临时）战斗联队在胡拜尔执行了由空军特别调查办公室提出的39项安保建议中的36项，但这太迟了，而且毫无用处。例如，一套可用于警告攻击的"巨声"（Great Voice）公共广播系统，但这无法让大楼里的任何人听到；在楼上设置哨兵，就算哪名哨兵在恐怖袭击当天提前发现了恐怖分子的油罐车（6月25日确有一例），他也无法及时做出有效警告，因为那些领导们怕冒犯当地人，所以也没有安装警笛；一旦有可疑的信息或活动，都得先报告中央安全控制中心，再转交给联队作战中心的联队指挥官，而后才能做出判断。总之，这些安保措施毫无用处。

我知道这是由当地严峻的安全局势导致的，但跟沙特合作的时候，对方几乎无作为。不过我也从没看到过史瓦利尔试图把某些工作交给沙特。我认为问题的根本在于他从未向沙特方面协调如何保证我们的安全。这帮人关心的是怎么不冒犯沙特人，而不是怎么保护我们的安全。

最终，受伊朗支持的真主党汉志分支（Hezbollah al-Hejaz）被认定是这起袭击的制造者。13名沙特国民和1名黎巴嫩国民被东弗吉尼亚的美国地方法院起诉，不过至今都没有伏法，他们的名字还在联邦调查局的通缉名单上。

史瓦利尔虽然最后被撤职，但我对他的看法依然没有改变。保护属下是一名指挥官的基本原则，如果这种时候他都不能保护你，那更别指望作战的时候了。我不相信史瓦利尔在这方面下了工夫，是他没有做好自己的本职工作，才导致这19名美国公民死亡，还留下数百个每天像我一样担惊受怕的人。记住，我们现在讨论的不是一家造芯片或者卖快餐的民间公司，我们是部署在海外的前线军人，在一家普通的公司里，管理者做得不完美，不会触及公司的底线。而在这里，一点小小的疏漏都可能让人丢掉性命。

更宽泛地说，胡拜尔爆炸事件暴露出的是军方领导对于冷战结束后的威胁变化认知不足的弊端，他们还没反应过来，恐怖组织竟会对军队造成这么大的威胁，这种新型威胁将在以后彻底改变美国空军的训练和战术。袭击发生后的次月，即1996年8月，本·拉登发表了一份名为《反对美国占领者》的战争宣言，其中提到美军玷污了"两个圣地"（麦加和麦地那）。虽然那时没人关心本·拉登说了什么，但那些经历过1996年6月25日胡拜尔爆炸的人们已经明白，未来的道路将在恐怖主义的暴力阴影下渐趋黑暗。

对空军来说，不仅高层的观念没有转变，基层同样也是一团糟。胡拜尔爆炸发生时，我们中队的指挥官勇敢地爬过栏杆只顾自己逃命，他在指挥我们之前，没有一点儿指挥经验。战斗机飞行员都是不怕死的纯爷们儿，这个娘炮明显不是。

其中一些人只是在混勋章——无论是为了改善形象面貌还是职业生涯，我认为大多数的勋章都是混来的。我知道一个人（令人难以置信的是，这个人后来竟成为一名少将），就因为在"沙漠风暴"中给几名将军做了个幻灯片，便拿了一枚铜心勋章。他还逢人就说自己在"沙漠风暴"行动中获得了它，这是事实，但这个人并不诚实。以后总有人会问他属于哪支中队，或者飞过多少次战斗任务，这个人会没法面对这些问题。当你处于作战区域中时，就算没有发生战斗，空军仍然把这计入作战飞行时间。这就方便了史瓦利尔这种人，即使没有参加过战斗，依然积累了非常可观的作战飞行时间。我再重复一遍，对我来说，这种行为非常虚伪。

我的观点是，并非一定不能用史瓦利尔这样的人，而是要明白这种人不该待在什么样的位置上。忠诚是一件好事，且是任何战斗人员的基石，但我们同样也需要问责制。我见过许多军官因为他们下属的个人原因，比如酗酒而被免职。有史瓦利尔这种例子之后，如果还有一名指挥官因为无法避免生命损失而被免职，这明显是双重标准。

伴随着20世纪90年代世界发生的巨变，我发现这种现象在军队里越来越多。科索沃战争让我们把注意力从克林顿的拉链①上转移开来，那时韦斯利·克拉克（Wesley Clark）将军自负到自诩当代的艾森豪威尔。克拉克甚至

---

① 暗指莱温斯基性丑闻事件。

命令下属袭击在普里什蒂纳机场（Pristina Airport）的俄罗斯士兵。幸运的是英国高级军官麦克·杰克逊（Mike Jackson）爵士拒绝了他的命令，事实上，他回答说："我才不会帮你打响第三次世界大战。"

在宣称击毁多辆塞族装甲车并击毙120余人的消息的背后，我们实际只找到了十多辆被摧毁的装甲车，更多的是被摧毁的诱饵——胶合板制坦克，里面有台小煤炉，用来提供热信号。那些斯拉夫人只是点燃了炉子，但在我们的红外成像系统里，那真的就是一辆坦克。

战争结束后，一支战斗损失评估小组进入战区负责统计正确的击毁数。这支空军小组的负责人最后给出的答复是击毁敌人20辆坦克，并拒绝夸大这个数字好让克拉克将军邀功。但这么做对这名少校负责人的职业生涯来说没有好处，随后他就被调到了空军国民警卫队。但我敬他是条汉子。

随着时间推移，越战时代的飞行员们几乎都已退居二线，而我们这种大部分参加过第一次海湾战争的飞行员开始成为空军的主力。我们慢慢地成为长机飞行员、飞行教官和指挥官，少部分成为武器和战术官。我们虽久经沙场，但偶尔也会被偷袭，所以我们需要了解自身的局限性并依此制定相应的战术，许多有才之士为改善我们的系统和武器做出了巨大的贡献。

对于F-16CJ来说，万幸的是"哈姆"反辐射导弹的瞄准系统（HTS）正变得越来越精准。最初的瞄准系统精度很差，因为它早期只能寻找雷达的波束，然后跟着波束推断雷达的位置，就像在一间黑暗的屋子里用手枪射击一只不断闪光的手电。虽然大概知道手电的位置，但也并不意味着每次射击都能命中灯泡。敌人很警觉，可能直接强行关闭雷达。

所以，"野鼬鼠"们最早都是在敌人的眼皮子底下干活的。很多观点认为，早期的"哈姆"是一种非常糟糕的武器，如果没有敌方雷达"关照"你的飞机，那么"哈姆"也就没什么能瞄准的东西了。这种方法在20世纪60到70年代很有用，因为那时的防空导弹只能用雷达寻找敌人。而如今不一样了，光学或者红外搜索系统一样管用。

德州仪器公司（Texas Instrument）的工作人员显然也明白这一点。我们那时已经觉得"哈姆"是个浪费导弹挂架的累赘了，我在战斗中发射过30多次"哈姆"，却从来不知道它们究竟有没有击中了目标，或者究竟击中了什么，没准我侥幸击中过一个正在打电话的倒霉蛋。所以当时研发瞄准系统的最终目的是保证让"哈姆"具有一定的射击精度，但缺乏针对性的解决方案，简单来说，"哈姆"并没准头。

但这只是针对当时来说。

一位非常有天赋的工程师格雷格（Gregg）与我共同合作，最终完成了R7版本的"哈姆"反辐射导弹的瞄准系统设计。它可以让"哈姆"更快、更准确地瞄准，其精度也堪比精确制导弹药。实际上，我们是在巴拿马城的一处海滩上，在一张餐巾纸上画出了设计方案。

同样，我们这些疯狂地期望干掉防空导弹阵地的人也需要对自己进行升级。我的意思是，如果地面上有防空导弹阵地，那我们就必须有能耐干掉它，只有这样，你在明天，或者下周，甚至在下一场战争之前，都不会有人打扰你投掷炸弹，因为对方的防空系统被我们摧毁了。我们中的一些人也认识到了这些问题，这10年来世界变化得太快，改进瞄准系统只是第一步，"野鼬鼠"必须与时俱进，因为这是我们的工作。

飞行员是CJ型概念成功的另一个原因，现在已经有一代飞行员只飞F-16，而且我们对这种第四代战斗机使用的技术非常满意。传感器管理是年轻F-16飞行员的必修课，这门课的内容是在以2马赫速度飞行的飞机上同时监视雷达、瞄准吊舱、武器和所有机载系统，听起来好像不难，但是要在夜间于100英尺的飞行高度上完成这一切也不容易。我曾经带着一名F-15E的武器系统官体验F-16，他惊讶地发现我可以独自完成他在F-15E中需要两个人才能完成的任务。无论是在俱乐部里看见漂亮姑娘还是掌握最致命的技术，战斗机飞行员都会兴奋不已。

然后再献上玫瑰。

20世纪90年代的科索沃战争让全世界发现了美国对于战争的渴望，坦率地说，普通民众并不相信萨达姆会对他们的生活造成什么负面影响。2001年9月11日，双子塔倒下的时候也恰好处于美国的军费被削减的时期。

"9·11"事件发生两周前，我的中队已经准备前往东南亚驻训，我们启程的前两天，那个可怕的周二，我们有许多书面工作要完成，还要给自己挣够

"飞行货币"。9月11日，我刚完成一个清晨任务，正驾机降落。第一架客机撞上了双子塔，时间是08点46分。消息传来，我清楚地记得自己当时还在想：这得是多么蠢的飞行员才会让飞机撞上大楼。对于那架航班号为11号的美国航空波音767撞击世贸大厦，我们当时都觉得这只是一场意外。

上午9点后，我们亲眼见证了美国联合航空的175号航班撞上世贸大厦南塔这一瞬间，方才明白这一切都是有预谋的袭击。军方在一天之内实施了基地警戒和召回所有外出人员的标准程序。指挥官和武器官被召集到一起商讨对策。小布什总统在得知消息后，以一种惊人的定力毫不慌张地继续在一所小学中视察。

09点45分，美国领空全境关闭。

这在历史上是第一次——简直不可想象，因为在任何时候都有超过3万架航班在美国领空飞行或者正飞往美国，还不包括货运航班和军事飞行。

除了战斗机、加油机和预警机，所有在地面上的飞机都不能再起飞，而在天上的必须马上离开。中午时分，我带着一支四机编队飞行在亚特兰大的哈茨菲尔德国际机场（Hartsfield International Airport）上空。没有任何交战规则，我们对发生的事情没有任何头绪，也没人知道接下来会发生什么。这是对美国进行大规模袭击的开端吗？会有化学武器或生物武器的袭击吗？或者这么做只是为了转移我们的注意力？

没人知道答案。

所以我们这些从冷战过来的老手们开始制定应对各种情况的计划。但无论结果是什么，我打死也想不到我会在美国本土执行战斗空中巡逻任务。在以往，美国的天空是一个充满飞机尾迹和嘈杂无线电对话的地方。而现在什么都没有，这让我毛骨悚然。

最初无线电里是十分繁忙的，因为那时空中还有5000多架飞机尚未降落。但是随着一架架F-15和F-16陆续升空，天空也逐渐安静下来。一架达美航空的航班因为没有及时回复空管而被列为可疑目标，而我们的编队则被安排去查证情况。虽然后来得知这只是一个微小的无线电故障，但在那种情况下，我们必须靠近并且护送它降落。我永远不会忘记当时飞机里100多名乘客透过舷窗看见我后露出的表情。

事后看来，我觉得当时我们处理得都非常妥当。记住，当时没有任何供我们参考的交战程序，也没有任何交战规则。随便一名管制员的怠慢就可能造成误伤，我们很幸运，没人被打下来。但让我感到惊讶的是地面上的人有多么紧张，一名管制员甚至告诉我，他可以净空以方便我进行攻击。但我不会那么做，除非我看到一架客机正扎进城市。但就算是那样，我们开火击落它前也要掂量一下，这巨大的残骸该往哪儿掉？第20战斗机联队的反应是让人钦佩的，我们派出所有的老手带头执行任务，并且没有任何失误。

当我降落并回到中队时，我的姐姐和母亲都发来了信息，从短信的内容看，她们倒没怎么担心我，反而告诉我父亲没事。

什么？

那时我还不知道，美国航空的77号航班撞击五角大楼时，我的父亲恰好就待在楼里。我的意思是，他也在军队里经历过九死一生，孰料老来颐养天年的时候差点儿就在自己国家最安全的地方被一架飞机撞死。这让我很恼火。

他那时是一名杰出的国防顾问，事情发生时他正在A环与军队的人开会。为了不让读者感到困惑，这里解释一下，你可以理解成由A到E这五个环，按顺序排列组成了一座完整的五角大楼。我父亲后来告诉我：

"当我感觉到巨大的撞击时，我正往大厅附近的办公室走去。我当时并没有担心什么，因为五角大楼的西北面恰在重新装修，有些建筑垃圾会从高处丢向地面。但当我一进办公室，秘书就抓着我的胳膊道：'跟我来……我们被袭击了，看看你的衣服。'我低头一瞅，发现自己整个人已经被灰尘覆盖了。

"然后我走到外面，西北方向出现了一道巨大的烟柱。恐怖分子可能是看到了直升机停机坪，就以为那儿是国防部的核心区域……幸运的是，他们的情报工作和飞行技术一样糟糕，因为秘书办公室都在波托马克河方向，而撞击点几乎没人。"

尽管如此，当天还是有189名五角大楼的工作人员丧生。我从没这样担心过我的家人，平常都是他们担心我的飞行安全。我的父亲也曾是战斗机飞行员，不过在我还很小的时候他就已经停飞了。当我发现77号航班的残骸已经撞进了B环，离我父亲不足30码的时候，我并没有感到恐慌，只有一种深深的无助感。军队存在的宗旨就是避免自己的人民活在恐惧之下，这是我们的使命。

美国一直是一个很美好而且很安全的地方，但这些突然发生的袭击难免让人们对我们的工作产生怀疑。虽然这不是我们的问题，但我确实从没想过美国本土也会发生这种事情。

9月12日午夜，刺耳的警报把我从南卡罗莱纳州的肖空军基地的值班室里吵醒。8分钟后我已经在跑道上等待起飞，起飞前，我拍了拍自己的脸，好让脑子能清醒一些。当我离开跑道收上起落架时，安防频率里突然响起了声音。

"所有能收到此条信息的飞机，所有能收到此条信息的飞机……这里是夏洛特空管……我宣布夏洛特周围20英里内为自由交火区。"

什么？我大吃一惊。

"重复……这里是夏洛特空管，我宣布夏洛特周围20英里内为自由交火区。"

怎么回事？

我的瞌睡彻底醒了。

"夏洛特……这里是刚从肖空军基地起飞的两架F-16，呼号'犬牙（Fang）69'，什么情况？"

"感谢上帝，'犬牙'，这里是夏洛特！"对方听起来气息不稳。"我们发现……不明飞机……可能是恐怖分子……"

我也长吸了一口气，然后按下了通话按钮。

"别这么紧张。"

我的空空雷达可以扫描出从地面到30000英尺高空之间的任何东西，而我还什么都没发现。"这个频率里所有的飞机，无视夏洛特空管的最后一次指令，'犬牙69'现在是夏洛特地区的空中指挥……所有的飞机向我确认。"

没有人回应，有些意外。

然后在我们的编队通讯里，我告诉僚机："'犬牙2'，别动真家伙。"

"'犬牙'……这里是夏洛特空管……我们发现了可疑的直升机群。"

直升机群？基地组织能在美国这么为所欲为？我觉得不会有这种事。

"它们怎么可疑了？"我驾机翻身从20000英尺的高度下降，然后保持400节的速度，开始用雷达进行搜索。以前这会儿天上可热闹了，但现在什么都没有。

"'犬牙'……呃……他们没有开航行灯……也没有回应我们的通话……而且我们收到了一个通知，有个人……跳到了地上。"

我认为我很快就可以弄清楚这到底是怎么回事，并且让他们冷静下来。

"夏洛特，你也通知了布拉格堡（Fort Bragg）吗？"

长时间的沉默说明了一切，于是我切换了频率，联系了肖空军基地的指挥所。

"肖，'犬牙'……请求通话。"

"请讲。"

"打电话联系布拉格堡，问他们今天晚上派了什么东西出来飞行，要他们实话实说。告诉他们，现在头顶上就有两架全副武装的战斗机，如果他们想看到自己的战友完整地回去，那就赶紧把他们的位置和呼号给我们。"

夏洛特东部的布拉格堡是美国陆军第82空降师和美军特种作战司令部的所在地。这些人就喜欢摸黑出去，但是在不懂行的空管看起来，不开航行灯和不回应通讯的做法等同于恐怖分子。结果跟我猜的一样，只是虚惊一场。

几天后，亚特兰大哈茨菲尔德机场的进近管制员问我能不能在亚特兰大市中心低空飞行以鼓舞士气，向人们证明有我们保护的天空已经十分安全。我很惊讶他居然会提出这种请求，但还是答应了。于是我们在亚特兰大上空1000英尺的地方减速，然后打开了加力以便发出更大的噪音，随后他让我再来一次。之后他告诉我，人们在街道上相拥，有人哭，有人笑。

那一周以一种难以想象的方式影响了我。我的意思是，我们这些人已经习惯了保持警惕，从精神和身体都做好了战斗的准备，但普通的美国民众并不是这样。在我看来，恐怖分子都是懦夫。我对他们的定义是：他们只会去袭击手无寸铁的普通人，因为他们压根没有能力跟我们对抗。我认识的每一位飞行员都义愤填膺，如有机会，他们会立马投入到打击这些恐怖分子的行动中去。

如我所愿，"9·11"事件并没有打败我们。美国对于灾难的强大抵御能力开始展现，这个国家只是耸了耸肩。好吧，你不喜欢我，我不在乎；但是你惹了我们，这意味着你以后的日子也不会好过。

美国国旗开始飘扬在大街小巷中，全国范围内掀起了支援军队的活动，虽然很多人甚至还不太了解自己国家军队的组成，但他们正在努力表达自己的感激之情。

我认为"9·11"事件对于美国的启发是，人们终于意识到，现在我们要面临的是一种无法动摇的宗教狂热，不同于简单地与纳粹德国或者苏联进行意识形态上的对抗，这些人从根本上否定我们的存在或者主张。任何极端宗教分子都是十分危险的，因为只有他们才会发动针对平民的大型袭击。为了保护自己的国家，无论是否可以一劳永逸，我们都必须干掉萨达姆。

2002年情人节，在与伊拉克开战的一个多月前，第77战斗机中队已经蓄势待发。接下来，我们要前往沙特阿拉伯的苏丹王子空军基地（Prince Sultan AB），路上我们在西班牙的莫隆空军基地（Morón AB）稍作休整，降落后我们就被送到塞维利亚市中心的一家旅馆，睡了几个小时。一名公共关系人员告诉我们，为了保证自己的安全，最好留在酒店里不要出去。我们30多个人看着他哈哈大笑，我们上次来西班牙的时候他还没进空军呢。当天下午，我就跑去了圣玛丽大教堂，漫步在阿尔卡萨花园中。这座城市非常安静，也非常冷清，我想我来对地方了。不过当我转过一个路口走进大街后，突如其来的鼓声差点儿把我震聋。

塞维利亚大学的学生们是反战游行队伍的主要构成，我来看教堂和钟楼的时候，无意中路过了这所大学。他们的校服跟1968年加州伯克利分校的差不多[1]。于是我赶紧躲到了旁边一条小巷里，观察着抗议人群。他们看起来都很年轻，很多人挥舞着红色的旗帜，横幅上印着关于乔治·布什的讽刺漫画和各种被丑化的北约标识，我印象最深的一幅画是一个非常丑陋的山姆大叔把地球踩在脚下。他们持续大声示威。

"No a la Guerra! No a la Guerra!（不要战争！）"

我在那儿显得十分尴尬。

随后我被挤进了人流，跟着那群人慢慢穿越了几条昏暗的老街，随后进入了一座宽阔的广场。人们还在不断涌入广场，我赶紧找了堵墙靠住歇歇脚，

---

① 越战期间，加州的高校是反战人群的聚集区。

一抬头却发现身边是一座棕色的砖塔，这座塔名为希拉尔达（Giralda），是一座天主教的钟楼。我转头看看周围，确定自己是在凯旋广场。广场很快就被人群挤满了，新闻记者扛着摄像机围了过来。我想，这绝对能上头条了：

一名美国飞行员在西班牙参加反战游行。

然后我看见了她。

一名20岁左右的年轻姑娘，穿着件大码的白色衬衫和一条宽松的黑色裙子，举着旗子跳到人行道边的一个石墩上，阳光洒在她的身上，微风轻抚着她的黑色长发。她有节奏地挥动旗帜，身边的人也配合着一起高呼口号，女孩儿笑得很开心。我现在想想，如果当时带了照相机，那肯定能拿普利策新闻奖。我看了她一会儿，然后转身走到拍摄女孩的英国广播公司（BBC）的摄像机前，毫不犹豫地举起拳头高喊："No a la Guerra! No a la Guerra!"随后，我离开了人群。

回到酒店后，我没把这一天的事情告诉任何人。但次日当我们降落在沙特这个毫无特点可言的地方时，前一天的事显得愈发讽刺。不久之后，我这个参加过反战游行的人，居然作为先头部队发起战争，不过能在进入地狱前欣赏那么美丽的教堂，我已经知足了。

我站在苏丹王子空军基地外深深地吸了一口气。气氛沉重的沙特，空气依旧平静，我能够闻到沙尘和雨水混合在一起的味道。暮光在这里大秀风采的时间很短，太阳首先变成橙色，随后在地平线下射出最后一缕血红色的光芒，最后迅速消失。

战争即将来临。

回想着"沙漠风暴"行动，我感受不到任何恐惧，我站在我的房间里一边看着《歌剧魅影》，一边等候着出击的通知。一天后，我爬上我的座机，检查下这个家伙的状态。我知道，经过这么多年的筛选，能留在这里的都是值得信赖的人，所以我相信我可以活下来。但你永远也不可能知道当时我到底在想什么。

1991年那会儿，我还是个目中无人且自认无敌的毛头小子，但那时发生了什么？

而十多年后，我的心态发生了改变，见过很多才华横溢而且技术一流的飞行员一去不复返，经历过这么多次战斗任务，遇到过无数次险情，已经让我变得小心翼翼，不再那么不可一世。我能活下来也许只是出于上帝的幽默感，也许只是我的时间还没到，也许两者皆有。

　　我盯着2002年的日出日落，紧张的情绪相对于1991年似乎有过之而无不及。虽然相比10年前我更加优秀和成熟，但在1991年，我只要听从长机的指挥就可以了。而现在，我的手下多了一帮弟兄，不光是我自己，我也必须要对他们的生命负责。但这种责任感并不会成为我的负担，只要提醒自己在战斗中保持清醒就行。

　　我们的国家遭受了袭击，但我很明白，"9·11"事件并不是我们在这里等着进入伊拉克的真正原因。尽管如此，我觉得这可以算是一次杀鸡儆猴，让那些以为"9·11"可以击败美国的人明白，惹恼美国的下场是什么。从政治上来说，不管美国获得了或者失去了什么，都与美国的军事力量无关。喜欢美国也好，讨厌美国也罢，如果你袭击了美国，那就得血债血偿。

　　中场休息结束。

第七章
震慑

2003年3月19日

当地时间5点30分，巴格达南部

"'禁欲者（Stoic）67'，地对空导弹升空……巴格达西南方向！"

我猛地驾机向右滚转，接着慢慢地拉回来。地对空导弹看起来就像是从黎明前的城市里升起的一个发光的小点，它正不断地加速爬升。我不太确定它是不是冲着我来的，因为我的雷达告警面板上各种符号已经乱成一锅粥了，这并不意外，我飞行在巴格达南部，正作为矛尖刺入伊拉克。

"哔——哔——哔——"

告警机又响了，我瞄了一眼这块小屏幕，它已经被SA-2、SA-3、防空炮和友机雷达信号挤得满满当当。还有很多未知信号，这种未知信号意味着我并不清楚这些照射是来自友军还是敌军。不过我有个简单的区分方法：在我北侧的信号全部来自敌军，因为我是先头部队，所以在我和巴格达之间不存在友军。

我真是个天才。

听闻告警，我立刻驾驶F-16向南转弯，以防万一，还象征性地释放了几枚干扰弹，不过我依旧可以看见导弹的尾烟。改平战机后，我把油门推到军推挡位，寻找这枚地对空导弹的踪迹，突然间，在我右侧又有两团红色的火焰照亮了地平线。

"'禁欲者3'，有两枚SA-3……是从巴格达西侧发射的。"

如果是SA-2，它会飞得更高，如同航天飞机发射般，瞬间消失在视野中。一旦防御方筋疲力尽，它就会从80000英尺的高空俯冲下来，防御方难以捕捉它的运动轨迹，因而将被它撕成碎片。所以SA-2相当令人讨厌。SA-3则是可以被探测到的，但它飞得更快，更难对付。

"'禁欲者1'，多枚地对空导弹升空，巴格达方向……'勇气'（Moxie）小心！"

在我身后的西侧，有名飞行员向我们通报道。与平时训练中无线电里的喋喋不休不同，战时的无线电通讯首先追求的是效率，因为300多架战斗机同时使用的频率只有那么几个，你不得不把通话的长度限制在最短。比较优先的通讯内容是导弹发射、目标位置和搜索救援。

一枚地对空导弹停止向西飞行，迟滞在城市和星空之间，我顿时屏住了呼吸。它的目标是谁？导弹远在我10英里以外，但我依旧能看见它那巨大而灼热的尾焰，在接近发动机喷口的地方变得更加耀眼，而尾烟则是灰黑色的。导弹本身很难看清，但是发动机却能暴露它的位置。在空中，导弹是飞得最快的东西。

若你看见导弹升空转向后，变成一个火红的甜甜圈，中间一个黑洞，这意味着这枚导弹的弹头正指向你。

"该死。"我咕哝了一句，然后赶紧打开电子反制系统，并调转机头，眼睛紧紧盯着那枚SA-3，它正在朝我转向。

"'禁欲者2'……地对空导弹在10点钟方向，相对位置上方，准备……"

我把数据链打开，听到头盔里传来提示音，显示器上显示我的僚机大概在我身后2英里的右侧。我扭过头观察了一下机尾的情况，但什么也没看见。不过这没关系，如今已经不同于以往，我根本不用担心在进行剧烈机动后会找不到僚机，因为只要通过数据链发送一个位置请求就能知道。我非常讨厌以前那种死板的飞行编队，在作战中为了保持编队而飞直线简直就是找打。

作战中，我几乎全程使用了松散的编队，相当于给僚机拴上了一根2英里长的绳子，这给了僚机相当大的活动空间，他们可以在这个范围内自由地进行空对空的雷达搜索，或者对地面进行目视警戒。他做什么都可以，只要能随时目视到我就行，顺便给我汇报一些重要的战术信息，这样我们应对威胁的自由度就会大大增加，而且这么做的效果确实很不错。

就在这时，导弹的发动机停止工作了，导弹开始依靠惯性飞行。我一边计数一边调转机头开始俯冲，目不转睛地盯着抬头显示器。在佩戴夜视仪的夜间作战中，按理说不能像白天那样做高过载的特技机动。戴夜视仪的目的是让人在夜间也能清晰地分辨地面和天空，虽然仪表也能提供参考，但显然不够简单直观。不过当我在巴格达以南10英里处的上空被6枚地对空导弹追着跑的时候，我可没工夫管在佩戴夜视仪的情况下允许做多大过载的机动，保命要紧。

6秒……7秒……

我向右猛压杆，然后释放干扰弹。

"'禁欲者1''禁欲者2'，航向0—8—0……防御SA-3……"

另外两架战机回应得十分迅速："'勇气1'……'哈姆'发射……攻击SA-3，巴格达方向。"

"'禁欲者2'在18000英尺失去对长机的目视！"

10秒……11秒……

"'禁欲者2'，航向西南，高度保持在18000英尺以上。"

12秒……

我拉了一个5G过载的桶滚把战机转向城市一侧，并且继续释放干扰弹。我改平战机后，驾机下降到1500英尺高度，冲着城市飞去。在座舱柔和的绿色灯光下，我解除了武器保险，随后把注意力转回抬头显示器。我用瞄准环对准了地对空导弹发射的地方，然后闭上左眼，狠狠地按下了发射按钮。发射800磅重的导弹使战机产生了剧烈的震动，我立即驾机滚转，并做了一个6G过载的转弯向南飞去。

"'禁欲者1'……'哈姆'发射，攻击SA-3，巴格达方向。"

地上的威胁太多了，想弄明白一座导弹阵地在哪儿非常浪费时间。而且我们受命只能在城外10英里处的上空盘旋，所以为了避免被击落，我们向西绕行，以拉开与威胁之间的距离。

"'禁欲者2'看见长机。"在我发射了"哈姆"后，瞎子都知道我在哪儿。

"保持锁定……"

这句话的意思是说，他会用机载雷达保持对我的跟踪。我怀疑今天晚上可能有米格战斗机过来偷袭我们，不过如果伊拉克人这么干了，那么远处的F-15就会给他们好看。我把我的四机编队分成了两支双机编队，以巴格达南北连线划分行动区域，"禁欲者3"和他的僚机在该线以西，我则在东。"勇气"在25000～29000英尺的高度，而我们则降到了15000～19000英尺的高度。

我们从城外15英里处的上空以弧线向西北飞行吸引防空火力。此时不仅是防空导弹，城市的防空炮也在不断地向我们开火，愤怒的曳光弹冲向黑色的夜空，弹道逐渐弯曲，直到消失。更大的100毫米口径防空炮的空爆弹在城市的上空爆炸，黄的绿的橙的，就像烟花一样照亮了整座城市。

由于灯火管制，整座城市几乎没有灯光，只有郊区的探照灯像激光剑一样不停地向空中挥舞，如同二战电影里的情景一般。那些不停发射的地对空导弹短暂地照亮了周围的建筑和街道。

"该死的……"我低声咒骂。

随后我们开始还以牙还牙。黄色的闪光不断地出现在城市各处，这是美国战机投下的炸弹，如果落点处有可燃物，便会立刻形成红色的大爆炸直冲云霄，有些爆炸逐渐消失，有些则愈演愈烈。

我按下了麦克风按钮："现在我知道为什么我们必须待在城外10英里的地方了。"

"'禁欲者1'……我是2号，那是什么东西？"他听起来还略带笑意。

"'战斧'（Tomahawk）巡航导弹。"

过了一会儿，那些飞奔向城市的"战斧"击中了预定目标，几十处爆炸几乎同时出现。随后，安静了好一阵的防空炮和地对空导弹再次开始还击。

"'禁欲者1'……发现导弹发射……巴格达东南方向。"我补充道。

"'勇气'也看见了。"

我观察那枚导弹，发现导弹的尾焰越来越小，然后变成了一个红火的甜甜圈，我意识到大事不好，这家伙是向着我们来的。于是我猛推油门杆，让战机开始加速。

"'勇气1'受到1个……不，2个……来自西侧的雷达锁定。"我低头看了一眼，巴格达市中心又发射了两枚地对空导弹。

"'禁欲者1'，从南侧攻击SA-3。"

我以军用推力驾机冲向发射阵地，犹豫了半秒钟后，又打开了我的抬头显示器的录像功能，然后选择一枚"哈姆"，闭上右眼按下了发射按钮。

就算我闭着眼，还是能感受到一道刺眼的橘色光芒照亮了驾驶舱，当导弹加速时，战机仿佛被踢了一脚。导弹发射后，我睁开眼睛驾机向右脱离攻击。

就在我脱离的时候，离我最近的防空炮已经立刻调转炮口向我开火，它们瞄准的是导弹发射时的闪光，这就是为什么发射"哈姆"后必须第一时间脱离的原因，也是为什么我们不喜欢用"哈姆"的原因。但在今天晚上，我们必须带上它才能干掉敌人。

"'勇气1'……防御……呃……西侧，SA-3。""勇气1"补充道。

虽然"勇气1"是一名老练的F-16飞行员，但这却是他第一次参加实战。事实上，我带的这些伙计都没有经历过实战。说出来你可能不信，这批打头阵的飞行员们很少有参加过第一次海湾战争或者科索沃战争的，所以每支四机编队最少都要分配一名老手带他们参加战斗。

"'禁欲者1'……攻击SA-3……巴格达以南方向。"

我下压机头，让战机加速。此时我正慢慢地绕着城市飞行。事实上，100节的西风对我起到了帮助，因为它正试图将我的座机从巴格达上空推走，而不是纳入。我越过机头看了看地面上小镇的灯火，知道自己正靠近底格里斯河。

"'勇气1'……转向3—0—0航向……"

"'勇气2'丢失对长机的目视……"

我在脑海中想象他们的情况："勇气"当时正在规避导弹，随后向西北或是300度航向飞去；他的僚机刚刚失去了对他的目视——这在晚上很常见。我一边按下麦克风按钮准备通话，一边在弹射座椅上扭来扭去地观察情况。

"'禁欲者2'……攻击2—9—0航向的SA-3……"

通过夜视仪，我看见一个灰色的东西正从我的机尾掠过，冲着西北方向飞去。我又迅速往前看，这个灰色的东西和我是朝着相同的方向飞行，所以我们间隔3英里相互平行。随后我从眼角余光里发现了一道闪光，那是我的僚机在"勇气"被攻击的地点发射了一枚"哈姆"。

"'禁欲者2'……使用'哈姆'攻击SA-3！"

"往南会合。"我立刻下了命令，看着"禁欲者2"转向远离我。我们最终会合在一起，我在他的前方，背离城市飞行。我用数据链发送了位置信息，然后开始向西转弯重整队形。

"'禁欲者2'……往右来……1号在你右侧，2点钟方向，3英里，相对位置下方。"

几秒钟后，我听到了他用雷达锁定我的声音，雷达告警接收机上也出现了熟悉的代表着被F-16锁定的图标。有雷达、数据链和夜视仪的帮助，我并不担心他们找不到我。当我回望巴格达和"勇气"之间那片黑暗的空域时，谢天谢地，我没见到任何导弹。我并不指望"哈姆"能击中什么，但是至少它们能让敌人的雷达暂时关机。

"全体'禁欲者'和'勇气'，撤回到'亚历克斯点'。"

"亚历克斯点"是我们在简报中确定的一个安全会合点，这里在巴格达防空系统的探测范围和射程之外。几乎每次任务我都会挑一处这种位置，如果遇到飞机发生故障之类的紧急情况，这个地方也可以作为撤离点使用。我飞行在不友好的土地之上，星空之下，透过座舱盖眺望夜空，星星很美，就像无数颗镶在黑色绒垫上的钻石。

2003年3月19日，清晨05点35分，我们刚刚开始了第二次海湾战争。

"禁欲者67"和"勇气71"是由4架F-16CJ组成的两支双机编队，我们的任务是清理巴格达南部的杀伤盒[①]编号为87AS（Kill Box 87AS）的区域，所以我们基本可以活动至萨达姆大本营的门口。我们的主要作战任务是将这里所有

---

① 杀伤盒，又称杀伤箱、打击盒或杀伤区，这是一块用于协调和整合联合火力打击的三维目标区域。它是一种联合部队协调措施，使空中力量能够打击地面目标，而无须与指挥官或者地面人员协调。

的防空火力和米格战斗机的仇恨都转移到自己身上。不过我们有个非常明显的优势，那就是我们知道战争什么时候开始——战争将在黎明前爆发——但他们不知道。事实上"伊拉克自由"（Iraqi Freedom）行动已经开始了。我意识到自己有点儿呼吸困难，便笑了笑调整下情绪。

在我看来，夜间飞行对"野鼬鼠"来说最适合不过了，很方便你观察从地面发射出来的任何导弹和炮弹，而且，敌人的光学系统也几乎等于失效。当然，此时做出防御反应和相应的机动也要困难得多，因为我们都不熟悉夜视仪里的那个绿色世界，而油田火焰、月光和任何爆炸都会让夜视仪的图像在几秒钟之内无法辨别。

夜间也几乎没有来自空中的威胁，我是单指伊拉克。他们的米格战斗机只能在白天起飞，夜间飞行时极度依赖雷达的引导，但他们的雷达要么被我们摧毁了，要么因为害怕被攻击而不敢开机。夜间环境对于逃生也很有帮助，如果你在白天弹射，那么至少50英里范围内的伊拉克武装农民都能看见一朵伞花绽放在空中。而此刻，我们敢深入伊拉克境内200英里，能和地空导弹玩捉迷藏，最主要原因就是太阳还没升起来。

12年前，我在同样的地方，被同样的人用导弹追着屁股跑。经济、地缘政治、国防、复仇……你可以选择任何一种原因去杀戮，但是现在我被送到这里杀伊拉克人的原因只有一个，那就是战争。

萨达姆·侯赛因被库尔德人和逐渐不安分的军官搞得难以安宁，所以他继续选择了用外部威胁解决内部矛盾的老办法来解决一切。他以为只要美国敢动伊拉克，那么其他伊斯兰国家就会联手给美国施加压力，然后让美国离开中东。这个想法在目前看来天真得过分，萨达姆只是个街头混混等级的领导人，狡猾如他，用铁血政治肃清异己上台。和大多数独裁者一样，他对自己小舞台以外的世界缺乏准确的判断力，并把自己在国内的地位误认为具有国际意义。

我一直以为第一次海湾战争会让萨达姆长个教训。他在20世纪80年代曾经是美国的盟友，1982年，里根政府甚至将伊拉克从《支持恐怖主义国家》名单中删除，所以那时美国向伊拉克提供了一些可以军民两用的技术。"军民两用"的意思是，提供电力的核反应堆也可以产生钚，而钚是易裂变的，所以可以用来制造核武器，所以的确是"两用"。

萨达姆·侯赛因还获得了美国的农业贷款、情报和武器，用来支撑他对伊朗发动战争。美国需要扶植一位新的代理人来对抗苏联在阿拉伯世界的触手，而萨达姆想变成这个人，所以他跟美国打得火热，1980年，他甚至获得了底特律市的荣誉公民称号——对于一个来自伊拉克贫穷小镇的混混而言，这还是挺值得高兴的。

　　今天早上，中央情报局知悉萨达姆·侯赛因和他的两个儿子可能藏匿在巴格达东南部的一处地点。朵拉农场位于底格里斯河一个马蹄湾河道下方，距离巴格达国际机场不到10英里。我们先前制定的详细战争计划（OPLAN 1003V）立即被抛下，所有的资源都优先服务于获取相关最新情报，理由是，如果伊拉克领导人被斩首，那么战争也就结束了。

　　而现在，理论付诸行动，我的四机编队已经清除了任务区域内的威胁。我们使用"哈姆"猛攻伊拉克人的防空系统，若是被伊拉克人的雷达锁定，编队就立即分离，并让战机都垂直于SA-2和SA-3阵地。这么做有两个好处：一是让他们的雷达难以锁定，这样他们的雷达就会长时间工作，以便我们更精准地对雷达进行定位；二是由于我们侧对着它们飞行，这样导弹的射程就大大缩短，我们自己也更加安全。

　　就在飞行前4个小时，我们正紧张准备的时候，还没有谁得到了袭击朵拉农场的时间计划，所以我们只能待在伊拉克境内200英里处，一边每隔1小时进行一次空中加油，一边等待华盛顿和五角大楼做出最终决策（最终的攻击命令在美国东部标准时间下午07点21分发出）。从卡塔尔乌代德空军基地（Al Udeid AB）起飞的F-117也一直在周围待命，只要接到许可，它们就会在萨达姆的头上投下4吨炸弹。当中央情报局通过在巴格达的线人确定了伊拉克独裁者就藏在朵拉农场之后，上午05点31分，伴随着巨大的爆炸，朵拉农场从地球上消失了。最终，F-117像没存在过一样悄悄地离开了伊拉克，只剩下迷惑而又愤怒的伊拉克人和"野鼬鼠"们。

　　当F-117的炸弹落下之后，那些坐在椅子上的将军、战略家和智囊团们就开始分析这次空袭对战争走势的影响。支持这次行动的人认为，针对伊拉克领导人的"斩首"行动会让伊拉克军队陷入混乱，并结束战争。我觉得他们前半句说得没错，伊拉克人确实会陷入混乱。但是他们不会轻易把枪放下，战争的进程可能改变，但是战争不会轻易终结。

而批评者则认为，这次计划之外的空袭使得战争的初始阶段变得混乱和困难。这种说法也有道理，照我看，我们待命中的45万地面部队和数百架战斗机已经打草惊蛇，或多或少地让伊拉克知道了我们正在准备进攻，如果能够先发制人，攻其不备，那么我们也许可以取得更大的战果。

事实上，在空袭朵拉农场后，英美地面部队北上伊拉克，占领了鲁迈拉油田。与此同时，纳西里耶和巴士拉也都有联军地面部队在推进。仅在当天就有三十多支美国特种部队，以及他们来自英国和澳大利亚的同行渗透进伊拉克。

不过袭击朵拉农场确实能制造混乱，破坏了萨达姆和他的将军们制定的一些计划，比如向以色列发射"飞毛腿"（Scud）导弹。如果他们真的这么干了，随后以色列人又对他们进行报复，无法想象还会发生什么更糟糕的事情。虽然我不相信叙利亚和埃及会为了伊拉克袭击以色列，但是谁知道萨达姆有没有和他们达成什么不为人知的交易呢？但不可否认的是，空袭朵拉意味着战争从一开始就是不公平的，伊拉克人只能防守，没有进攻的权利。

这对我们来说是一件好事。

"哗——哗——"

我看到了"3"在告警面板上闪烁，我数了一下，至少有6个，不过它们距离我很远，所以我不是特别担心。

几乎在一眨眼间，巴格达漆黑的市中心发生了一系列连环爆炸。也许是B-52发射的大量"战斧"导弹，或者是别的什么，我不知道，但我能确定，伊拉克人生气了。

成千上万的防空炮开始对空还击，空爆弹在我们周围爆炸。这些火力中，甚至有一些小口径武器，它们的曳光弹是橙黄色的，弹道平缓。这么做的目的大概只有两个：一是为了泄愤；二是为了舞台效果。明天巴格达的广播电台肯定会宣布击落了几百架美国飞机。他们当然会这么做，不然还有什么方法提高士气？

我们现在位于巴格达以南25英里的地方，我驾机右转并改平向北飞行。

地面的探照灯试图抓住一架战斗机或者B-52。我扫视着驾驶舱，检查了下战机的情况：一具翼下副油箱没油了；干扰弹大概还剩下2/3；告警面板上的威胁告警光源多到看起来像一块拼字游戏板。我大口地吸气，因为接下来的情况可能会更糟。

"哔——哔——哔——"

我检查告警面板，上面显示是SA-3。导弹正在逼近！

我随即反应过来，立刻驾机翻身冲向黑色的地面，同时释放干扰弹。

"'禁欲者1'……防御SA-3……导弹逼近！"

机身下的伊拉克漆黑一片，除了那些正在燃烧的地方。也就是说，我现正挂在伸手不见五指的敌国上空。"蝰蛇"的机头垂直向下，战机正在俯冲，我抬头居然还能看见对面灯火通明的伊朗边界。

"'禁欲者1'……规避！地对空导弹在你下方……规避！"

我赶紧把油门收到慢速挡，右手猛拉操纵杆，2秒内滚转180度，随后让战机改出俯冲，同时继续释放干扰弹，并开始计数。

"来吧……"我对抗着重力把机头拉回到地平线上，然后直接推满油门到全加力，随后回头观察地对空导弹的位置。

"'禁欲者2'……攻……攻击SA-3！"

听起来这个可怜的孩子就像快被勒死了一样，但他还是发射了一枚"哈姆"。一道诡异的亮光闪过，一秒之后便消失在F-16的机头前。

2秒……

我不停地四下转头寻找地对空导弹的位置，因为我没有看到它发射，所以不知道它会从哪个方向过来。

"'禁欲者2'……能报告导弹的位置吗？"

4秒……

"无法看见……丢失对长机目视！"

噢真完美。

我把机头拉到60度爬升，星星就在我的眼前。随后我收油门到慢速挡，接着滚转了180度背朝下观察天空的情况，还是没看见地对空导弹。我瞥了一眼抬头显示器，此时高度是19000英尺，速度是390节。

"'禁欲者2'……向南爬升到20000英尺。"

"'勇气'向南返航……燃料耗尽……"

我再次滚转回来，并驾机向南飞，爬升到17000英尺的高度改平，我累坏了。雷达告警接收机慈悲地闭了嘴，我摘掉面罩，让空调把清爽的空气吹到脸上。我低头观察了下多功能显示器（MFD），决定绕飞幼发拉底河附近的米格战斗机基地，不是因为我们害怕伊拉克空军，而是那里也部署着地对空导弹。所以"勇气"和"禁欲者"都往西南转向，那是回到沙特路程最短的航线。我想，如果我们来一次空中加油，那我们就可以回去干掉那些米格战斗机了。

我擦了一把脸，靠在座椅上放松了一下颈椎。这会儿太阳已经从地平线上升起，我越想越觉得最后一枚地对空导弹应该是设备的虚警。我决定带着僚机做一次战斗损伤检查。

"'禁欲者'和'勇气'……松掉'狗绳'。"这句话的意思是关掉干扰投放系统。眼见抬头显示器上的信息显示系统已关闭，我深吸了一口气。

很遗憾，最后那枚地对空导弹终究是真家伙。

在苏丹王子空军基地降落后，我们立刻着手计划"震慑"（Shock and Awe）行动。与普遍的认知相反，这个巧妙的短语并不是在2003年发明的。事实上，它从1996年开始就出现在军事文件中，核心思想是以"占据战场的统治地位"和"展示强大的军力"为基础，"瘫痪"敌人的抵抗意志。

的确如此。

我所参加过的每一场战争或者每一次战斗都是这样，但现在却不得不把这事提到桌面上用一个正式的命名去强调它。我认为这是决策层对于如何使用军事力量的误区，他们以为当我们的战斗力远超敌人时，敌人就会束手就擒。但他们搞错了，如果你的国家受到攻击，你也会不顾一切地保护国家和自己的家人，不论强弱。当然，如果你是法国人的话，你可以一边把手举过头顶，一边继续享用奶酪（补充一句，他们的奶酪确实很棒）。

同样，如果美国被入侵了，我也不相信人们还会在意谁是下一任美国总统，他们唯一想做的就是战斗。美国人对"9·11"袭击的反应就是一个非常好的例子。

你在战斗时还老盘算你的对手何时投降，这对你来说并不是一件好事。

不管怎么样，战争还在继续。次日，当美国海军陆战队、英国军队和波兰军队进攻乌姆卡斯尔港（Umm Qasr）时，美国陆军第3步兵师也北上进入伊拉克南部。伴随着大规模地面作战开始，3月21日的空中也变得热闹起来。

这就是"震慑"。在命运的转折中，"9·11"对美国人造成的震惊和恐惧为这场战争提供了合法性。伊拉克的阿拉伯邻国称这场战争是恐怖主义行为，而我们则称之为"反恐"。这么说只是为了告诉你，谁的拳头硬，谁就是正义。

我很高兴，对伊拉克人的震慑已经开始了。

越早让他们感受到我们的战斗力，他们就输得越快，我们也能尽快回家。我站在清晨的日光下，等着班车送我去停机坪，飞行服已经很久没洗了，闻起来不太好受。我打了个呵欠，用指尖摸摸我下巴的胡茬。门后"砰"的一声，我的好友"风暴"·诺曼（Storm'n Norman）——"赌徒"（Gamblers）中队①的指挥官走了出来。

"早餐还行吗？"我问道。

"得了吧，今天我已经够恶心的了。"

我笑了起来，"野鼬鼠"即将再次出征。

_____

① 即本书作者当时服役的第77战斗机中队，"赌徒"是该中队的绰号。

第八章
沙漠风暴

在纳西里耶以南，我刚驾驶着F-16冲上了20000英尺，然后收小油门，转向DOG①空中加油航线。当空速逐渐下降时，我选择了最大续航模式，战机会计算出一个理想的高度和空速，以最少的燃料消耗获得最大的航程。我经常使用这个功能，因为F-16经常缺油。我继续后收油门，直到减速至计算机算出的参考值。

现在的空速是205节，这个速度实在太慢。我扫视驾驶舱，将武器保险给锁上，并关掉了释放热焰弹的功能。这并不重要，因为我暂时不需要使用它了。今天是3月24号，我刚从纳西里耶那肆虐的沙尘暴中逃离，不知道那些海军陆战队队员们现在怎么样，但我知道我已经把伊拉克援军打跑了。

我挠了挠脸，吸了口气。抬头显示器中一直闪烁着低燃料提示，我现在还剩下1200磅燃料，正常情况下，这是你降落后的最低油量。但这附近连机场的影子都没有，即使没有地对空导弹、防空炮和米格战斗机，我的情况也岌岌

---

① DOG是"Dogging"的简写，意为在公共场合交合，同样也是调侃空中加油机的加油动作。本书直接采用了这个拼写作为名字。

可危。如若在恶劣的天气下飞行，发动机的"食量"还会大大增加。多年的经验和训练使得我对处理这种情况如同家常便饭，我立刻按下麦克风按钮：

"'卢格尔'……这里是'罗马人75'。"

没有回应。

我试着使用另一部电台："'罗马人2'，'罗马人1'上线。"

也没有回应。

我发送了一则数据链请求，不过要是对方改变了无线电频率，那我就是做无用功了。

接着我把空对空雷达调整到"搜索前方80英里"，我盯着屏幕，上面有一些代表目标的白色小方块出现，但没法得知那是不是加油机。我看了眼膝板，用空对空战术空战导航系统"塔康"（TACAN）寻找一架应该在DOG空中加油航线南段飞行的加油机。

还是没有回应。

老天今儿真的是在捉弄我。我绝望地在材料袋里翻那些没用的东西，例如无线电频率的表格、乱七八糟的规定和法律文件，都是些我原本打算没事可干的时候才看的玩意儿。该死的你在逗我？

"就算弹射，我还得把这些玩意儿都处理干净。"我近乎绝望地自言自语道。这些纸都被我塞进了头盔包里，在我弹射落地之后应该可以用来生火。

太阳渐渐消失在那令人厌恶的沙漠里，伴随着橙色光芒的消逝，黑暗开始笼罩大地。如果再找不到加油机，我可能就要一个人在沙漠里过夜了，想到这里，我不由得打了一个寒战。

"该死！"

我打算尽量把F-16带到离科威特最近的地方，如果战机能撑住的话，也许还能滑翔到那边的空军基地里迫降。就在这时，我的甚高频电台（VFH）突然响了。

"'罗马人1'，这里是2号，2号已上线！"

"赶紧帮我找加油机！"

"1号……2号在靶心1—6—0方向，距离270，加油机在我22度的方向……正紧跟着我。"

我立即把雷达游标移动到他所说的位置。加油机就在那儿！大概在距我机头50英里的地方，飞行高度22000英尺，正以300节的速度向我飞来。

"'罗马人1'，雷达发现你了。我在你前方，55英里，20度方向。"

"2号发现，加油机呼号'肌腱（Tendon）31'，在'深红（Carmine）33'频率上联系机组。"

"直接把频率给我。"

无线电频率用颜色加数字的方式进行命名，而我现在不想把包里的手册扯出来一个一个地找。坦白地说，就算被伊拉克人知道我在空中加油，我也压根不在乎。

"收到……是310.6。"他的声音里夹着一丝歉意。不过在我看来，这位小伙子做得很好，不管他用什么方式，至少他说服了加油机往我这边来，要知道加油机基本是不会往敌国上空飞的。我切换频率，之后便紧盯着抬头显示器，希望加油机立刻出现在我的视线里，我们距离不算远，应该来得及。

"'肌腱31'……这里是'罗马人75'。"

"收到，'罗马人'……我们在靶心位置的——"

"'罗马人'已经雷达接触你们。"我打断他。

"收到，"他似乎松了口气，"开始右转朝边境飞行。"

"无法执行。"我依照雷达上的信息判断了一下，然后规划可能执行的加油路径。"重复，无法执行，向右转10度，我没有足够的燃料绕到你后面。"

事实上，当我听到有加油机的时候，简直高兴坏了，不过情况紧急，我来不及向他们表示谢意。"'肌腱'收到，我们来接你回家，"这名加油机飞行员说的话实在暖心，"我们一直想来见识一下伊拉克。"

事实上，越过边界，进入可能有米格战斗机和地对空导弹的伊拉克，对于一名驾驶着手无寸铁并且毫无机动性可言的飞行油罐的飞行员来说，肯定不算是一件好事。

所以我调整好呼吸，用我最精湛的技术去控制战机，只为了在我快见底的油箱里多留下一点儿油。在相距大概25英里的地方，我透过抬头显示器看见了出现在薄暮微光下的加油机，这绝对是我这么多年来见过的最美丽的景象。我如释重负地松了一口气。

为了完成空中加油，一般来说，战斗机会先飞到加油机后半英里左右的地方再慢慢接近，然后飞到加油机正下方离加油管20英尺左右处。随后你会被允许"接触"，这时你要非常缓慢和精细地驾机向前挪动，直到加油管操作员可以控制加油管给你加油。若在平时，加油管操作员和飞行员之间的废话都很多，但在战斗中，大家会保持安静。

一旦加油管插入座机受油口，加油管底部的两排灯就会亮起，分别指示你和加油管的水平、垂直位置，你只需要跟着"灯"飞，就可以把战机保持在一个稳定、适合的位置。想象一下，你的舌头粘在冰冻的铁管上，被一辆时速300英里的轿车拖着跑，就是这种感觉，而且这在晚上会更有趣。

但是现在我肯定没工夫管这些，我此刻所有的操作都为了一个目的：省油。这就是我为什么要让加油机继续往前飞的原因。相距大约8英里时，我将机头指向加油机，把油门推到军推挡位。相距3英里时，我打算直接从加油机的左侧飞进加油位，然后让我的僚机在加油机的右侧保持编队飞行。

我连头都不用低，直接用手摸到了左手控制台上的一个开关，那是战机受油口的开关，机背的受油口随即打开。此时我的速度比加油机快了大概100节，机头依然指着加油机。随后我直接转弯切近加油机的后面，因为转弯可以同时帮我降低速度。加油机的加油飞杆慢慢地放下来，这是多么美妙的画面。

在离加油机只有最后50英尺远的地方调整位置时，我几次打开减速板，直到速度低至可以把我带到对接位置并且保持住。现在加油飞杆几乎已经贴在我的脸上，它看起来像是要直接扎进我的座舱盖里。随后飞杆控制员把它带向一侧，我只能看见飞杆慢慢地向我背后伸去。我不断地控制油门，让F-16的空速保持和加油机一样。

这一刻仿佛很久，感觉什么事都没发生，我又开始胡思乱想起来：如果他没能成功对接，或者我的受油口有问题没法加油，那我就真的手足无措了。不过万幸的是我撑到了边境，就算跳伞也会很快就被救回去。

加油机机腹上那两道美妙的灯条终于亮了起来，对于这种情况，我已经见惯不怪了，但是从没有像今天这么激动。

"下午好，长官！欢迎来到'肌腱31'加油站。请问你是要加有铅汽油还是无铅汽油？"

　　每个人都是喜剧演员，我意识到自己紧张得一直咬紧牙关，被他这么一逗，差点儿笑出声来。虽然很狼狈，不过我现在必须装成一切尽在掌握的样子。

　　"高级汽油，加满，谢谢。"

　　他笑着说："长官，你现在已经开始加油，看起来你已经战斗了整整一下午了。"

　　听到这句话，我就不再去担心我的油量指示表的数值有没有上涨了，放松下来活动活动手指和脚趾。又过了几分钟，我发现燃料已经涨到了3000磅，足够我回到科威特了。我彻底放松下来，长吸了一口气。

　　"介意我们拍几张照片吗，长官？"

　　"别拍我，我早上忘了做比基尼蜜蜡脱毛。"我笑着回道。

　　"我们谁都没见过真正的战场是什么样的。"

　　随后，飞杆操纵员的观察用舷窗开始闪烁，那是相机的闪光灯。我挪了挪屁股，活动了下肩膀，再过一会儿，我就能回家了。想到那些在纳西里耶的海军陆战队队员们，我也不知道他们还有没有危险。不过在我离开之前，我已经把目标的坐标发给了预警机，也许夜班飞行员们已经顺手搞定了我没干完的活儿。

　　随着加油机缓缓转向西侧，最后一缕阳光也彻底消失了，头顶上的天空一片漆黑。不过由于我们处于伊拉克境内，所以我们也进行了灯光管制，航行灯和编队灯都没有打开。当我断开与加油机的连接时，这名幽默的飞杆操作员说："加满了，长官，"他吹起了口哨，"一共1740加仑。"

　　我把这个数字在脑子里做了简单的换算，我现在有10000磅燃料。

　　关上受油口，我驾机缓缓地从加油位退出，晃了晃机翼给操作员道谢，然后增加了一点儿推力飞到加油机的左侧跟它保持编队。离开伊拉克之前，我们会保障他们的安全，随后我们会向南飞行回到利雅得附近的苏丹王子空军基地。我想喝一加仑的水，再美美地吃一顿大餐。多么曲折的一天。

　　"'罗马人75'……这里是'肌腱'。"我听到了一个陌生的声音，可能是加油机飞行员的。

　　我把面罩推到嘴边："请讲。"

"呃……预警机刚刚通过卡利德国王军事城（KKMC）、巴廷（al-Batin）和拉夫哈（Rafha），由于沙暴，这些地区都是0—0。"

"0—0"的意思是云底高度和能见度都是0。完美。这意味着我们无法降落。我放眼望去，只能看到满天飞扬的沙尘。我并不惊讶，面积140万平方英里的沙特（大概为美国大陆面积的1/3）可以在几小时内消失在沙尘里。而我们一直很忙，没空关注这一切，现在看来，眼前的景象比我见过的要更糟糕。沙尘暴就像一汪咆哮的棕色大海，这只怪物产生的沙尘如此之高，以至于星星都黯然失色，就像眼前多了一块棕色的磨砂玻璃。

"'肌腱'……你能得到苏丹王子和利雅得的天气情况吗？"

"已经有了，利雅得风速1/4英里，有沙尘；苏丹王子的风速为1英里。"

"已经不错了，'肌腱'。我们现在准备返回基地，如果你收到更新的情况，你能在130.225频率告知我们吗？"

"没问题。"

"还有，'肌腱'，非常感谢你过来接我。"

"当我们知道了你在那里的所作所为，我们怎么能不过来帮你？"

我轻笑道："你本可以不过来的……所以再次向你表示感谢。"我依稀看见加油机座舱里的飞行员朝我挥了挥手。

"如果我不来接你，那我今晚肯定没法睡着，祝你好运，'罗马人'。"

随后我带着僚机慢慢地脱离了加油机，我们要在沙特和科威特的边界过一道看不见的海关。我驾机稍稍左转，然后切换到预警机的频率，这是过关的标准程序。

"'卢格尔'，'卢格尔'……这里是'罗马人75'。"

通常情况下，从伊拉克飞出去的战斗机会对机身和挂载进行目视检查，看看机身有没有破损或者泄漏之类的情况。这些情况经常会导致一些问题出现，有的甚至让你没法回家，但今晚我应该没有这些问题。我启动了自动驾驶，以苏丹王子空军基地为目的地，然后从帆布包里掏出了夜视仪架在头盔上。

"'罗马人75'，这里是'卢格尔'。请讲。"

"'罗马人'是两架F-16组成的编队，等待确认，准备返航。"

"呃……'罗马人'，确认你的返航基地是苏丹王子空军基地？那里的识别码是'PASB'——清楚了吗？"

"确认。"

"苏丹王子空军基地的最新数据是能见度半英里，风向3—0—0，风速30至50节。"

"好"极了。

我再说一遍，今天真是糟糕的一天。风暴正在自西向东移动到波斯湾和科威特的基地，所以我们没有多少时间了。

"收到，'卢格尔'。还有哪些基地开放？"

他给了我更多"好"消息："谢赫·伊萨（Sheikh Isa）能见度半英里，有沙尘；达兰能见度1英里，不过还在下降。"

谢赫·伊萨在巴林，达兰在海岸边。所以现在唯一可行的空域就是我正飞着的地方，而这里的气象还在疾速恶化。我向外望去，以往灯火阑珊的科威特和沙特沿海城市已经茫茫一片，甚至连油井上的火焰也难以寻踪，不安再次笼罩下来。我什么情况都经历过，对吧？对。

我呼叫僚机："'罗马人2'……通报油量。"

"7.1，副油箱空了。"我还有10500磅，所以去哪里都够了。

"'卢格尔'……呼叫'肌腱31'，看看我们能不能跟着他去乌代德空军基地降落。"

那是卡塔尔半岛南端的一座大型加油机保障基地，于是我设置好路径点，开始朝东南方向飞行。

"'罗马人'，这里是'卢格尔'，'肌腱31'没有多余的燃料了。"

我看着距离信息：335英里。我们的油足够飞过去，好消息也再次传来。

"呃……'罗马人'，请注意，乌代德报告现在能见度为半英里，沙尘，'肌腱'正转向迭戈（Diego）。"

迭戈？我突然想起了印度洋上那座部署着美军的迭戈·加西亚岛（Diego Garcia）。噢，真是惊喜连连，我通知了僚机，然后慢慢转向北方。我们只有一条路了，因为不可能去伊朗。

"'卢格尔'……科威特目前的天气如何？"

我把智能腿板（Smart Pack）从腿上拿下来，取下夜视仪，找到正确页面，在里面寻找有用的信息。智能腿板里包含了有关整个战区情况的资料，里面有所有可用的应急机场、各种通讯频率等信息。而现在这个该死的情况意味着我必须寻找应急机场，因为中东地区已经快要消失在沙尘中了。我琢磨了一会儿，决定去贾比尔（Al-Jaber）降落，那里部署着A-10和F-16，而且饭菜做得也算良心。

我拍了一下腿板，然后从抗荷服的口袋里掏出了一本小册子，里面有各个地区不同机场的仪表进近程序。仪表进近是通过飞机和地面上的仪器共同协作完成的精确着陆程序，飞行员在能见度低的情况下通过仪表把飞机飞到预定的水平和垂直位置。这时他要么能看见跑道，要么看不见，如果看不见，那就要复飞。在正常情况下，我们能完成半英里能见度、200米云底高度的降落。当你以150～175节速度降落时，这不算很难。

"'罗马人'……贾比尔报告说他们那里能见度1/4，间歇性为0—0。"

我简直要疯了。

在我询问之前，他机灵地补充道："科威特国际机场也关闭了。你还有地方去吗？"

还有地方？伦敦和马德里算不算？

"'罗马人75'正准备转移到阿里·萨利姆（Ali al-Salem）。"显然，这是地球上我现在唯一能去的地方了。

"收到……萨利姆能见度1/3，沙尘，风向2—4—0，风速20至30节。"

"'罗马人'收到。"我看了一下去阿里的路径点，阿里离我们现在的位置大约有110英里。这点儿距离一眨眼的工夫就到了，所以我要减速以便研究那座机场的进近程序。进近？怎么进近？我再次核对了一下机场代码，然后翻遍了整本册子。

没有。

这个半球我唯一能降落的机场，没有仪表进近设备。如果是平常，不管是白天还是黑夜，我都能用脚趾开着战机降落，但现在的天气让人头疼。

我这辈子的坏运气大概都用在今天了。

我也不可能让沙尘暴结束，不管怎么样，比起在这儿抱怨，我还是决定硬着头皮降落在阿里。

"'罗马人2'，拉开间距到我身后2英里，用雷达保持跟踪。开始进行下降检查。"

我抄下手册中的阿里塔台的频率，然后把手指放在开关上。我和僚机有足够的资料，但我们能选择的只有这一个。我会用全球定位导航（GPS）把自己带到跑道头，然后迅速标记一个记号点，这里面有一个精确的经纬度数据，这样我就可以把它作为一个精确的跑道定位，让这个点出现在我的抬头显示器和多功能显示器里，帮助我完成降落。

但这么做也有问题，每架战机的系统精度有所不同，当我把这个点发送给僚机时，也许会产生误差。多数情况下，这点误差还是能够接受的。不过多数情况下，我们也不需要在沙尘暴里降落，事实上，我也没在这么恶劣的气象条件下用这种土办法降落过。但是现在，除了弹射，我们只有这一条路能走。

"'罗马人2'，保持跟踪。"

我看到雷达告警显示器上出现了一个带着箭头的F–16的小图标，这意味着我的僚机已经退到了我身后几英里远的地方，并用雷达锁定了我。在恶劣天气下降落，这是最安全和最准确的方法。他可以从雷达上看到我的航向、高度、速度等很多信息，并可以在安全的距离上跟我保持同样的速度。我们已经准备好了。

"呃……'罗马人75'，这里是'卢格尔'。"

"请讲。"

"'罗马人'，我们另外有几架战斗机没油了，他们需要降落。"

我之前以为我们是最后一批从伊拉克撤出的战斗机，现在看来还不是。

"'罗马人'收到，有多少架？"

"呃……4支双机编队。"

"这运气。"我低声说道。有8架战斗机需要降落，而我刚刚找到准备降落的机场。

太好了，这就是我的经验回报我的时候。我努力控制情绪，开始计算那些战斗机在什么位置。

"'罗马人'收到，让所有'迷失者'（strays）在130.225频率联系我。"

"'罗马人'，这是个公用频率。"

有时候我真的觉得预警机机组很啰唆。

这个人绝对在担心伊拉克人可能会偷听这个频率。"告诉他们就行。"我努力地控制自己不要向他发火。我减速到250节，并把机外的夜视灯打开，只有佩戴夜视镜的人才能看见它们，我并不担心有伊拉克人会带着夜视镜往天上看。

当第一批编队联系我时，我正在海关大门外740英里处。

"'罗马人75'，这里是'掠夺（Heist）36'。"

"'罗马人'收到，通报油量和距离海关的位置。"

"'掠夺'是双机编队，油量6.7，在TWITCH空中加油航线南段。"

我记下了他的情况。"收到，'掠夺'待命，在这个频率内的所有飞机，向'罗马人'报到并通报油量。"

随后我弄明白了，预警机说那4支双机编队，除了"掠夺"以外，还有"德比"（Derby）、"蒙蒂"（Monty）和"军犬"（Wardog），他们是下午出动的攻击机机群中的一部分，不过由于天气原因分散开了。在他们当中，"蒙蒂"燃料最少，其次是"掠夺""军犬"和"德比"。由于我们的燃料最多，而且已经弄清了机场的情况，所以我们要打头阵降落，燃料最少的"掠夺"紧跟着我降落，以此类推。

"'蒙蒂'编队，你们现在改名叫'罗马人'3号和4号……"

"'掠夺'是5号和6号，'军犬'是7号和8号，'德比'是9号和10号。请确认。"

他们都用新呼号进行了登记，这种方式对于作为长机的我来说，方便进行控制。

"'罗马人3'朝海关飞行，高度保持在21000英尺；'罗马人5'保持在22000英尺；'罗马人7'保持在23000英尺，'罗马人9'保持在24000英尺。全体'罗马人'离开当前高度前往指定高度，保持西北航向，速度250节。"

他们不得不承认，我们这种毛毛虫式编队会让事情变得更简单，而现在他们又处在不同的高度飞行，也避免了相撞的风险。我把他们从低到高按油量高低分配，原则是油量少的用最省油的方法飞。此外，先降落的高度最低，这样可以保证他们像洋葱片一样互不干扰。

"'罗马人2'保持在20000英尺……'罗马人1'将率先降落以获取我们的进场标记点。全体'罗马人'待命。"

首要的问题是：如何在尽可能精确地获得标记点的同时避免撞上地面？我收了一点油门，打开了减速板，在浑浊的黑影中继续缓缓下降。我保持着250节的速度，把座舱的灯光微微调暗。当阿里·萨利姆空军基地机场的转向点出现在抬头显示器中时，我轻柔地驾机转向，把座机对准10英里外的跑道，准备获得标记点。

当我接近3000英尺高度时，横风开始变大，高度越低，横风也越厉害，我紧盯着显示器，把超高频（UFH）电台调到了阿里·萨利姆塔台的频率，然后启动座舱加热功能。减速到200节时，我放下了起落架。

"阿里塔台，这里是'罗马人75'。"

意料之中，没有回应。

我似乎感受到了热烈欢迎的气氛，这时起落架灯亮了3盏，这意味着3个起落架已全部放下并锁住。"今晚的第一个好消息……"和所有的单座战斗机飞行员一样，我早已习惯自言自语。

"阿里塔台，这里是'罗马人75'。"

其实对方回不回答压根没关系，因为我们是靠自己着陆的。但是，我必须找个人确认跑道上有没有坑洞，或者有没有伊拉克人。

在离跑道5英里时，我在1000英尺的高度检查了燃料，6.7，翼下副油箱的油已经用完了。感谢上帝，感谢那名加油机飞行员，我祝愿他能成功降落在迭戈·加西亚。

"这里是阿里塔台……请讲。"

终于有回音了，美妙的、平缓的、不带感情的美国口音出现在我的头盔里。我闭上眼回答道："阿里……这里是'罗马人75'，距离4英里，减速，进近中……跑道3—0右。"

"'罗马人'……右侧跑道由于坑洼关闭，3—0左开放，不过没有跑道灯可用。注意，目前的能见度只有半英里，而且有沙尘。"

我减速到160节并问道："塔台，左侧的跑道有进近灯吗？"

"有……但是跑道边线灯没了，只有一些跑道中线灯能用。"跑道边线灯用来指示跑道的轮廓，而中线灯则是为了让大型飞机保持在跑道中心用的。我心里已经有数了。

"'罗马人'收到，请把3—0右跑道上能打开的灯全打开，然后通报风速风向。"

"阿里风向2—8—0，风速20至35节。"

我最后一次检查了座舱里的情况，然后准备在距跑道2英里、高度500英尺的地方记下标记点。我打开着陆灯，前方除了褐色的暴风雪外几乎什么都看不见，于是我迅速又关掉了灯光。右侧的地面上有暗淡的白光，我抬起夜视仪观察，那应该是空军基地里的黄色灯光。我稍微修正了一下航线，对准跑道，准备迎接随时可能出现在眼前的地面。

跑道出现了。

"'罗马人'……发现跑道的时候通报。允许降落。"

"75号收到……我后面还有9架飞机等待降落。"

如果我能找到跑道的话。

"塔台收到，随时待命。祝你好运。"他补充说道。

突然，前方1英里处出现了不断闪烁的灯光，于是我控制战机将抬头显示器上的钻石状符号对准了灯光的源头。在距离跑道半英里的地方，我已经可以确定跑道入口和跑道中线，已经足够我们用了。我把钻石符号放在了跑道中大概1000英尺的地方，操纵杆上的拇指向前推，开始进行标记。F-16的计算机发挥了神奇的作用，我得到了一串绿色的小数字，上面有标记点的经纬度和海拔数值。

我增加推力，略微抬起机头，然后关掉了减速板。当战机加速爬升时，我收起了起落架，然后按下了麦克风按钮。

"'罗马人75'复飞。阿里，我们会留在这个频率中，我们有10架战斗机会在此降落。"

"阿里收到。"

爬升过5000英尺后，我打开了空对空雷达，并用甚高频电台联系僚机。

"全体'罗马人'，收到请回话。"

正常情况下，标记点可以通过数据链进行分发，但我在爬升的时候向他们口头汇报了坐标信息，他们1也都记了下来。

我紧紧地注视着我的僚机，并朝海关方向飞去，心中祈祷千万别被友军在伊拉克边境线上部署的"爱国者"导弹给击落。在19000英尺的高空，我通过夜视仪看到绿白相间轮廓的僚机。我搜索着左侧和右侧的空域，看到编队里的其他的战机在不同的地方盘旋着。

"所有'罗马人'，圣诞树……圣诞树……""圣诞树"的意思就是把飞机像圣诞树一样点亮。

开着航行灯和防撞灯的F-16在夜空里非常显眼，我应该早点儿用这个办法的。不过之前我们在战区，不能打开机外灯光。

"全体'罗马人'……我们即将从海关过关。每支编队间隔2分钟，并保持2英里的间距。航向0—8—0，速度250节。保持这两组数据到距跑道10英里、高度3000英尺的最后进场定位点，降落跑道3—0左。"

我停了一下，好让他们记下这些内容。"在10英里处减速到160节，进入下滑道。"

我在上面列出了几个关键点，让编队里的每架战机都这么飞，这样他们就不会超过前面的战机。虽然空对空雷达可以让他们很好地保持队形，不过还是容易出岔子，所以最好交代清楚。现在每个人都以同样的速度接近机场，下一步被称为最终进近修正，每个人都要减速到同样的空速，然后放下起落架。最后，他们会缓缓地接近跑道，在截获下滑道后开始下降。

"通知所有'罗马人'，在3英里的时候减速到最终进场速度，随后联系阿里塔台。"

他们做到了，全部9个人，毫无疑问，跟战斗机飞行员一起飞行是件很轻松的事情。

"阿里塔台全部收到。"啊，多么敏锐的管制员。

我瞥了一眼抬头显示器，说道："阿里塔台，这里是'罗马人75'，还有3分钟开始进近，我们需要一辆引导车。"

"'罗马人'……阿里收到。"

我飞过了海关关口，并以250节的速度向东飞行，准备开始进近。我把机头压低10度后说道："'罗马人1'，正在下降。5.1。"

"正在下降"意味着我已经从标记点出发，"5.1"则表示我的飞机上还有51000磅的燃料。在我身后的某个地方，另外两架战机应该会在2分钟之后开始下降。"全体'罗马人'，检查航向设置3—0—0……高度2—9—9—1。"

300是跑道的最终进近航向，2991是最新的高度设置。一切都完成了，接下来就只有降落，所以我不再说话。随着高度下降，能见度变得越来越差，黑暗和沙尘笼罩着座舱。尽管空调一直在对着我的脸吹热气，但我还是感觉很冷，后来我对自己说，降落后我要好好地暖暖身子。

"'罗马人3'——正在下降。"

我看了一下，那正好是我下降后的2分钟。虽然我对这些飞行员不了解，但是我们都用同样的语言沟通，也掌握着相同的技能，否则要这么准确地执行我的命令几乎是不可能的。

当下一支编队开始下降时，我离阿里大概12英里，并且准备开始转向跑道降落。当距离为10英里时，我收小了油门，打开减速板，放下起落架。随着战机的速度迅速下降，我关掉了减速板，稍微地给了一点儿油门，将速度保持在180节。

"'罗马人1'，10英里，起落架放下。"

我知道天上还有9双眼睛正盯着自己的显示器，并计算着位置和时间。塔台回答说："收到，'罗马人'，继续，风向2—8—0，风速30节。"他没有说能见度，而我也没问。

我集中精力驾机保持180节的速度进入进近航线的中心点，如果我坠毁在跑道上，那我身后的战机可就都别想着陆了。距离大约8英里的时候，我的抬头显示器上的仪表着陆系统（ILS）指示符在缓缓下降，只要追着它，我就可以一直保持在合适的下滑道上。我低头检查了下机械仪表，它显示的和抬头显示器的一样。我活动了一下僵硬的手指，聚精会神地继续降落。

离跑道只有5英里，除了飞舞的黄沙，还是什么都看不见。我继续收油，减速到160节，并且不断地在仪表着陆系统指示符和雷达高度表之间扫视。

"阿里，'罗马人1'，距离3英里，起落架放下，准备低空进场。其他'罗马人'会全跑道着陆。"

"塔台收到……你确认还会回来？还有其他地方能够降落吗？"

"确认，'罗马人1'会最后一个着陆。"

是这样的，我暂不着陆，如果一架僚机进场失败或者仪表出现故障，那我还可以用指尖编队把他们带回跑道上。方才我在离跑道2英里、高度700英尺的地方没能看见任何东西。但不到20分钟前，我尚且能在这个位置看见跑道。很明显，天气越来越差，尽管我对他们很有信心，但我现在必须选择最保险的做法，毕竟我们几乎无路可走了。

跑道就在那儿！机头前出现了一团微弱的灯光，我将身体前倾，想尽量确定那是不是跑道的灯光，我又看了一眼仪表着陆系统的指示符，虽然稍微偏左了一点，但毫无疑问，前面就是跑道。我控制着机头朝跑道方向继续飞行，直到灯光从我的身下消失，并能够看到跑道头。

我把油门向前推，抬起机头，关闭减速板，在离地100英尺的时候放下起落架并按下麦克风按钮。

"'罗马人1'在距跑道1英里、高度300英尺处目视跑道。'罗马人1'结束进场。全体'罗马人'都在跑道头待命。"

"3号收到。"

"5号收到。"

"7号收到。"

"9号收到。"

当我冲过跑道头时，看见一辆闪烁着黄灯的白色皮卡正停在地面上准备给我们带路。我收起起落架，并开始给发动机补油，然后爬升。当地面渐渐又从我眼前消失时，西北方已经形成了一堵黑色的沙墙，乱流变得更强烈了。我检查了一下燃料，还有5500磅。

3号刚刚通报他放下了起落架，那么4号应该是跟着他也准备最终进近了。后来我又听到7号说开始下降，所以5号和6号应该在他们中间的位置。我驾机左转与跑道平行朝东南方向飞去。距离跑道5000英尺的时候，我加速到250节，并盯着空空雷达。雷达显示有两架飞机在我的左侧，正朝西南方向飞行，这肯定就是5号和6号准备开始最终进近了。所以那两架与我垂直、在我前方10英尺的战机就是7号和8号。

"'罗马人9'……下降中。"

我驾机向右转30度，继续使用雷达搜索9号和10号的位置，但我找不到他们，也许是因为高度差得太多，或者角度比较大。不过这没关系，我继续留在1500米的高度向前飞行，这么做可以让我与9号和10号拉开足够的间距。最后，跟我想的一样，当我驾机转回东侧时，他们在我前面16英里的地方。

一架接一架地，我听到塔台确认他们安全降落，全部一次完成，没有人复飞，看来我这半天没白忙活。我压低机头下降到1500英尺的高度，摘下氧气面罩，搓了搓脸上的胡茬，活动了下颈椎。空调把座舱吹得很暖，我的眼皮开始打架。为了保持清醒，我把空调的风量往下调了一档。我已经累坏了。

离机场11英里的时候，我开始转向机场准备进近，此时10号正好已经拿到了降落许可。当我再次用仪表着陆系统截获下滑道时，发现本该全部点亮的起落架灯只亮起了2盏。塔台联系我："'罗马人1'……目前的能见度是1/4英里。有什么打算吗？"

我眨了眨眼确定自己没看错，确实只亮了2盏。打算？我想想啊，能不能在巴林的上空跳伞，然后落进一家五星级酒店，再到赌场里喝一晚上？

"该死的你在逗我……"这句话，我今天已经不知道重复过几次了，这简直是在模拟机里上应急程序处理课。

"确认全体'罗马人'已经降落。"

"确认。"

"'罗马人1'距离机场6英里，检查起落架。"

我打开减速板，推机头跟上下滑道。一般来说，在起落架出现故障的情况下，倘若天空明朗，你只要一边飞行一边核对检查单就行了。然而此时此地，能见度只有1/4英里，还没别的地方可选。我拍了一下那盏代表起落架的小灯，也许仅仅只是灯泡烧坏了。可惜，没这运气。

此时距机场5英里，高度2200英尺，速度160节。有时候不断地收放起落架可以解决这个问题，但我试了两次后发现该亮的灯还是没亮起来。我一边按照仪表着陆系统的指示飞，一边还得不断地调整推力去对抗速度高达30节的侧风。我最后一次尝试着收上起落架然后放下，战机在放轮的时候略微有些摇晃，我确定听到了3次起落架到位锁定的声音。然而灯还是只亮了2盏。

该死。

"'罗马人'，这里是阿里塔台，现在风速40节。"

老天真是太"照顾"我了。

不管怎样，你必须强颜欢笑。"'罗马人1'，收到。"我回答道。"放下起落架做短五边（Shot Final）降落，然后停住战机。"我在脑子里捋了一下思路。

我的座机被乱流颠得上下起伏，我就像炉子里的爆米花。在距离跑道只剩1英里，高度只有300英尺的地方，眼前除了棕色的磨砂玻璃以外，还是什么都看不清。正常来说，仪表着陆系统可以把你带到200英尺左右的高度，于是我硬着头皮继续下降，已经不关心起落架到底放没放下来了。当降到100英尺高度时，我的眼珠子都快瞪出来了，但还是没看见跑道，眼前只有望不到边的沙尘。

抬头显示器中的距离计数器显示值只有0.1了，这意味着再看不见跑道我真的就要完蛋了。

"该死！"我把油门往前推。我不能硬着来，如果你看不见跑道，那你就不能着陆。

有灯光！

但瞬间从我的左翼翼尖消失。

就在那儿！跑道上巨大的"30L"标示出现在我的视野里。乱流又把我带偏了，不过幸好我仍在跑道上。我推了一点油门，打开减速板并降低机头。我在这片尘土中降落时，双眼紧紧地盯着跑道上的白线以保持位置，当它随着靠近逐渐变大时，我向后拉杆，尽可能地让机身向没出故障的起落架那侧倾斜。下降了10英尺后，跑道紧紧地抓住了我，仿佛在说："好了……就是一次普通的着陆而已，别演得那么像。"

战斗机猛地撞在跑道上，我被吓得一哆嗦。

但这还算是一次成功的着陆，我滑行在跑道上，没有火花，没有爆炸。我收油门到慢速挡，并立刻下压机头，然后猛踩刹车开始减速。幸运的是，这条跑道有9000英尺长，当机身渐渐慢下来时，我意识到我成功了。

"'罗马人1'……滑行至跑道头，右转加入你的编队。引导车会带着你去停机位。"

我深吸了一口气，然后看见了它们——一排闪烁的防撞灯，以及F-16那红色和绿色的翼尖灯，非常漂亮。

"'罗马人1'收到，感谢你的帮助。"

"不客气，欢迎回家。"

我关上了减速板，检查了下灯光，然后小心翼翼地接通弹射座椅保险，以保证我不会在地上还被弹出去。引导车从我的着陆灯灯光里钻了出来，然后带着我前进。此时的能见度简直低到可怕，我在滑行道上就像钻进了一间自动洗车房，周围漆黑一片，只有毛刷和泡沫在你的风挡上摩擦，只不过现在呼呼地刮着我座舱盖的则是飞沙走石。

我们在滑行道上曲折地前行，边上还有被损坏的机库。随后我们到达跑道东侧一块混凝土停机坪上，机务们挥着荧光"小魔棒"出来迎接我们了。他们示意我们关车，我打开驻车刹车，完成后回头去看僚机们。当所有战机全都关车后，我再次按下麦克风按钮。

"全体'罗马人'，检查武器保险，保护好机密资料。"我眯着眼看了看这些已经被糊成棕色的战斗机又补充道："我们都累坏了，所以速战速决。"

我们的任务加载卡和所有的材料都是机密的，每次降落后我们都要进行交叉检查，以免出现疏漏。尤其在经历了漫长的战斗后，又身处一座陌生的基地，这一工作尤为重要。

伴随着发动机转速的降低，它的噪音也逐渐减小，我终于能安静下来好好地折腾这些文件了。我把所有的文件和资料一股脑地塞进头盔包里，然后用手电检查座舱里有没有遗漏的东西，最后关闭了飞机电瓶，座舱内顿时黑下来。这时登机梯已经挂到了我的战机上，我打开座舱盖，冷风扑面而来，让我打了个寒战。在这个狭小的空间里待了十多个小时后，我才第一次离开这里。我坐在登机梯的顶上，享受着寒冷又干燥的沙尘，看着下面这群人。

其实飞行员在飞机上待久了，若急着下地，可能连站都站不稳，所以必须坐在梯子上缓一缓，同时也能保持飞行员的风度，于是我一直赖在上面没下来。让我惊讶的是，下面等候我们的人中，居然有一名穿着飞行服的上校。

"欢迎来到阿里！"他冲着我笑道："你们今晚干得很漂亮。"

我慢慢转动僵硬的脖子，试图笑出来："谢谢你长官……其实我们没地方去了。"

"什么？这里不是你的首选机场吗？"

"只是在备选列表里。"

顺便说一下，这会儿沙尘暴越来越厉害了，就像有人捧着一盆黄土往我脸上泼。他拍了拍我的肩膀，指着远处："我知道，但那边有4架F-16是我们的，"他上下打量着我说，"等你们忙完了，我就带你们去吃东西，这里虽然没有亚麻台布和'沃特福德水晶'牌餐具，但吃上热饭还是没问题的！"

"足够了长官……我们会尽快搞定的。"

机场的机务已经用轮档锁住了机轮，忙着采集油样或者进行别的一些操作，我发现他们都是从贾比尔空军基地过来的F-16机务。显然，那里的"蝰蛇"将阿里机场作为加油点和转移基地，所以还把一些高等级的飞行员也留在了这里，对那些可怜的机务来说这不是好事，但对我们来说的确是好消息。

拖着头盔包、装具和武器，我们10多个人像僵尸一样钻进了几辆皮卡里，直奔餐厅，上校则自己开了一辆车在前面给我们带路。

我站在餐厅门口，被刺眼的灯光晃得睁不开眼，但是米饭、鸡肉和刚出炉的面包发出的陈阵香味牢牢地抓住了我。一名胖乎乎的小军士凑了过来，对上校笑了笑，然后礼貌地向我们点了点头。

"一切都准备好了长官，冷的热的，荤的素的，甜的辣的，应有尽有。"

"赶紧去填饱肚子吧，"上校挥了挥手，"我来杯咖啡就够了，东西我帮你们看着。"

后来我才知道，他一听说我们来了，就立刻通知食堂加班为我们供应食物。他亲自迎接并开车带我们过来，这也是绝大多数指挥官们不会做的事情。总而言之，他是名非常棒的指挥官，但是我不得不尴尬地承认，我竟忘记他的名字了，但我绝不会忘记他的模样。

那天晚上，我挤在一顶帐篷的角落里，穿戴上我所有的东西，包括我的飞行服和头盔，只为了尽量暖和一点儿，但那绝对是我这几年里度过的最寒冷的一个夜晚。次日早上，上校又出现了，他还捎了两大袋东西过来，并自费为我们购买了剃须刀、肥皂和毛巾。沙尘暴已经基本停止，但依然有雷暴出现，空气中也依然残留着微小的尘土。

沙尘暴停了，但战争还在继续。海军陆战队正试图穿过纳西里耶，渡过幼发拉底河。如果他们完成了这个目标，那他们就可以通过8号高速公路从东部长驱直入并推进到库特（al-Kut）和巴格达。而绕过纳西里耶的陆军第3步兵师则在距离巴格达约60英里的地方停了下来。萨达姆从巴格达出逃后，宣布3月25日为"牺牲日"，伊拉克人牢记在心并拼死抵抗。我们的伤亡不断增加，而且情报部门已经得到消息，大量装载了武器和弹药的运输车辆已经从巴格达撤出。伊拉克人的计划是利用恶劣的天气进行持续的反击。他们认为，如果能减缓我们的攻势，那么就会有越来越多的伊拉克民众参与到抵御入侵者的战斗中，对他们来说，这是一次赌博。

不过，他们完全低估了美国地面部队的推进能力，也没有认清美国空中力量有多么强大。次日，阿里·萨利姆机场里14架来自不同部队的F-16就整编在一起，用我们剩下的武器攻击纳西里耶—纳杰夫（Najaf）—库特这块三角地区。

天气依旧非常恐怖。我一位好友的座机在巴格达南部上空的一场雷暴里被气流掀翻，气流的强度非常大，直接把战机从30000英尺给按了下去，直到离地面还有800英尺的时候，他才重新控制住战机。

当我们最终在3月25日下午返回苏丹王子空军基地时，还有一个令人不愉快的"惊喜"正等着我。难以让人置信：我被禁足了。

包括第77战斗机中队在内，所有部署在苏丹王子基地的作战人员都隶属于第363空中远征联队下的第363作战大队。在我们很多人看来，这里的指挥官什么都会干，就是不会打仗。其中一位经常出现在食堂，盯着你不让你往地上丢橘子皮，还有一位出没在停车场，观察你的倒车技术。作战大队的指挥官是一名从不给人好脸色看的死板的上校，这家伙也从没开飞机打过仗，他还有两名女副手，原来是加油机的领航员——战斗机联队的指挥层是这种人员配置，实在不算理想。

根据他们的指示，我们在战争中的首要任务就是携带好手提包——有个幻灯片专门说这事，以及佩戴尺码合适的沙漠迷彩奔尼帽，当然，这也要专门做幻灯片讲解。

在我们执行纳西里耶任务（营救海军陆战队）后的次日，这名上校阅读了任务报告。这家伙肯定阳痿，他竟实在不能相信，一名如同牛仔一般的"蝰蛇"飞行员——就是我——竟然敢在执行任务的时候以低于1000英尺的高度飞行。这不奇怪，因为他对近距空中支援的概念仅停留于他在空军战争学院（Air War College）里听过的演讲。

所以我既协助了海军陆战队，又带了8架迷航的战斗机回到机场，还成功地在那噩梦般的沙尘暴中着陆，这个人便试图批判我所做的一切。我惊呆了，其他人也惊呆了。我们的飞行指挥官简直都快气炸了，我从来没见过他被人气成这样，就连当年我们在拉斯维加斯恶作剧地把芥末酱当成鳄梨酱给他，他的表现也比这平静得多。

我到现在也不知道，当晚比尔·"袋鼠"·鲁上校（Bill "Kanga" Rew）究竟是怎么发现这件事的，实际上，鲁上校是我在南卡罗莱纳州的母部队——第20战斗机联队的指挥官，目前是联合空中作战中心（CAOC）主任。他曾经（现在依然）是一流的战斗机飞行员，关键来说，他负责联军空中部队司令部（CFACC）里的所有飞行任务。

联军空中部队司令部的指挥官是迈克尔·莫斯里（T. Michael Moseley）将军，他也是一名战斗机飞行员。那天，他刚因为听说海军陆战队公开谴责空军而发了一通火。空军不希望飞行员进入地对空导弹和防空炮的攻击范围里，于是海军陆战队将领便认为，空军的飞行员没有充分地为地面部队提供空中支援。后来"袋鼠"告诉他，有一名空军飞行员为了拯救海军陆战队员，在极其恶劣的条件下冒着巨大的危险，做了他能做的一切，闻言莫斯里立刻转怒为喜，兴奋地表示想要和这个人见见面。然而"袋鼠"却又对他说，这名飞行员现在绝对有空，因为第363远征作战大队的领导因为他奋不顾身地营救那些海军陆战队员而让他停飞了。

什么？

事实上，据说莫斯里将军是这么回答的："该死的那帮人脑子有问题吗？"实际上，我的停飞时间只有十多个小时，我刚好可以利用这段时间美美地睡上一觉，为我的下次出击补充能量。在苏丹王子基地里，作战大队指挥官已经跟狗屎画上了等号，每个人都觉得他是个大白痴。不过日子照样过，我们的活还得卖力干。

　　此后我再也没有看见过这名指挥官，也可能是他故意躲着我，毕竟那天他被一名四星将军指着脑袋骂，滋味肯定不好受。他还收到了一封官方邮件，字数很少，但是分量很足，看完邮件，他绝对会明白"罗马人75"在那天下午到底做了些什么。

发件人：迈克尔·麦基·B.中校
发送日期：2003年5月25日，下午12点32分
主题："罗马人75"

长官：
　　我想告知你有关"罗马人75"编队的一些情况。这支编队在3月24日为海军陆战队远征军（MEF）做了一件非常让人难以置信的事，他们的行动击溃了敌方的支援力量，而这只支援力量正准备与敌方主力部队一起分割包围一些海军陆战队队员。
　　在2003年3月24日13时45分，"战鹰"〔Warhawk，陆军第5军空中支援行动指挥中心（ASOC）的呼号〕从"酋长"（海军陆战队远征军的呼号）处收到了一则紧急空中近距离支援的请求，第2海军陆战团的第2营和第3营在纳西里耶以北被困，伊拉克的加强部队正从7号高速公路以北（坐标：38RPV17525557）前往他们的位置。一支F-15E编队受命攻击这支伊拉克部队，但由于目标地区的天气非常恶劣，F-15E编队无法找到目标。随后，又安排一支A-10编队前去支援，但同样由于天气原因无法找到目标。当时云底高8000英尺，能见度下降到几英里。于是"独眼巨人"（Cyclops，管制员的呼号）发布了紧急通知，装备着F-16CJ的"罗马人75"编队自告奋勇前往支援。由于天气恶劣，"罗马人75"编队不得不以超低空飞行的方式寻找目标并对目标进行攻击，这也是当时唯一可行的方法。
　　在当时那种极端恶劣的天气下，先后有两支编队反复尝试，但均因无法找到目标而最终放弃支援。但"罗马人75"编队在巨大的压力下展示出了专业

的战术素养和灵活的处理方式，以完美的近距空中支援，直接打击了敌方的地面部队，从敌人的手中解救了第3营。

迈克尔·麦基·B.中校
陆军第5军空中远征支援作战中心空中作战专家
联合作战副指挥官
第4空中远征支援作战大队

直到战争结束，这个家伙都没在我们中队里出现过，直接就灰溜溜地回家了。幸运的是，这种人还是很少见的，像"袋鼠"和莫里斯将军这些既专业又专注于作战的指挥官占据了指挥层的大部分，他们妥善利用自己的职位，让战斗人员更好地执行任务。我也很想再见一次在阿里机场遇到的那名上校，然后跟他好好地喝一杯。

不过战争并没有因为天气而停止，这是出乎伊拉克人意料之外的，而且他们为此付出了沉重的代价。他们希望用沙尘暴掩护他们的行动，并且伺机反击，不得不承认，他们还是有点儿想法的。这对于1944年的德国人来说是有效的，但并不能阻碍一支能够在恶劣天气下作战并拥有卫星追踪能力的军队的脚步。

最终，他们"勇敢"地挥舞着投降的旗帜，走出了戒备森严的堡垒。那些所谓的伊拉克精英部队已经在战斗中被击败了。

我相信那些平时不可一世的共和国卫队一瘸一拐地回到了巴格达后，说服了其他军事单位，尤其是平民，表示萨达姆的影响力正在逐渐衰退。所以，并没有平民进行大规模抵抗活动，把讨厌的侵略者（也就是我们）赶到海里去。不过，当我们接近伊拉克首都时，伊拉克军队确实还在拼死抵抗。

陆军的第五军由南攻入，海军陆战队让纳西里耶成了地狱，并疯狂地向西北方向的库特扑去。现在巴格达的地对空导弹和防空炮全都磨刀霍霍，准备攻击那些对他们的首都进行打击的固定翼飞机和直升机。

但是他们不用等太久——"野鼬鼠"会直接把他们送到地狱。

第九章
死荫之谷

2003年3月26日

僚机与加油飞杆脱离，滑向那架庞大的KC-10加油机的侧面。我通过无线电告诉僚机，我们往北前进。远处"恶人（Wicked）24"机翼上的闪光逐渐消失，我们在TWITCH空中加油航线上刚刚完成了一次空中加油。放眼望去，前方还有两架加油机在给别的作战飞机进行加油。当我们穿过伊拉克边界时，我打开加力爬升到了25000英尺。

通常情况下，加油机会在25000英尺或者以下的高度活动，而预警机与联合监视目标攻击雷达机（JSTARS）则会在30000英尺以上的高度飞行，所以当我们进入伊拉克的时候，27000～28000英尺的高度通常是一个比较干净的空域。但就算在这个高度，即使在这里飞行的只有F-15和F-16，空中也同样热闹。海军的F/A-18在东侧活动，而A-10无法飞到这个高度，所以我们还是得注意观察周围，直到深入伊拉克。

在飞行了20英里后，我们开始进行FENCE检查。F是指热焰弹，E是指电子对抗，N是指导航系统，C是指照相枪，E是指关闭应急信标机。

这些年来我对这些操作早已烂熟于心。我收紧座椅肩带，熄灭外部灯光，打开武器系统，并把我的座椅上调，以方便观察任何从地面发射出来的导弹。除此之外，告警音量也要调到最大，手套一般也会摘掉，方便我更好地操纵开关。每名飞行员都有自己的习惯，怎么高兴就怎么来，但是这一切准备活动必须要在深入另一个国家的领空前完成。

"该死的你在逗我……"我看着脚下的景色轻嘀。我带领着由2架F-16CJ组成的编队在巴格达以南编号为88AS的"杀伤盒"区域附近巡逻。沙尘暴过后，虽然风速已经减小，但是能见度依然非常糟糕，伊拉克的低空被一层灰褐色的尘土所笼罩。

"'恶人23'，这里是'罗姆罗德'（Romrod）。"今天预警机的频率非常安静，这对我们来说也算好事。不幸的是，虽然我们还没飞到伊拉克北部，但我也不能假装没听见他。

"请讲。"

"'耶利米'（Jeremian）指示……重复……'耶利米'指示，对北3，3，呃，点5……西4，4，1，点5地区进行武装侦察……收到没有？"

现在我正面临无法解读无线电通话内容的难题。"耶利米"是当天联军空军总指挥的呼号，他是整个联军空军部队的指挥官。此时他应该在700英里以外，坐在挂着空调、铺着地毯的战术作战中心（TOC）里吃着麦当劳，看着大屏幕，指挥着这场战争。

自"沙漠风暴"行动以来，我们的指挥系统进行了大幅度的改进和升级，我对"改进"和"升级"这两个词并没有什么好感，因为从此开始，我们所有的飞机都会出现在战术作战中心的大屏幕里。屏幕下方是一圈环形座椅，电脑桌分散在四周，少校和中校之类的专业人员坐在其中，而将军们坐在他们身后的第二层的玻璃房里，有点儿像军舰的舰桥那样的地方。

无论如何，既然"耶利米"找我们，我们还是会先听他把话说完。如果是什么无关紧要的屁事，那我们就直接装作无线电故障；如果是关乎性命的重要事项，那我们就拿起纸笔好好记下来。

"收到，'罗姆罗德'。请说具体。"我的意思是：你想让我去侦察什么？

"沿着1号高速公路寻找是否有装甲车辆由城区向南撤退。"

我看了看外面，叹了口气，在这种情况下，他们的请求还算合理。然而，我并不想去伊拉克人扎堆的地方凑热闹，更别说巴格达城里还有大量的地对空导弹和高射炮。只是为了找一支正在败退的伊拉克军队，我就要置身险境。特别是巴格达以北50英里的地方，在那儿我们的地面部队正跟伊拉克人打得不可开交。再说，你们那么多卫星和联合监视目标攻击雷达机难道都是摆设吗？它们现在居然还不如我的眼睛靠谱？

不过对伊拉克人来说，当前确实是搬家的好时机——因为天气非常恶劣。当然，伊拉克空军不能像我们一样做到在这种天气下飞行。

我知道僚机现在肯定在我后面大概1英里的地方，所以我直接打开了自动驾驶，收油门把速度减到300节，并打开了地图。在21世纪的战机上用纸质地图虽然有点丢人，但我还是习惯这么干。

预警机传给我的坐标应该位于8号高速公路沿线，就在巴格达以南不到10英里的地方。战术地图上有很多有用的信息，我用手指敲着地图上巴格达西南的一个大湖——牛奶湖，至少地图上是这么叫的。除了应该侦察什么之外，我当前最大的问题是不知道我要去的地方究竟在哪儿，也不知道从哪儿进攻最为安全，但是有了这个湖作为位置参考，这两个问题就都很好解决了。

也就是说，如果那里有车队的话，我将从湖的位置对他们发起进攻。那些毫无防备的伊拉克军人根本无法抵御一架以时速550英里飞行的战斗机的攻击，而这就是我要对他们做的。我的目光和手在驾驶舱里有序地游走，打开干扰弹自动释放功能，上调座椅，调大威胁告警音量。战机已经准备就绪。

"'恶人2'……1号在频率。"

"请讲。"

我的僚机飞行员是名叫作伊恩·图古德（Ian Toogood）的中尉，这名字是真的，我们一般叫他"Notso"。能明白吗？"Notso Toogood"（不那么好）。但其实他非常好，是一名典型的十分热血的中尉（和我以前一样），无所畏惧。

他之前已经听到了我和战术作战中心的对话，然后我又向他解释了我大概的计划，包括把他留在安全的空域里的安排。他不喜欢被留下，但是我没理由让他和我一起暴露在地面防空武器的攻击范围里。长机就得这么干，把危险留给自己，而僚机也要老老实实地听话。告知他情况后，我驾机向西侧脱离编队，收回油门，钻向那团浓密的棕色茸毛中，眼睛紧盯着地面。

我几乎看不见任何东西。

我留在15000英尺的高度，在云顶上方5000英尺的地方，留给自己一定的时间来反应地对空导弹。我盯着抬头显示器，继续向西飞行，用了不到4分钟飞到距离高速公路还有30英里的地方。

我深吸了一口气，给了一点儿油门，挂上了面罩，然后下压机头。我一边关注雷达高度表，一边降低高度，地平线逐渐从我的眼前消失。根据地图显示，我马上就能飞到牛奶湖了，在那里，除了湖水以外不会有任何敌人。

我驾机下降到10000英尺的高度，解除武器保险，除了2枚AIM-120和2枚AIM-9之外，我还有几枚CBU-103集束炸弹和弹药充足的机炮。

继续下降到5000英尺的高度，此时我距高速公路只有20英里的距离。天空已经变成了巧克力色，我把脑袋往上一抬，发现阳光正尽力地刺穿尘埃到达地面。当到达1000英尺高度时，战机突然被湍流端了起来，我立刻握紧操纵杆，在800英尺的高度冲出了云底。牛奶湖跃然出现在我面前，湖水起伏不定，湖面上弥漫着大量水汽，这意味着强风和乱流。

我感到一阵不安，虽然没法预测云底下面有什么，但我绝没想到会在沙尘暴后又遇上暴风雨。天色也慢慢变黑，就在我努力寻找敌人踪影的时候，一道闪电突然从我右侧划过，接着是左侧，一场雷暴蓄势待发。战机的飞行轨迹在雨中起伏不定，黑色的云层开始聚集在我的头顶，要么继续往前飞，要么终止任务，现在我别无更多选择。

距离高速公路8英里时，我以510节的时速、200英尺的高度飞越了幼发拉底河。也许是一种预感，又或者是一种本能，看着那些深棕色的河水，我叫醒了我的一位小伙伴。

用专业点的说法，它叫AN/ALR-50，这个小家伙是一个拖曳诱饵，拖在我的身后代替我吸引地面雷达的照射和导弹的攻击。理论上来说，如果有导弹过来，就会先打中它。

但只是理论上。

几道阳光穿过云层中的间隙，现在是正午，而天空却被黑色所侵占，远处的天地间也是一团难以分辨的灰黑色。很奇怪，即使速度超过500节，我的战机依旧被湍流吹得蹦蹦跳跳。

不过飞行就是这样，我的意思是，我现在是在离巴格达不到20英里的地方顶着雷暴超低空飞行，而不是在公园里散步。我即将面对的不仅仅是恶劣的天气，可能还有米格战斗机、地对空导弹和防空炮。于是我向座椅靠了靠，集中精力保持战机稳定飞行。

高速公路就在眼前！

它突然出现在褴褛的云帘之下，这条深灰色的混凝土公路自南向北延伸。两侧的土地是绿色的，数百座破旧的小屋和褐色盒子一样的房子散落其中。我身体向前倾斜，眯着眼睛向座舱外看去，却看不到任何车辆或者任何看起来像是车队的东西。

我的战机被侧风猛烈地敲击着，所以我不断地蹬舵以保持战机稳定。我感受到发动机的巨大力量，并通过我的指尖释放出来，因为我正控制着它与天气做斗争。握着操纵杆的右手已经汗湿了，我真希望能有空戴上手套。8号高速公路距离机头不到1英里，我做了一个90度滚转以观察一下北侧。路上没有任何正在移动的东西，我想这简直是在浪费时间。好吧——

正想着，天空突然就像换了种颜色。我周围到处都是高炮炮弹爆炸的闪光，绯红、橘橙和明黄，曳光弹到处都是，仿佛一只只想伸进座舱里的手。

我吓得猛缩了一下脖子。我要死了！

凭借纯粹的本能和根深蒂固的飞行习惯，我立即猛烈地左右拉杆控制战机进行回避，同时来回推杆拉杆改变飞行高度。我不停地释放热焰弹和箔条，但我不敢使用加力燃烧器，因为那会成为肩扛导弹绝佳的靶子。

战机突然剧烈地摇晃，颠得我一头撞上了座舱盖。巨大的红橙色蘑菇把灰色的雨点撕开，照亮了云层下的黑暗，就好像突然有人下令在这片空域里举行一次焰火晚会一样。混乱当中，也不知道当时到底是怎么个情况，但我觉得自己离爆炸很近。

"哔，哔，哔，哔……"威胁告警接收机被照射得一刻都停不下来。

眨眼的工夫，我就看见了那块小屏幕上堆满了数字6和8，还有数不清的防空炮符号，它们都在不断地闪烁。而在我周围，几根如同灰色手指的东西拔地而起，迫不及待地要抓住我。

我的天！

我立刻开始应对，猛地推杆让机头向下，然后释放出更多的箔条。此时肾上腺素简直冲贯头顶，不管是从地上飞奔而来的地对空导弹，还是那些热烈欢迎我的防空炮，我都没工夫管它们到底在哪儿，我唯一能关心的就是让战机做最剧烈的机动。

大地飞速地接近，我在离地100英尺的地方猛地拉起机头，本能地把油门推到底，现在所有人都能看见巨大的尾焰从发动机里喷射出来。但是没关系，那些端着步枪冲我开火的步兵对我没有任何威胁，他们只是在发泄怒火，或者仅仅是为了给自己壮胆。

但是这么做过于高调了。下面那帮伊拉克人之前在城市里闷了5天，连美国人的影子都看不到。现在他们终于有目标了，那就是我。

伊拉克人正在偷偷进行机动，企图伺机对美国地面部队进行反击。然而，他们被一名孤独的美国飞行员发现，这意味着他们精心策划的突袭行动宣告失败。所以他们现在非常生气，而我就像一只误闯了马蜂窝的小瓢虫。

绿色的曳光弹不断划过我的座舱盖，周围的云变成了橙红色，闪电和爆炸混合在一起。时间仿佛变慢了一样，我看到了屁股底下的各种车辆，有几百辆之多，也许是一支旅，或者规模更大的部队。之前我没有发现他们，是因为他们都停到了路边，而他们的迷彩在这种天气下简直就让他们和大地融为一体。坦克的炮塔晃来晃去，还有装甲运兵车上的人正在用机枪攻击我。

突然，一道白烟从车队中升起，然后向我扑来，那是肩扛式防空导弹！它具有个头小、速度快、红外制导的特点。不到2秒钟的时间，我立即驾机滚转并开始向地面俯冲。

"混蛋！"

我用拇指不断地前推操纵杆上的反制洒布器的投放按钮，释放出了一大堆热焰弹和箔条。这两个东西分别用来干扰红外制导导弹和雷达制导导弹，但是很遗憾，它们对防空炮不起作用。地面上大概有15000个阿卜杜拉或者穆罕默德正端着他们的AK-47朝着天空疯狂扫射。

在不到100英尺的高度，我改平战机，随后拉起并垂直爬升。我一边对抗着过载，一边努力使机头朝向发射地对空导弹的位置，一边释放干扰弹。战机依旧很快，速度大概在400节，但是这次爬升却让它丢掉了速度。于是我用一个桶滚让战机改出爬升，同时获得观察公路上情况的机会，看看能不能发现导弹。

随之而来的却是地平线从我的视野中消失了！

那一刻我真的害怕了，地平线突然从你的视野里消失，所有飞行员应该都明白那种感觉。哪怕只有半秒钟，地平线一消失，我就不知道自己是头朝天还是头朝地，是正着还是侧着。这种感觉太不妙了，尤其是我原本就只有几百英尺的高度，还面对着几千名怒火难平的伊拉克士兵。

"离开这片该死的云！"我的大脑对着自己咆哮。我关掉发动机加力，然后努力达成这个想法。但问题在于，在这么低的高度，而且没有地平线做参考的情况下，也许1秒之后我会永久地变成伊拉克的一部分。

转眼间，云层又消失了，大地重新出现在眼前。但我刚脱离云层的包围，又发现自己离地面近得已经连地上的刷子、轮胎甚至一辆旧车的底盘都看得一清二楚。

该死的！

我立即拼命地向后拉杆，我甚至感觉F-16的发动机运转得应该把地上的东西都给烤煳了。我将油门一推到底，看见了左侧100码外的公路，还有那群愤怒的伊拉克人。

他们也看见我了。

再一次，所有可能发生的事情都发生在了我身上。绿色的曳光弹像鞭子一样穿过黑暗的空气，而防空炮的橙色曳光弹也混在其中，地面上到处都是不断咆哮的火舌。但F-16已经反应过来了，在我向地平线上爬升远离威胁之前，我的手指已经按下了武器投掷按钮，集束炸弹应声而出，该我出招了。

我避开了云层，向东飞行，拉开了足够安全的距离后，立即驾机向右侧猛扑。我爬升了100英尺，使机尾朝右，关掉加力，向东北方向冲去。这么一看，8号高速公路比时代广场还亮。事实上，那么多装甲车向我开火，弹道就像一根根点燃的棍子；地对空导弹在云下划出一道道线。我迅速地反应过来，并打开加力规避。这样来回做了3~4次，直到导弹的痕迹消失。

我将油门杆推回到军推挡，平复了下心情。由于一直按着投放按钮，干扰弹已经用完了。我又瞥了一眼抬头显示器，发现拖拽式诱饵也已经被打掉了。

谢谢你，雷神公司（Raytheon）。

此时8号高速公路距我大约8英里，而且它还在快速后退。我又爬升了100英尺，继续盯着抬头显示器。画面右侧阴暗的一角是谢赫·麻扎（Shaykh Mazar）米格战斗机基地，这座基地已经毁于联军的空袭。至于现在基地里还有没有地对空导弹和防空炮，我不得而知，所以我得尽量离它远点儿。

正前方的底格里斯河像一条闪烁着金属光泽的绿蛇，棕色的小村庄遍布于河道两岸。船上的人听到发动机的轰鸣后举头眺望。随后他们站起来，一手插着腰，一手举起拳头，像是在跟我抗议。我迅速从他们的头顶掠过。

"我应该也送你们一颗集束炸弹尝尝。"我不满地说着，驾机侧倾，给他们竖了一根中指。

底格里斯河消失在我身后，我开始进入陆地，从巴格达转向朝南飞行。我发了一则数据链请求，然后听到了熟悉的提示声，随即多功能显示器上出现了我的僚机。当爬升到2000英尺的时候，我看了一眼显示器，'恶人2'实际上在我南侧大概25英里的地方。

我驾机朝东南方向侧倾，让自己与谢赫·麻扎米格战斗机基地之间有一个安全的距离，我在8000英尺的高度终于冲破了云层，见到了太阳。我深吸了一口气，解开面罩，把头靠在弹射座椅上。就和几天前我在纳西里耶的情况一样，如果没有那么多防空炮和导弹，这里的风景其实不错。像这样欣赏了几秒风景后，我继续爬升，远离这座城市。

战机已经加速到400节，没那么多时间让我胡思乱想了，我选择了最省事的方法，用空对空雷达锁定了僚机。

"'恶人2'，1号在靶心1—5—0方向，距离56，20秒内爬升至10000英尺。"

几秒钟后，我听到了F-16被锁定后雷达告警接收机发出的声音。

"2号发现。"

"可以加入……编队，1号油量5.1，副油箱空了。"

"2号油量8.7……"

所以我剩下大概5000磅燃料，翼下副油箱里的油已经空了。我看了一眼抬头显示器上的飞行时间。从我入境开始，到现在不过6分钟，而我已经消耗了快7000磅的燃料、120枚热焰弹和箔条，还有2枚集束炸弹，还不知道自己有没有击中目标。我叹了口气，用手套擦了擦脸。没关系，反正他们没打中我。

"'罗姆罗德'，'罗姆罗德'……这里是'恶人23'。"我呼叫道。我想我应该算是给他们带来了一则好消息。

"'恶人'……等候回复。"

一道闪光引起了我的注意，我向右看去，在稍高一点儿的地方，我的僚机正从南面向我俯冲过来，一口气从我头顶划过，到达我座机左侧的位置。我晃着机翼向他靠近，然后我俩一起去最近的加油轨道引导点。

我看了看僚机和它的飞行员。僚机飞行员戴着面罩，卷起了袖子。我对他笑了笑，然后用拇指和食指给他打了个信号，他点了点头，我们开始进行战斗损伤检查。

"'恶人'……这里是'罗姆罗德'……通过坐标的敌方部队可能是RPG……重复……RPG。"

RPG是拥有着坦克和机械化步兵的伊拉克共和国卫队的缩写。我这才知道自己之前遇上的是萨达姆的精锐部队，至少相对于其他伊拉克部队、伊朗人和法国人来说，他们确实算是精锐部队。不过在我们面前，他们还是太嫩了，只有死路一条。相对一般的伊拉克军人来说，他们的区别只在于衣服穿得更好一点儿。这支部队有自己独立的防空部队，正如我亲眼所见。我摇摇头，看着"Notso"驾机滑到了我的座机下方，他会在下方检查我的座机，看看有没有机体泄漏或者少了什么零件。

"'恶人'……谨慎行事！"

真是非常感谢提醒，但他们大概还不知道我在过去的10分钟里已经干了什么。

"'恶人'……听到请回话。"

我无奈地叹了口气。如果我现在回答，那我肯定会脱口而出一些既不专业又很难听的讽刺话，我真的有这个冲动。所以我一直等到"Notso"完成了对我的战斗损伤检查，并且飞到了我的侧面，向我竖了一个大拇指后，才按下了麦克风按钮。

"'罗姆罗德'……这里是'恶人23'，武装侦察完成，确认是RPG部队……有装甲载具、机械化步兵和防空力量。"

"'恶人'……能估算一下数量吗？"

我脑海里不断回想，如果之前没看错的话，估计有几百辆各型装甲车停在路边。

"'罗姆罗德'……至少一个师，有几百辆车，在8号高速公路向南前进。"

"'恶人'……你能提供车辆的类型吗？"

"请重复？"

这种问话式的沟通持续了几分钟，我们还想去找加油机进行空中加油。对方明显希望从我嘴里获得更多情报，不过我告诉他，在遇见RPG几秒钟后，我不得不做出评估能不能活下来，于是我就撤了。接下来他是这么跟我说的：

"呃……'恶人'，我们希望你再次对目标进行侦察。"

此时再去那个地方必然是非常危险的，因为现在在那儿的不管是哪支部队，他们都已经充分地意识到自己被空中力量发现了，而且开始防备。而这个时候再去招惹敌人，就是自己跟自己过不去。若是遇到紧急情况，比如需要近距离空中支援或者搜救，我会毫不犹豫地过去，但这个要求显然不在上述之列。我的干扰弹已经用完了，而且我也不会把"Notso"送到那么危险的地方去，这个男孩已经很久没跟他的老婆见面了。

"'罗姆罗德'……是'耶利米'下达的命令吗？"

停顿了很久，他才回话："啊……并不是，是'罗姆罗德'的请求。"

该死的你这是在逗我。

我告诉他，如果回去了，面对的将会是多么热烈的欢迎，而且我已经去过一次了，伊拉克人非常好客，第二次迎接肯定更加热烈。况且我已经提供了足够的信息。现在我们要去空中加油，然后回家。

事实证明，那些伊拉克人可不是在简单地撤退。实际上，这些装甲车辆和机械化步兵单位是来自麦地那（Medina）和尼布甲尼撒（Ne buchadnezzar）的共和国卫队，当时他们正在向南移动，以应对美国在卡尔巴拉峡谷的攻势。

伊拉克军队最高司令部试图用他们让美军的进攻陷于停滞。实际上，陆军第3步兵师由于不断遭受骚扰，已经在巴格达以南50英里的地方陷入苦战；纳西里耶以北的海军陆战队也在底格里斯河沿岸激战。

萨达姆用沙尘暴作为掩护，命令共和国卫队撤出在巴格达的阵地，支援南线战场。而我当时不知道的是，另外一支共和国卫队旅也从巴格达南部向海军陆战队发起了进攻。

虽然美国的空中力量以压倒性的优势击溃了伊拉克前线部队，但萨达姆的将领们觉得，目前的恶劣天气会妨碍美国空军继续完美地发挥，美国人一旦没有空中支援，伊拉克人就可以与美国陆军和海军陆战队正面抗衡。但他们显然忘了第一次海湾战争的教训，对于美国战斗机飞行员来说，只要地球上还有空气，那么他们就可以起飞作战。虽然我们确实不喜欢沙尘暴，但是这显然不足以阻止我们继续活跃在战场上。所以，伊拉克人就像之前所做的一样，他们很勇敢，但是并不聪明。

在距离加油机大概50英里的地方，我们通过边界开始进入沙特领空，我紧张的神经终于能得到少许的放松。一名战斗机飞行员习惯于在以时速500英里飞行的战机上进行思考，这一点任何一个跟他们住在一起过的人都可以证明。但这其实不是一件好事，甚至算是职业病。当我把思考的速度降下来后，才终于可以活动活动僵直的背部肌肉了。

我摘下头盔，挠了挠头，然后倒了一点水在头上，好让自己冷静下来。喝完保温杯里的水后，我注意到了一件奇怪的事情——我的食指和拇指正在抽搐，虽然非常轻微，但是一直停不下来。

在我的职业生涯中，我曾无数次直面死亡，但我从不退缩，我再次盯着自己的手，轻哼一声，然后戴上了手套。

不过我知道，今天我比之前任何一次都接近死亡，尽管我没有做出什么英雄事迹，这次任务也不会有几个人知晓。今天我经历过什么，只有我自己知道。

我去了一个连死神都不愿意踏足的地狱。

第十章
导弹丛林

2003年4月6日

当地时间11点04分 巴格达北部

"该死的！"

漂浮在头盔遮阳板里的尘埃正不断地撞击着我一只眼睛的眼睑。我做了一个滚转让战机倒扣过来，又迅速地往前推杆让F-16垂直飞行。我按下了麦克风按钮，眯着眼睛说道："'以利（Eli）'3号和4号……防御巴格达的防空炮。"

突然间，我们所在的地方被几道白色的尾烟所包围，于是我把油门前推，爬升了几千英尺，从市中心上空撤离。当我们到达已被我军摧毁的巴格达西郊时，刚得到命名的乔治·布什机场（前萨达姆国际机场）从我们的左侧掠过。我飞快地眨着眼睛以避开灰尘，并向巴格达望去。我注视着这座已经千疮百孔的城市，萨达姆的大本营快要失守。绿如豌豆的幼发拉底河在悬浮着棕色斑点的市中心清晰可见。爆炸造成的数百道黑烟从城区的各个位置升起，状如一个个逗号，地面还能看到一些零星的曳光弹和爆炸，把更多的碎屑吹到本已污浊的空气中。很显然，即使陆军和海军陆战队已经进入巴格达，但一部分伊拉克人还在拼死抵抗。

今天我们就像流窜作案的飞车党一样，没有固定的目标，也没有明确的威胁，我们的目的只有一个，就是用手里的武器干掉所有还在抵抗的伊拉克人。

我们出动了两支F-16CJ的四机编队，分别是"以利31"和"翻领（Lapel）77"，我带领着"以利31"的其中一支双机编队作战，我们在到达巴格达附近后开始分散行动。"以利31"的另一支双机编队的长机是"尖啸"·曼宁（Zing Manning），他们在城市东南部狩猎，并且为沿着底格里斯河活动的F/A-18提供保护。当海军陆战队第1团从东边进入伊拉克首都时，那些F/A-18也随之涌入。

4月4日，陆军第3步兵师开始攻击巴格达国际机场，在此期间他们打了几场在整个伊拉克战争中最为艰难的战斗。4月6日，陆军从郊区向机场发起了"迅雷突袭"（Thunder Run）行动，他们清理过的地方已经安全了。但是巴格达市中心显然还没有，这个地方乱成一团，受惊的平民们试图向北面和西面逃难，而伊拉克军队则在市中心建立防御阵地，继续抵抗美国军队的进攻。

伊拉克的装甲车辆穿过城镇的北部郊区，激烈的巷战随之爆发。事实上，在天上很难分辨坦克或者装甲车的型号，而且我们今天也没有携带瞄准吊舱，所以我们决定离开这个空域，把这些活儿交给A-10和F/A-18。我们得去做我们的本职工作，即寻找那些可能对直升机和A-10造成威胁的SA-8。

掠过城市西侧，我下降到大概1000英尺的高度，以保证对地面进行观察时不受云层影响。巴格达是一座灰色的城市，灰色的混凝土路，灰色的建筑。有部分阳光穿过云层，给城市添加一点儿可悲的色彩。黑烟从燃烧着的红色火焰中升起，偶尔会有橙色或者黄色的曳光弹射向天空，并在云层下爆炸。

我再次滚转，向右侧倾斜，僚机从我的左侧逐渐远离。我们依旧在城市边缘徘徊，虽然这会让我们同时暴露在威胁之下，但说实话，巴格达现在的防空力量已经大不如前，所以两双眼睛肯定比一双好使。这时数据链发出了提示声，我看了一眼多功能显示器，僚机用数据链给我发了一座SA-3阵地和一部"千叶轮"雷达（Flap Wheel）的位置。"千叶轮"雷达是一套火控系统，它是防空火炮的雷达——能够为防空火炮提供目视更广的探测范围。SA-3阵地位于我们北侧大概15英里的地方，就在1号高速公路附近，那条路的沿线有一座叫巴拉德（Balad）的大型米格战斗机基地，毫无疑问，地对空导弹就是为了让这座基地免受我们这样的人找麻烦而部署的。

我笑了起来。这简直就是羊入虎口。

我们穿过了市中心，前往巴格达以北的1号高速公路，以450节的速度向东飞去。我有条不紊地扫视着机头两侧的地面，雷达告警接收机已经准备就绪，干扰吊舱正以自动模式工作，干扰弹释放就绪，每隔5～6秒我们就随机改变一次高度。我们是最厉害的"野鼬鼠"。

穿过2号高速公路时，我扭头看了看左肩方向，检查了下僚机的位置。完美，一切就绪，我即将大显身手——

"哔——哔——哔——哔！"

我的目光本能地转到了雷达告警接收机上，显示屏上闪烁着数字"3"，我立刻驾机转身向北飞，左手不断地按下按钮释放干扰弹，然后又按下了麦克风按钮：

"'以利3'，防御SA-3，靶心以北8方向……"我向前推杆，负过载把我从座椅上提了起来。接着一个声音打断了我："'以利4'……导弹！啊……'以利4'，导弹升空！"

在哪儿？

我推着油门杆固定住身体，然后把头转向右边，没看到任何东西。我刚打算询问，眼角边突然出现了一道闪光。

在那儿！

它几乎是直冲着我的机头来的，就在我的12点方向。导弹的黑灰色尾烟在灰色的地面上很难辨别，但是火红的尾焰让我发现了它。

"'以利3'……确认导弹升空，是SA-3，右2点方向，导弹逼近。"

我改平战机，做了一个滚转，然后又做了一个6G过载的转弯，把导弹放在一侧翼尖的位置。现在我可以很清晰地看见导弹的尾焰，它从巴格达的天际线上升起，直冲云端。但是第一枚去哪儿了？

"'以利2'……第一枚地对空导弹的位置？"

"2号，呃……看不见。"看来他也没发现。

我开始进行防御机动，雷达告警接收机则继续啸叫着，但我找不到任何威胁目标，所以我快速地扫视我们刚才经过的地方。我能看见市中心的防空炮不断地开火，也能看见南面远处有地对空导弹飞向天空，但就是找不到这部正在照射我的低空雷达。

那座SA-3阵地肯定就在我们的周围。幸运的是，现在没有什么风，所以导弹的尾烟一直挂在天上没有散去，SA-3阵地肯定就位于烟迹的尽头处。我用标记功能给发射点做了一个记号，那个位置的坐标一下弹到了我的抬头显示器上。虽然我知道这家伙在哪儿，但是就这么贸然过去把自己暴露在敌人面前并不是个明智的计划。在对它发起攻击之前，我得保证没有人打扰我的猎杀，随后我再一次滚转拉起，检查周围的情况。

我向北飞去，把那座SA-3阵地放在我的6点方向。僚机从我的头顶降下来加入编队，翼尖拉出了漂亮的涡流，此刻的空气很潮湿。

"'以利4'……准备接收数据。"我们沿着底格里斯河一路向北，我把地对空导弹的坐标数据发给了他，然后向右转朝着东北方向飞行。我们可以清楚地看到1号高速公路和2号高速公路，这些高速公路上已经没有伊拉克军队了。我们最终决定从巴格达以北的巴古拜（Baqubah）再次进入，然后攻击SA-3阵地。这里的地形不错，方便规避，而且地上没有路，都是烂泥，所以受到移动发射式地对空导弹和高射炮攻击的威胁应该比较少。

"翻领77"是早上跟我一起出击的另外一支四机编队，我切入他们的通信频率中说道："'翻领1'，这里是'以利3'。"

"请讲。"

"'以利3'正在攻击SA-3，靶心方位0—2—0，距离9，请求你的位置。"

"'翻领1'和'翻领2'在靶心东南，飞行高度25000英尺，正向加油机飞去。'翻领3'编队已经进入DOG空中加油航线的南段。"

我把地对空导弹阵地的坐标也给了他。"'翻领1'，告诉'翻领3'，从东南方向过来，然后待在河西，直到我们摧毁SA-3阵地。"

"明白。"

我们的双机编队在巴格达以东12英里处，以8000英尺的高度向北飞行。

这是一个完美的位置，这种游走在边缘的方法可以很好地吸引敌人的注意力，对方会认为我们即将进入他们的攻击范围，所以他们肯定会守株待兔。如果跟踪雷达试图锁定我们，那我们的系统就会对它完成精确定位。

"翻领"编队也在这个区域，如果我受到攻击，他们也可以发现这座地对空导弹阵地，然后用炸弹摧毁它，反之亦然。但是执行"野鼬鼠"任务最大的问题是未知性，我们现在只知道那里有1台SA-3发射架，但并不知道那里还有没有更多，或者有没有别的防空炮。

事实证明，的确如此。

"‘以利3’油量6.4。"

我的燃料还有6400磅，僚机并没有回答我，这说明他的燃料跟我的偏差在正负500磅以内。我调大了雷达告警接收机的音量，收紧了座椅肩带，再看了看机翼下两个带着尖头的圆筒，它们已经蓄势待发了。今天，除了机炮和空对空导弹之外，我还有2枚CBU-103集束炸弹。对"野鼬鼠"来说，这是很棒的对地武器，因为它可以大规模覆盖某片区域。跟类似狙击枪的"哈姆"比起来，它就是霰弹枪。

这个其貌不扬的家伙肚子里装了大概200颗棒球大小的炸弹，我们可以设置这些小棒球在一定区域里的密度，这主要取决于炸弹的罐体何时打开并投掷出这些棒球。一般来说，我们会根据目标的不同来调整密度：如果是坦克，那就需要很高的密度，相对的打击范围就会减小很多；但像地对空导弹阵地这种极其脆弱的目标，在覆盖很大区域的前提下，依旧可以做到有效杀伤。

我们沿着顺时针方向在空中盘旋，飞出了一道14英里长的弧线后回到南面。数字"3"在雷达告警接收机显示面板上发出柔和的光芒，它告知SA-3在我的2点方向。橘色的曳光弹从离我机头右侧几英里远的地方射来。敌军大致瞄准了我们，但由于太远不足以构成威胁。我记得那个区域有一座辅助机场，于是侧倾机身仔细观察。随着又一波曳光弹袭来，我按下了麦克风按钮：

"‘以利4’……‘哈姆’压制SA-3，方位2—2—0。"

我的僚机转了过去，翼尖拉出白色的涡流，从我的机尾划过，然后将机头指向巴格达。我检查了一下作战设置，再次观察目标区域。绿色的幼发拉底河从城市中蜿蜒而出，它东边是绿色的田野与斑驳的村庄。

"'以利4'，'哈姆'攻击SA-3，靶心方位0—2—2，距离9。"

巨大的白烟从他的翼下喷出，随着"哈姆"发射，我们立刻向南脱离，而"哈姆"则一头扎进了巴格达。

突然间，更多位于巴格达市中心和南郊的防空炮开始向上开火，它们攻击的目标应该是在库特沿线公路和底格里斯河上空执行任务的海军陆战队F/A-18。这对我们来说是件好事，因为此刻伊拉克防空部队无暇顾及我们。

我之前标记的SA-3现在就在距离我右翼12英里的地方。我拉起战机，把目标指示符放在抬头显示器中间，炸弹瞄准点弹出。我推油门增速到450节，并且开始迅速扫视地面。在我左侧10点钟方向，市中心的防空炮再次向天空发射了愤怒的绿色曳光弹，底格里斯河在曳光弹的光芒下反射出诡异的荧绿色。一条大运河沿着城市以北的麦地那贫民窟延伸，我惊讶地发现这条河的河水竟呈鲜红色，不管是不是污水造成的，这种颜色真是太奇怪了。

"'以利3'，攻击。"

我抬起右手拇指，调出了挂载管理系统（SMS）页面，最后一次检查了集束炸弹的设置。CBU-103相对于老式集束炸弹，其中一个巨大进步就是它可以修正风向造成的弹道偏差，在伊拉克，风是比较恐怖的，很容易造成炸弹失的。CBU-103尾部的弹翼也能帮助弹体进行旋转，一旦达到预定的速率，罐体就会打开，然后释放出小棒球。我确认完所有的设置后，收油门把速度降到425节，在10000英尺高度的时候稳住飞机并保持一定的下降率。

黑烟不断从城市以南和以东升起，我的雷达上布满了目标，看来市中心内还在激战。在更远的西面，我还能看见很多地对空导弹留下的烟柱，但已经没有更多导弹发射了。雷达告警接收机的显示面板上挤满了各种数字和字母，对我而言，现在只能依靠自己的眼睛。打击部队频率里，一群人为协调近距离空中支援任务而喋喋不休，所以我关掉了特高频无线电。

距离目标7英里时，战机晃动得十分厉害。我把所有的注意力都集中在目标上，抬头显示器画面上出现了一条竖线，顶部和底部分别是基于我的高度、速度和风速而计算出来的最大投放距离和最小投放距离。还有一个会移动的小点，代表最佳投放点，我需要在进入最佳投放点的瞬间投下炸弹。我盯着这个小点慢慢地下滑，目标指示框还在远处，一切都按计划进行。

"'以利3'……规避，现在！"

就像有什么突然卡在了喉咙里，我不知道发生了什么，但是双手瞬间做出了反应，多年形成的条件反射又一次接管了我的身体。我把油门杆前推，向右压操纵杆然后向后猛拉，让干扰弹不断地从机腹下喷出。我直接在四车道的5号高速公路上空不断地来回机动，感觉头盔都撞上座舱盖了，驾驶舱里的沙粒也被甩到了脸上。

"导弹升空！导弹……啊……靶心方位正北10。"

我驾机左转，同时顶着过载回头向左肩望去。我看见了天际线上的导弹尾烟。实际上，那儿有2枚导弹。

"'以利3'发现2枚导弹。左8点方向，它们正在向北爬升。"

它们从城市的边缘穿过运河向上爬升，而那边的地景是一片灰黑色，这就是我之前没有发现它们的原因。

"'以利4'丢失对长机的目视。"

我把注意力留在地对空导弹身上。僚机没太大问题，由于雷达告警接收机接收的信号已经处于饱和状态，所以很难确定到底谁才是目标。我们分散飞行，我将油门杆推到底并拉起机头，然后回头望去，地对空导弹已经不见踪迹，我检查了左侧，结果也是一样。为了以防万一，我再次释放了干扰弹，然后用数据链把自己的坐标发给僚机。

"'以利4'……保持10000英尺以上的高度直到目视我。1号从北侧重新发起进攻。"

我在高速公路的上空猛地朝一侧转向，跟随着抬头显示器里的提示点，再次把巴格达放在我的正前方，然后调出了投弹指示符。

就在我注视着抬头显示器的时候，另一团巨大的烟雾从伊拉克那灰绿相间的地表滚滚升起。我把抬头显示器里的钻石状标记点往左移动，将其对准烟雾方向，设置出一个新的导航点。

"'以利4'建立目视。"

我回复他之后，继续眯着眼睛观察抬头显示器。前方的地形起伏不定，地面上满是灰色的岩石和棕色的土堆，仅凭肉眼很难发现目标，所以我必须更加贴近。

该死的我需要的瞄准吊舱在哪儿？

在五角大楼的屁股底下。

突然间，几条光带扫过天空，把我吓了一跳，一道由重型防空炮编织的火力网在我面前展开，并布满了整个天空。这些东西似乎就是冲着我的脑袋打过来的，炮弹直冲上天，逐渐失去速度挂在半空，然后下坠。防空炮的射高还不足以威胁到我，所以我继续向着目标前进并下降到9000英尺的高度，而这时我已经暴露在任何防空武器的射程里了，除了拿弹弓的小孩儿。

也不一定，也许下一个向我开火的就是他。

我继续在猛烈的炮火中寻找目标，顺着一道烟迹，终于发现了它……在那儿！有4座土坡把一块平地围了起来，而那块平地上烟雾弥漫，我甚至可以清楚地看到导弹尖锐的弹头。防空炮在护坡的周围喷吐火舌，但我无视了它，集中精力把准星靠向发射阵地。随着最佳投放点的符号滑进准星里，我按下了武器投掷按钮。

一侧的集束炸弹顺利投放，我直接推油门到军推挡，然后向上拉起。下面那些防空炮像发了疯似的攻击我，所以我不得不尽快改变飞行轨迹。当机头抬到地平线上方时，我猛地转向，背对城市向北侧的农田飞去。

当我以500节的速度爬升到5000英尺的高度时，我收了点儿油门，然后剧烈地向左滚转，拉杆，压杆，向右滚转，拉杆，压杆……就这么不断地重复着，同时释放干扰弹，然后推满油门再次爬升几千英尺。我用这些机动躲避着那些看不见的东西，但我知道他们在对着我开火。

随后我回头望去，只见那座阵地上已经升起了棕色的爆炸云团，看来这枚炸弹并未失效。

"'以利4'……看见任何爆炸了吗？"命中的最好证明，就是炸弹引发的剧烈爆炸。不过即使没有引发爆炸，我的集束炸弹也应该造成了一些破坏，比如把导弹从发射架上炸下来，或者对一些不会燃烧的东西，比如雷达天线造成损伤。

"4号……没有发现。"好吧，其实我也没发现。

但是也没发现有更多导弹继续发射升空，伊拉克人被我的炸弹吓得弃车而逃了吗？也许会，也许不会，但是没关系。我关心的是，要是没人知道那里有座地对空导弹阵地，这些导弹便很容易打下我们那些支援陆军和海军陆战队地面单位的攻击直升机。

我们以10000英尺的高度飞行在距新目标10英里远的地方，我掠过了2号高速公路，并把速度降低到了400节。这时"以利4"再次出现了，并且就贴在我的左侧。我笑了笑。一般来说，年轻的僚机在战场上与长机分离，特别是在受到攻击的时候，他们总是非常紧张的。而这个家伙却一直待在合适的地方，不仅自己没受到攻击，还能为我提供预警。

"'以利3'，油量6.4。"

"'以利4'……油量7.2。"

我点了点头。我做了比他更多更剧烈的机动，所以消耗的燃料也更多。一个右转，我回头看了一眼巴格达，开始呼叫预警机。

"卢格尔……这里是'以利33'。"

底格里斯河像一条绿丝带，穿行在棕色的农田之间。城市的西侧是被称为"塔吉"（Taji）的大型火车站，作为进出巴格达的铁路枢纽，这个地方应该部署了大量的地对空导弹阵地，包括一些SA-6，所以我们要重点"照顾"这一块区域。我左右观察，试图发现铁道，但是很困难（实际上我在第一次海湾战争中就轰炸了这里，以防止共和国卫队转移，这个世界真是太小了）。

"卢格尔"并没有回应我，所以我瞅了一眼通讯卡，找到了"宣传员"（Hyper）的频率。我们根据纬度把伊拉克分成北、中、南3个区域，"宣传员"是控制北区的预警机。终于能跟别的预警机搭话了，说不定我会转运。

但显然我是在做梦。

"'以利3'……这里是'翻领1'。"

"请讲。"

"啊……'翻领1'的受油口卡住了，我需要返回基地。现在'翻领2'会加入你的编队。"

"'翻领3'呢？"

"他们10分钟前就加完油了……应该是再次进入伊拉克了。"

"'翻领3'在靶心2—5—0方位，距离18。"

"'以利3'编队和'翻领'使用"钴（Cobalt）8"频率。"这是"翻领"的频率，但他们的长机现在要返航，他不再使用这个频率了，所以我们可以合并通话和数据链使用的频率。"'翻领'，你现在是'以利5'。"

"5号明白。油量10.6。"

不错——他有足够的燃料。"以利5"是一名经验丰富且头脑清醒的年轻飞行员，名字叫戴夫·布罗德（Dave Brodeur），呼号"窃贼"（Klepto）。我用钻石状的标记点标记了目标，并把它用数据链送了出去。迪亚拉河上有几道歪七扭八的河湾，这里应该是处完美的会合点。

"'翻领3'，爬升至15000英尺以上的高度。'以利5'保持12000英尺的高度，注意观察塔吉的情况。"

他们都知道，只有我还剩下1枚CBU–103和满满当当的20毫米机炮炮弹，"以利4"只剩下左侧机翼的"哈姆"导弹和机炮炮弹，"以利5"和我一样带了2枚CBU–103。我看了看出击阵容卡，里面有每一架战机的武器清单，"翻领"带了集束炸弹，而他的僚机则携带了"哈姆"导弹。

在脑海里想象了一下，现在刮的是北风，所以我们应该从南面进入并展开攻击，这样爆炸造成的烟雾和灰尘才不会对我们的后续打击造成影响。

"'以利3'，这里是'卢格尔'。"

"'卢格尔'，'以利3'……进入'锌（Zinc）14'频率并等待数据。"

"锌14"是一个备用的通讯频率，我可以通过它把信息单独传给他，而不打扰另外50架飞机。我看着我在地图上的涂鸦："北3—3……2—5……4—1，东4—4……2—7……2—9。"

只见更多导弹从巴格达南面拔地而起，我有点担心"以利1"，但"尖啸"是名老手，他明白自己在做什么。我没法过去跟他会合并帮助他清理地面上的地对空导弹阵地，对"野鼬鼠"来说，作战飞机有着相当高的流动性，因为敌人的防空阵地是不断变化的，而你也很难与那些正在处理地对空导弹阵地的战机重新整合并发起进攻，那样反而会破坏他们的节奏。

"'卢格尔'，我发现一座由SA–3和57毫米口径防空炮组成的防空阵地。"我回想起那些在我驾驶舱旁呼啸而过的曳光弹，又补充说道："也许还有'宙斯'（Zeus）。"

"宙斯"是ZSU-23-4的北约命名，这是一种小型高机动4管防空炮。它很难被打中，而且火力也十分强悍。

"'卢格尔'收到。你打算怎么办？"

"'卢格尔'，让所有的友军远离88AS'杀伤盒'区域。'以利'和'翻领'正在此区域的北侧和东侧展开清理工作。"

当我跟他沟通的时候，我在南面的一座灰色小机场里看见了防空炮。

"'翻领3'在火车站上方。"

我抬头一看，却没发现任何东西。车站上方的云层非常厚，而且云底很低，所以我们今天更有理由去摧毁这个地方，因为伊拉克人可能趁着恶劣的天气对装备进行转移。

"'翻领'……当我说'进攻'的时候，你就从东南方向进入攻击阵位；当我说'步枪'或者'防御'的时候，你就开始攻击；当你需要支援的时候，'翻领4'会用'哈姆'压制敌方地对空导弹阵地。"

这是我多年来潜心开发的独门功法。攻击时分成两支小队，一队直接冲向敌人，另一队在目标的侧翼游弋，这会迫使敌方地对空导弹单位对威胁做出反应，并且直接发射导弹。如果攻击组被地对空导弹攻击，那他们就立刻停止攻击然后转向。而这时游弋组直接转向敌人开始攻击，此时游弋组变成了攻击组，而攻击组变成了游弋组。当地对空导弹再次发起攻击时，两组再次调换角色。这么玩儿，总有人会抓住机会干掉地对空导弹阵地。"步枪"实际上是发射"小牛"导弹的术语，理想的情况下，我们可以用3对（6枚）"小牛"碾压敌人。伙计们早已熟悉怎么用我的这套战术。

顺便一提，干掉地对空导弹阵地的难度其实并不亚于干掉敌人的战斗机，甚至更难，因为我们要以更低的高度来面对速度更快、威力更大的地对空导弹。早在越战时期，被米格战斗机打下来的固定翼飞机有70多架，而被地对空导弹和防空炮击落的超过1100架。美军在"沙漠风暴"行动和科索沃战争中，空战被击落的固定翼飞机仅有1架，而被地面防空火力击落的飞机则高达18架。尽管如此，也没人会给地空导弹阵地搞"王牌射手"这样的认证，我这么说只是为了告诉你地对空导弹有多么麻烦。

"收到，""翻领3"回答道，"目标是什么？"

我看了一眼地图说道："如果我没条件攻击，那你就攻击我那个目标；如果我成功了，那我会给你指定一个'DMPI'。"

"DMPI"是指定武器投放点的意思。这再次证明只要有机会，军方就会搞这种4个字母的缩写。简而言之，"DMPI"意味着"目标"。

"'翻领'收到，准备就绪。"他听起来蓄势待发。

"'以利5'，留在当前空域。下次攻击前我会过来和你会合。"

"5号收到。"

"'以利3'……攻击SA-3，靶心方位0—2—2，距离8。检查武器。"

我向左望去，并做了一个5G过载的转弯，把机头对准了地对空导弹阵地的方向。随后我根据自己的习惯，调整多功能显示器上的武器界面的设置。

我们与底格里斯河平行飞行，机头直指巴格达。我的僚机在东侧离我大概2英里远的地方，位置稍高一些。云层已经彻底遮蔽了天空，但是云底高20000英尺，所以并不会影响我们。远处，伊拉克人在不断地进行反击，更多疯狂的曳光弹照亮了天空。

我们经过一座小机场的时候，几道白色的曳光弹幕从地面射向我们。但我没在跑道或者滑行道上发现任何疑似目标，而这曳光弹看起来应该是用什么小口径武器发射的。很遗憾，它不能伤到我们一丝一毫。

离目标8英里时，我耸了耸肩，看着目标指示框落在了地对空导弹阵地的位置。运河南面有两座顺着河道延伸的街区，看起来像垃圾场一样，地对空导弹阵地正好处于运河和垃圾场的背面。我会首先攻击南面的目标，然后让风把爆炸产生的烟雾带走，好让后来攻击的战机看清楚目标区域。就在我观察前方情况的时候，我看见了熟悉的导弹发射后产生的尾烟。幸运的是，它现在离我很远。

"'以利3'，地对空导弹升空，靶心方位0—2—2，距离7。"

我的僚机立刻盯上了它。"'以利4'……攻击SA-3！"

"不允许，"我看着他说道，"不允许，'翻领4'……攻击SA-3所在的区域。"僚机毕竟还是太年轻，我们现在离目标不过5英里，他发射"哈姆"产生的巨大烟雾肯定会暴露我们的位置。这样的话，我还不如头顶一盏写着"向我开火"的霓虹灯。

"'翻领4'，'哈姆'发射，攻击SA-3！"

我的双手紧握油门杆和操纵杆，已经准备迎接可能到来的地对空导弹攻击，如果这枚导弹射向我们，那我会立刻进行规避。但那枚地对空导弹似乎对我们并没有兴趣，它向西爬升，在天地间留下了一道灰色的轨迹。这又给我提供了一次观察导弹阵地的机会，这座阵地的实际位置比我预估的还要远一些。我发现阵地的边上还有一条附满青苔的灌溉渠，看起来就像一根让人讨厌的绿色手指。

微微地收了一点儿油门，我们下降到7000英尺的高度，塔吉车站里的防空炮正在向我的右边射击。进入目标区域，我看到了4座较大的导弹阵地和一座较小的导弹阵地，烟雾就是从那里升起的，那些尖头导弹就像铅笔一样斜插在地面上。

虽然伊拉克人很喜欢用假目标来欺骗我们，但这次，这里的东西都是货真价实的。

当准星落在阵地的护坡上时，我的拇指也落在了武器释放按钮上，半秒钟后，炸弹从我的翼下脱离。我直接拉起战机并右转，然后把油门推到了军推挡。

"'以利3'，'步枪'SA-3！"

我转过身，向西与运河平行，阵地里的每一把枪似乎都在向我招呼。我继续滚转下降高度，向北飞去。

"'以利4'……目标周围有防空炮，不要靠近！"我被过载压得呼吸困难，但是为了保护僚机，我不得不第一时间告诉他情况："去北边会合。"

"4号收到。"

"'翻领3'，攻击SA-3。"

"'以利4'……啊……发现次级目标，在阵地南面。"

我猛地拉起战机，做了几次深呼吸，然后再次抬起机尾。我并未遭到攻击。此时我正在2号高速公路的东侧，以1500英尺的高度再次向北转向，然后立即爬升远离小口径武器的射程。爬升至5000英尺的高度后，我回头观察，发现南面的导弹阵地被灰尘和烟雾所遮蔽，集束炸弹里的小棒球足够我攻击大量的敌方目标。出现这个景象，意味着我肯定击中了导弹或者燃料这类东西，我兴奋地用头顶着座舱盖，咧嘴笑了起来。

"'翻领3'……击中阵地的中心。在阵地中心以北那座最大的护坡北面还有4台导弹发射架和3部雷达……击毁那些雷达。"

"3号收到……阵地的前端还有雷达。"

"明白。我投掷了2枚集束炸弹。"

我把油门往后收一点儿以节省燃料。在战术上，应该由我先击中雷达，这样地对空导弹就等于瞎了。但是在敌人把雷达分散的情况下，我不认为我仅剩的那枚集束炸弹可以覆盖足够的区域。但是他投下的2枚集束炸弹相隔500码，一枚接着一枚，完全摧毁了这座阵地的顶部，顺便送了几名伊拉克炮手去天堂。

"'翻领3'……防御目标北侧的防空炮。"

我把对空雷达的探测范围调整到20英里以外，发现正前方12英里远处，15000英尺的高度上有一个孤零零的白色方块。那是"翻领3"，我锁定了他，然后听到他开始通报自己攻击目标。

"'翻领3'再次发起攻击……4号继续在北面10000英尺的高度游弋。"

我点了点头，这非常聪明。他离开了他的僚机，明目张胆地下降高度并开始进攻。起初，伊拉克人只看到这两架战机一起游弋在攻击范围外，现在有一架进去了，自然注意力都集中在了3号身上。这时我们得给他一点儿小小的帮助，我按下麦克风按钮："'以利3'……压制目标区域的地对空导弹。"

我们还没来得及会合，但是伊拉克人会清楚地看见"哈姆"发射，并把注意力又集中在那枚"哈姆"上，那么"翻领"得到的"照顾"就会少一些。

"'以利4'，'哈姆'发射，攻击SA–3……靶心方位0—2—1，距离8。"

我把头向后仰，扫了一眼"以利4"大概的位置，"哈姆"导弹应该会从东南方向飞向巴格达。

"'以利4'……前往会合点，保持在12000英尺的高度。'以利5'……1号正在与你保持雷达接触，距离9英里，在8000英尺的高度。"

"5号确认雷达接触……目视发现。"

"1号向战斗编队通报。油量5.8。"

进入会合点后，我开始左转弯，举目一望，发现了一道金属的闪光。我抬头定睛一看，那是"窃贼"在我的头顶，随后他倒转下来加入编队。

"'翻领3'……'步枪'，'步枪'，东侧。'翻领4'保持8000英尺以上的高度向东沿河飞行。"

"'以利33'，这里是'卢格尔'。"

"待命。"他们总是在最关键的时候打扰我们，一直如此。

熟悉的提示声开始在我的头盔里响起，我看着多动能显示器：两架"翻领"分别在目标南侧和东侧；"以利5"和我一起在那座防空阵地的西北方向上空；"以利4"已经到了会合点。底格里斯河逐渐消失在我的机翼下，我向西望去，基本已经看不见塞尔萨尔湖（Lake Tharthar）了，而在半小时前它还清晰可见，但现在已经消失在了阴霾中，这表明很快我们就会遇到天气问题。

"'以利33'，这里是'卢格尔'。"

我摇了摇头，控制战机缓慢地左转。"请讲。"

"'以利'……啊……'宽袍（Toga）76'出现了机械故障，所以需要提前返回基地。建议你现在往南飞行，在'宽袍76'返航之前完成空中加油，不然你们完成任务后，这个空域就没有加油机了。"

"不是还有'宽袍24'吗？"

"呃……'以利'，他们需要赶往别的地方。"

我深吸一口气，压制住对他爆粗口的冲动。

"'卢格尔'……可否让'宽袍24'在'宽袍76'的位置上顶替一会儿，或者问下'提图斯（Titus）33'是否可以推迟离开。'以利33'编队会在10分钟内脱离目标。"

"'以利'，我们会尝试协调，但他们的时间也非常紧张。"

"我现在也很忙。"我就回了这么一句。我心想，这些人待在安全的沙特空域内，居然还要我们去配合他们？"告诉'宽袍'，实在不行可以先去DOG空中加油航线的南段等我们，我们完事后就直接去找他。"

我顺手把无线电的音量调小，不想再听他啰唆。随后我切换到编队内的频率，对着麦克风说："'以利3'，攻击。"然后我用数据链把目标的信息送了出去，编队内所有的飞机都会接收到这个位置。

当油门推到军推挡的时候，战机立马冲了出去。我又一次把目光放在了座舱里，和手指配合检查飞战机的状况，主要是确认一下热焰弹和箔条的数量，它们各剩一半。够用了。

"'以利5'，你的目标是防空阵地的北侧。"我可以在脑子里想象出这个地方的位置，但这个孩子还没去那儿飞过。"你可以跟着你的目标指示框向南飞，大概在西北角，你能看到4座集中部署的防空阵地。"

"'以利5'收到。"

我希望他能找到。编队稍向左转，我们慢慢接近塔吉以北，我真的希望这里没有SA-6。如果能避免的话，"野鼬鼠"不会对同一个目标从相同的方向进攻两次。

距目标10英里时，我们穿过了底格里斯河旁的2号高速公路。我增大推力并拉起机头，刚把抬头显示器对准目标，低油量告警标示就在抬头显示器上闪烁了起来。我把它关掉，接着输入一个更低的告警油量。

距目标6英里时，战机刚刚爬升过8000英尺，云层变得越来越浓密，我知道我们的时间已经不多了。就在这时，导弹阵地中心扬起了爆炸产生的灰尘——"翻领"已经完成了他的工作。

"'以利5'，随时通报发现的目标。"

"5号……收到。"

时机正好。"'以利5'，你负责左侧的攻击……'以利3'随时准备支援。"

这样他可以跟在我的编队里对目标进行搜索和攻击。现在这座阵地内的地对空导弹应该已经都被我们收拾干净了，除了高炮，没有东西可以打到我们。我轻拉机头减速让他靠近我，然后做了一个桶滚飞到他的左侧。我观察着他的右侧，把他放到我的余光里。如果待会儿有什么不好的事情，肯定发生在那一侧。

距离目标5英里时，另外一架F-16开始俯冲。巴格达城内升起的炮弹扑面而来，但"窃贼"并没有退缩。随后，一枚地对空导弹当着我们的面升空。

"'以利5'……干扰，规避！地对空导弹在12点位置，相对位置下方，导弹逼近！"

他的反应很快，我看见他的机腹转了上来，并开始向西朝底格里斯河切过去，导弹拉着烟从他的机尾穿过。我也向左侧的5号高速公路上空猛地转向，雷达告警接收机的面板上依旧闪烁着导弹的符号。

"'翻领4'……'哈姆'攻击SA-3，靶心以北，距离8。"

那是我们编队里最后一枚"哈姆"，但现在也管不了这么多了。我把地对空导弹阵地放在我的侧翼，盯着地对空导弹发射的地方看。导弹正向西飞去，我没看到能表明它正在进行转向的曲线轨迹。不过，谁知道后面还会遇到什么呢？

"'以利5'，向北飞行……检查干扰弹数量。"

"5号正向北飞行。关闭干扰弹释放功能。"

不错，他很冷静。我把油门收回来，在6000英尺的高度改平。我盯着抬头显示器，做了一道简单的数学题。我们在距目标大约5英里时被迫进行防御并终止攻击，几秒钟后，"翻领4"发射了"哈姆"。假设他在10英里以外的地方，那么"哈姆"大概需要30秒就可以到达地对空导弹阵地。我看了眼时钟，"哈姆"现在应该已经飞抵阵地——我目测了下我们离目标的距离——大概8英里。我们可以在1分钟内飞到目标上空，足够了。

"'以利5'……现在重新转向目标进行攻击。'以利3'会留在6000英尺以上高度的位置。"

"呃……'以利5'现在无法目视发现目标。"

他没有发现目标，"翻领3"的炸弹已经投掷完了，而我也没有足够的燃料等别的战机过来。

"收到。距离？"

"'以利5'在以北9英里处。"

我立刻左转，把左翼对着距我7英里远的目标。"'以利5'，继续前进，距目标5英里的时候通知我。"当他回复我的时候，我正在对抗转向带来的过载，直到把地对空导弹阵地放在我的正前方。

"'以利3'，以低于3000英尺的高度从东面进入攻击。当你距目标5英里的时候，我会用机炮指示目标位置。"

"'以利5'收到，我会注意机炮炮弹落点。"

我深吸一口气，调整下机头，后收一点儿油门。我现在只剩4500磅的燃料了，这绝对是我今天的最后一次攻击，如果今天我们没有搞定，那明天这里是什么情况可就不好说了。我快速下降，象征性地释放了几枚干扰弹，朝着西南方向飞行，从迪亚拉河上空掠过。

"'翻领3'……'哈姆'攻击SA-3，巴格达西北。"

我在氧气面罩下咧嘴一笑，一边把空速提升到500节。这小子很机灵，他早就把最后一枚"哈姆"打出去了，但是为了掩护我们的行动，他故意说了这句话，因为伊拉克人也许正在偷听我们的对话。这么做有没有用不好说，但是却让我多了一点儿安全感。

我将机炮切换到对地模式，准星出来后，便把目光放到座舱外。座机咆哮着向南冲去，忽然一座小镇的某处屋顶上有几门防空炮开始向我开火，但是太慢了，我正以每秒900英尺的速度飞行，这种没有雷达的人操高炮连我的影子都摸不着。我把注意力转回到抬头显示器上，开始用准星对准目标。

穿过高速公路后，我把战机左转20度，然后改平飞机，开始计数。

2秒……

"地对空导弹发射……巴格达的地对空导弹升空！2枚向东飞行！"我不知道是谁叫出来的，但可以肯定的是，在巴格达市中心有2枚地对空导弹腾空而起，朝着东南方向飞去。我希望"以利5"不会因此中断攻击。

"'以利5'距目标5英里。"这小伙干得不错。

"'翻领3'……'哈姆'攻击SA-3，巴格达西北。"他继续给伊拉克人上眼药。

3秒……

我把油门给到军推挡，然后直接向上拉起战机。地面在我身后逐渐下沉，当我的机头与地平线达到50度俯角时，我向右滚转反扣下来，随后压着机头指向天际线。我滚转一圈改平战机，向前望去，那座地对空导弹阵地离我1.9英里，在下降到3200英尺高度后，我的速度是470节。

如果目标是一个表盘的中心，那么我现在就在它的3点位置，而"以利5"则在它的12点方向，并直直向6点飞去。之前攻击造成的烟雾早已散去，我很快就找到了那座地对空导弹阵地的护坡。

我现在的高度是2500英尺，速度差不多500节，对于这个高度来说，速度有点儿快了。收了点儿油门后，我打开减速板继续减速。

在那儿！獠牙一样的导弹出现在护坡身后，我紧盯抬头显示器，把准星套在了护坡后面的地方。

此时我的高度是1500英尺，速度是440节，距目标大概1英里。如果我没算错的话，"以利5"现在距目标大概4英里。我以1000英尺的高度穿过了机场外围的栏杆，看到一群小人在地上吓得乱窜。北面有3座发射阵地，其中2座藏着导弹和人员。我蹬了一脚舵，修正航向，把准星放在3座阵地中间的位置。

"注意观察，'以利5'。"他现在离这里应该足够近了。

"'以利5'距离4英里……目标指示框在北角。"

我又向前飞了500英尺，让绿色的准星落在了护坡的底部。这会儿我能清楚地看到，导弹的前端从护坡的后面露出来，直指天空，下面的人跑来跑去。突然有什么东西从我左眼眼角余光里闪过，我想到这周围还有很多防空炮阵地。不过现在没工夫关心他们了，我直接扣下扳机扫射导弹阵地。

"嘣——"

当机炮开始射击时，战机都被震得抖了起来。我停了大概半秒，重新修正准星的位置，然后继续扣动扳机。

"嘣——嘭——"

射击停止后，眼前的景象仿佛暂停了一般。我能看见第一次射击的炮弹在护坡顶上啃了一口，然后弹向天空。第二次射击的炮弹擦着护坡顶钻进了阵地，伊拉克人四散而逃，然后消失在机炮扬起的尘埃之中。

但我的情况比他们好不到哪儿去，周围的防空炮全都盯上了我，一时如同羊入虎群。我迅速滚转，然后拉杆转向。我的头又撞上了座舱盖，但无所谓，我现在只想赶紧离开这块是非之地。

但他们肯定不会这么轻易就放我走，防空炮火力之猛远超我的想象，各种口径的火炮全都指向我，那些57毫米炮火力全开，炮口焰已经不能用"火舌"来形容了，简直就是"扑面而来的爆米花"。我不断释放干扰弹，左右扭动，上下翻滚，像一只穿行在火焰丛林里的长臂猿，疾速向西飞奔。

"'以利5'，发现机炮炮弹落点！"

接着，我的身后被橙色的火焰照亮。我放下目镜，扭头向后望去，发现我刚刚扫射过的地方已经被乌云笼罩，阵地上空布满了金属焊接那样的火花，竖起的导弹接二连三地倒下去。我回头控制战机穿过运河向巴格达郊区冲去，带着"蝰蛇"飞到安全的地方后，我说："确认阵地发生爆炸。"

"'以利5'，攻击SA-3……"

我用数据链发送了一个位置请求，然后急转向北面。我把雷达调整到近距离快速搜索模式，然后回头继续观察地对空导弹阵地的情况。这会儿，中央地区那些防空炮的火力更猛了，伊拉克人大概知道他们的防空炮伤不到我们，但至少可以用它发泄情绪。我的雷达还没找到任何友机，不过雷达告警接收机提示有一架F-16从后方锁定了我。

"'以利5'，雷达发现长机，建立目视。"

"加入战斗编队。'以利4'，向南飞行并保持在10000英尺的高度，待在我后面1英里的地方。'翻领3'，轮到你上场了，在底格里斯河东停留5分钟，等待我们评估目标状况。"

"'翻领'收到……你们把那里炸得简直一塌糊涂！"

我咯咯地笑了起来："剩下的都留给你，注意阵地前沿还有至少2门可以开火的防空炮。"

这会儿工夫，我已经向东南方向飞到了运河和塔吉车站之间。

我爬升到15000英尺高度，缓缓减速到350节，身后是狭长蜿蜒的1号高速公路。一架漂亮的灰色涂装的F-16跟在我左翼后1英里处，那是"以利4"，他的位置比我稍高一点儿。我摇了摇机翼，示意他靠近一些，然后揭开被汗水打湿的面罩，擦了一把脸。我调出前往DOG空中加油航线的路径引导点，然后望向巴格达。

随后，另外两架僚机也过来加入了编队，我这会儿才发现我的箔条和热焰弹已经不知道在什么时候用光了。进行完战斗损伤和剩余燃料检查后，我们终于可以放松下来去和加油机会合了。天气变得越来越差，不过好消息是，我们今天完成了任务。我们送了6枚集束炸弹、至少500发20毫米炮弹，还有4枚"哈姆"导弹给伊拉克人，你能想象这些武器会带来多大的破坏吗？我把这些消息全都汇报给了预警机，对方回复道："这里是'耶利米'……今天'以利'和'翻领'的表现棒极了！"

好吧，我想其实也没什么困难的，不就是把樱桃丢在蛋糕顶上吗？但我很高兴，并且感谢他。"耶利米"应该是"袋鼠"·鲁，他是唯一一名会像弟兄一样跟我们聊天的指挥官。

"顺便一提，'以利'……我们已经掌握了伊拉克全境的制空权。"

后来我才发现，那台SA-3是一支旅级部队的指挥部，周围至少部署了4座地对空导弹阵地和超过20门高射炮。"以利"和"翻领"已经摧毁了全部4座地对空导弹阵地以及预警和搜索雷达。我们的攻击已经彻底瘫痪了这个防空阵地，更重要的是，从此在巴格达城区进行近距离空中支援的飞机都不会再受其威胁了。

在市中心西面的阿布格莱布地区，我看见了萨达姆国际机场的两条平行跑道。市中心和东面依然有黑烟不断升起。一时兴起，我翻出通讯卡，然后输入了一个频率编号。

"巴格达塔台……巴格达塔台，这里是'以利33'。"

一个操着南美口音的男人立刻回答我："'以利33'，这里是巴格达塔台，请讲。"

"下午好巴格达，我现在正驾驶着'蝰蛇'飞行在巴格达上空，准备回家。我就是想问问，我们是不是已经打赢了这场战争。"

"哇噢，我告诉你，现在我正在他们的塔台里吃冰淇淋，待会儿我就要用他们祈祷时用的毯子去擦屁股。你猜，我们到底赢了没？"他用慵懒的口吻回答道。

这就是制空权。

第十一章
以利33

2003年4月7日

当地时间10点46分，伊拉克，巴格达

"该死。"我捂在氧气面罩里，汗水经过我的额头顺着眉毛流进了左眼。

眼前出现了一条不断向天空快速延伸的灰白色烟柱，那是地对空导弹刚刚发射后的痕迹。地对空导弹长达20英尺，重达1000磅，它正加速至每小时2300英里，每秒能前进1/2英里。而且它锁定了我。

在这种速度下，没有多少时间留给我挣扎。

"哔——哔——哔——"雷达告警接收机的提示音在我的头盔里不断传达这个意思：敌方雷达已经锁定我的战机。"哔——哔——哔——"

我花了很长时间来确定那枚导弹是不是真的冲着我来的。我将F-16的机头往下压，负过载把我从座椅上拎起来。驾驶舱内的灰尘扑了我一脸，激得我猛眨眼睛。导弹直冲巴格达的天空，然后在几千英尺的高度慢慢改平。

目标别是我，我默默祈祷。导弹攻击的是其他东西，不是我。

随后它又慢慢向上爬升，敌方地面雷达开始对导弹航向进行修正。它正在转向，并准备击落它的目标。那个目标就是我。

该死的……

我让"蝰蛇"滚转半周，然后放下了拖曳诱饵。这个小东西依靠长达300英尺的缆绳固定在我的吊舱上，并在敌方的雷达上形成一个更明显的信号，这样导弹就会追踪它而不是我。不管如何，我希望如此，因为地对空导弹正全速向我飞奔而来。我盯着巴格达中部，心脏剧烈而又快速地跳动。随着机尾后喷出大量箔条，我驾驶着"蝰蛇"径直向城区飞去。

我滚转一周，让导弹保持在我的视线里，然后把油门向后收到底。我开始螺旋俯冲，眼前的天空一晃变为杂乱的大地。

继续俯冲！

向着灰色的大地，向着密集的建筑群和棕绿色的底格里斯河。

我从云层的缝隙中冲向炮火冲天的巴格达。

出于某种原因，这种云层的间隙被称为"混蛋的屁眼"。多云天气下，在不同云层之间的间隙里穿梭是一种从空中观察地面目标的方法。有时这些云层的高低差很大，有时反之。这种时候，想要从这些间隙中穿过去，就要面对不同的云底高带来的极大风险。

风险就是，既然你可以在天上通过这些缝隙观察地面，那么反过来也一样。地面上所有能射击的东西都瞄着这些地方。敌人守株待兔，就等着那些不安分的飞行员试图穿过这些间隙。

尽管所有飞行员都知道这种行为非常危险，但有时候你不得不以身试险。比如友机被击落了，你不得不穿过这些间隙来到云底下进行支援；为了躲避地对空导弹；或者接到了更紧急的任务，比如紧急近距离空中支援等。

你别无选择。

"以利33"，由2架来自第77战斗机中队的F-16组成的编队，刚刚在巴格达领受了一次重要的任务。我们飞得又高又慢，头顶有厚厚的云层，身下是纷乱的爆炸，受损机身的点点碎片坠入底格里斯河。

当我把油门收到慢速挡的时候，抬头显示器里的空速读数是450节，并且速度还在加快。我继续打开减速板减速，并把目镜推了上去，以便更好地观察导弹。地对空导弹再次修正了航向，开始直接转而向北飞行以便对准我，但它的尾烟逐渐消散，我甚至可以看见尖长的导弹划过下方的建筑和稀疏的云朵。

下一秒钟，又一枚地对空导弹拔地而起。

"'以利1'，发现第二枚地对空导弹，右1点方向……河西……'以利1'进行规避！"

无线电提示音在我的头盔里响了3次，这意味着我的僚机收到了我刚才的交代，知道我看见了一枚地对空导弹发射，他自己也在寻找导弹。"以利2"是斯科特·曼宁（Scott Maning），和我一样，也是一名资深的中校兼飞行教官。由他担任我的僚机，对我来说是件好事，因为我不用花费额外的精力去照顾他。

第二枚地对空导弹的尾迹十分显眼，它穿过城市的上空，那些长条状的曳光弹不断冲向天空，很显然是友军发射了某种武器，被防空炮单位发现了位置，这些伊拉克人不知疲倦地进行无意义的开火，他们的炮弹似乎不要钱。我沿着底格里斯河南向，试图向东飞行以远离市中心。

第一枚地对空导弹已经消失。在经历了慢动作般的加速后，它迅速挣脱地心引力的束缚突破音速障，现在它飞得既快又高，这对我来说可不是什么好消息。我的雷达告警接收机可以给出所有跟踪我的飞机和雷达的位置信息，但目前这环境下，这块小小的显示器上已经挤满了各种数字和字母，根本无法从中捋出有用的信息。我估算了一下，巴格达还有超过50座地对空导弹阵地。

这时，我右眼的余光捕捉到一阵闪光，我向右侧扭过头去，发现这里就像出现了一个时光隧道，各种颜色的曳光弹正从不同的位置射向我的座机。是防空炮。场面热闹得仿佛万枪齐放。

"'以利1'……防空炮……西面……防御。"

我滚转半圈，然后踩舵制造侧滑。我深吸了一口气，向右下方的建筑望去，只见几乎每一处房顶上都喷射出白色的火舌。

太多的防空炮。

"'以利2'……从西面过来……别跟着我过来。"

"迟了。"他回答道。

唉，他也在劫难逃。

巴格达人纷纷从睡梦中醒来，他们抬头望着这两架低到可以用自杀来形容的美国战斗机，它们正在伊拉克的首都低空飞行。这么做只有一个后果，那就是惹怒所有部署在巴格达的地对空导弹和高射炮。

下降……下降……下降。翼下沉重的集束炸弹早就被投掷一空，我现在的速度高达520节，战机轻薄的机翼已经开始振抖。今天是我39岁的生日，我坐在一架以时速600英里飞行的战机上，低空穿过伊拉克的首都。如果可以选的话，我还是想在海滩上，用玛格丽塔酒庆祝生日。

我再次打开减速板，驾机向左滚，而后转向东面，试图拉开我和这些防空炮的距离。防空炮编织的火力网疯狂怒吼，就像从浇花水管里喷洒出来的水流。我拉杆，让战机跳跃；然后我又推杆，让战机低头。防空炮炮手尝试跟上我的战机，但他们只能攻击直线飞行的轰炸机，而对于F-16这种灵活的目标，他们力不从心。

想动我？我可不好惹。我转动脑袋，观察了下南面和东面的情况。

我向自己发誓：如果我还有炸弹，会找你们还回来的。

地对空导弹呢？那个该死的东西在哪儿？

当然，你并不容易发现它，很可能你挺不到面对不知将从何方而来的第二枚、第三枚导弹。经过长期的训练，在战斗中，有时你会有那种体验：当你对周围的一动一静都高度关注时，会突然觉得一切仿佛不可捉摸，那关键的一瞬间，时间真的变慢了。虽然这不能保你毫发无损，但却可以让你在战斗中活得更久一点儿。

我面朝下注视着这座城市，就像有人把椅子腿朝着地平线方向搁，而我被按在椅子上一样。接着，我又再次拉杆爬升，剧烈的机动让翼尖拉出涡流。战机迅速爬升到8000英尺。随后我推着油门杆让战机左右运动，同时紧张地观察下方的情况。

第一枚地对空导弹已经没了痕迹，这证明它的发动机已经停止工作，不过在这个范围内，惯性还可以让它维持飞行一段时间。距离它击中我只有10秒。我开始计数。

2秒……

第二枚导弹紧接着第一枚发射，而且轨迹几乎相同。我的呼吸加快，驾驶"蝰蛇"朝着导弹的方向轻柔地滚转一圈，然后狠狠地向后拉杆。6倍的重力，大约1200磅，将我死死地按在座椅上。

3秒……

我无暇顾及满脸的汗水，将油门推到底，让战机笔直地爬升。虽然我不知道导弹到底在哪儿，但是这招对付任何方位的导弹都很管用。每当我的战机进行机动的时候，地面的跟踪雷达都会不停地探测我，然后测量我的具体位置，接着把数据传送给地对空导弹。但我在几秒钟之内进行了各种水平和垂直机动，而每一个动作都会诱使导弹飞行更远的距离，耗费更多的动能。积少成多，多做一个机动动作都可能救我的命。

4秒……

对抗着500节时速带来的巨大过载，我重新把机头从地平线上抬起来，然后再次滚转。这次我把机尾对着导弹可能存在的区域，保持一段时间的拉杆后，又使劲向前推杆，这时负过载又把我向上顶了起来。我希望这些动作可以迷惑伊拉克人的跟踪雷达。

6秒……

第二枚导弹也消失在我的视线中。它的发动机已经停止工作，它现在只能像长矛一样依靠惯性飞向我。由于刚才的机动，我下降了太多，以至于此时的飞行高度远低于10000英尺，引得那些防空炮就像从梦中惊醒一般，再次猛烈地向我开火。伊拉克人其实很聪明，他们知道战斗机为躲避导弹势必要牺牲大量的高度和速度，所以他们用导弹把战斗机逼下低空，接着用防空炮进行射击，而这一招确实在我身上起作用了。

8秒……

快了……快了……

就是现在！

我猛地向右滚转，然后向后拉杆，开始做一个超大幅度的桶滚。桶滚动作的机动范围大，速度快。在导弹的射程快要达到极限的时候，如果能让导弹不断转向，那它的速度会下降得非常快，直到无法追上你。如果你能让一枚地对空导弹射击越标，那你就逃出生天了，因为导弹不像战机那样有持续的动力来不间断地机动。

我拉起战机，驾机滚转，但不是剧烈地滚转，而是用缓慢的滚转控制战机的姿态，从而让战机不断地完成上仰和下俯。这个动作的过载并不高，而且十分优雅，却有立竿见影的效果。对于老式雷达来说，这种不断变化的高度和航向，会让系统误差快速地增加。这招对于SA-2和SA-3来说非常管用，但对于更新的SA-6和SA-8来说就完全不适用了。

通常情况下，这招只能用一次，因为当速度降下来了之后，第二枚地对空导弹，或者其他类型的导弹和防空炮，都可以很轻易地抓住你。

而这正是我遇到的情况。

当我来到桶滚航迹的底端时，这座城市正在我眼前缓慢地滚动着。随着机头逐渐上抬，我又被按在了座椅上。每隔4~5秒，我都会释放一枚干扰弹。这会儿我的脑袋也没闲着，不停地左右观察，寻找其他可能存在的威胁。现在防空炮已经消失在我的身后了，我知道第一枚地对空导弹已经失的，因为时间已经到了。我快速地瞥了一眼抬头显示器，了解到目标在我的身后6英里处。

在550节的速度下，我抬起机头转向目标，透过眼角余光发现了一丝异常。几乎是本能的反应，我直接向上拉起，滚转，不停地释放干扰弹。

本能救了我的命。

这枚导弹在我转向目标时就偷偷地跟上了我。抬头显示器底部的X状符号显示，吊舱放出去的那个小诱饵还跟在我的身后，并且正常工作，所以偷袭我的不是雷达制导导弹，而是一枚红外制导地对空导弹。

混蛋……导弹一个接一个地袭来。我不停转动脑袋，四下寻找导弹，但这些导弹过于牵制了我的注意力，一不注意，我又闯入了云层之中，看不见城市，也看不见地平线，座舱盖外被灰色所覆盖。

"'以利2'……防御……高射炮！"

该死的……我早就自身难保——他只能靠自己了。

突然间，座机在我的身下疯狂地抽搐，我的心脏险些因为惊吓而蹦出胸膛。我被击中了！

随后座机又恢复正常，我飞快地检查着座舱里的主告警灯。一盏都没亮。这是怎么回事？

我又赶紧检查发动机参数和系统状态告警灯。

一切正常。

如此看来，我刚才一定是从导弹的尾流里飞过。我左右观察，试图找到地平线。过了一阵我才意识到，自己正朝着地面俯冲。糟透了。

"警告……警告……""烦人的贝蒂"在我耳边叫了起来，战机颤抖着飞出了空速限制。

我在巴格达上空600英尺，正超速冲向地面。这可不是个好兆头。

我放弃了座舱外的世界，专心盯着仪表台正中间的地平仪控制姿态。当机头终于回到地平线上后，我长舒了一口气。

我赶紧爬升到5300英尺高度，然后保持350节的速度向北飞行。我还有一个目标要解决。

"'以利1'在目标以南10英里处，向北飞行并保持5300英尺的高度……油量6.9。"

10英里，大概一分半钟就能赶到。6900磅燃料和5300英尺的高度，足以让我安全地解决掉没有地对空导弹和防空保护，只有AK-47的伊拉克人。我没有其他选择，继续爬升会拖缓进攻的节奏，消耗大量的燃料。虽然在这座防守严密的城市里，用我现在的高度飞行并不算太明智，但是我就喜欢速战速决。

"2号油量6.1……方位以南16……呃……航向向东。" 2号在东南方向16英里处，他肯定是为了躲避地对空导弹而不得不绕道以避开市中心。6100磅的燃料，在燃料告警之前，我们还有2000磅可以挥霍。在此之后，我们不得不前去和加油机会合。

我把现在的情况在脑海里描绘了一番，就像游戏里的小地图一样，我们把它称为上帝视角。如果目标在时钟的正中，那我会转向北面从12点方向发起进攻，而2号则会绕到3点方向。进攻时，我们必须拉开足够的时间差，机炮射击时战机的高度比较低，如果他与我同时，或者以很小的时间间隔一起攻击目标，那么我射击造成的各种碎片，可能会被2号的发动机吸进去。

"'以利2'……从东面进入，在距目标10英里的时候通报。"按照我的计划，如果幸运的话，伊拉克人会被我吸引，这时2号就可以从侧面对他们进行打击。这涉及一个基本的战术原则：如果可以的话，永远不要让两架飞机从同一方向发起攻击。

他回复说："检查录像枪……解除武器保险。"

我再次检查了开关，确保录像枪一直处于开启状态，以及武器保险已经解除。这就是与另一名经验丰富的飞行员搭档的优势。僚机不是缺乏经验的年轻飞行员，作战都会轻松很多。

这时，我的耳机里传出了提示声，我低头望向右膝上方的显示器。多功能显示器是一块提供大量信息的显示屏，它可以由你随心所欲地调出各种与战机、武器和战斗地点有关的任何资料。而现在我的右多功能显示器上显示的是一些地对空导弹的攻击范围、几架友军打击部队飞机的位置和我的目标。左多功能显示器显示的则是我的空对空雷达界面。

此时，伴随着又一声提示音，一个小小的符号出现在了多功能显示器里，那是我的僚机正通过数据链把他的位置发送给我。看来他避开了我之前发现的那些地对空导弹和防空炮，并开始由东北方向进入目标。

巴格达东北的郊区正逐渐消失在我的机翼下。时间到了。

"'以利1'从南面飞来。"

我做了一个滚转后驾机向前飞行，并将航向调整至正北，再把油门推到不完全的加力状态。F–16迅猛地加速，同时我检查抬头显示器上的信息。

距离目标还有9.1英里。

驾驶现代战斗机攻击目标有点儿像同时演奏几种乐器。我的左手不断地调整油门，左手的食指控制雷达、打开减速板和管理电子对抗系统。我的右手用来改变无线电频率，并控制座舱前端控制板上的上百种不同的功能。

大多数战机的驾驶杆在双腿之间，但F–16的操纵杆位于座舱的右侧，当我飞行时，我的右手手指在显示管理开关和目标管理开关上跳舞。右侧的操纵杆还负责投掷炸弹、发射导弹和发射机炮。我可以在手不离杆的情况下完成各种作战任务，所以这是一个设计非常精巧、使用非常便捷的座舱。对于战斗机飞行员来说，你必须熟练使用五六种武器进行作战，若你驾驶的是F–16，这一切都会非常轻松。

距离目标8英里。

我看了一下燃料表，跟刚才相比并没有太大的变化。我把目镜推上去，盯着那条从上到下贯穿抬头显示器的绿色实线。这条线叫作"连续计算投放点"（CCRP），当你对准目标后，这条线会告诉你什么时候可以投掷炸弹。释放点是由计算机依据选择的武器和目标自动进行计算的。

距离目标7英里。

我再次扫视座舱：武器保险已解除；干扰吊舱正在处理每一个它可能感受到的威胁；拖曳诱饵也一直跟在我的身后。我将高度稳定在5000英尺，并不断调整油门将战机的速度控制在500节。

我身体前倾，开始把注意力集中在抬头显示器里的坎巴尼萨德机场（Khan Bani Sad Airfield）上。这里是萨达姆·侯赛因的后门。

飞临目标空域！跑道位于绿色的迪亚拉河西岸。与以往那些经过精心策划的任务不同，这次我连目标区域的照片或地图都没见过，只有15分钟前传来的数据——停在机场北端的直升机的坐标，以及一些几乎没用的地区信息。今天早些时候，一架B-1轰炸机把临近巴格达曼苏尔区（al-Mansur）的一片街区夷为平地，以图干掉萨达姆，但他已经不在那儿了。我们收到的最新消息是，他知道自己败局已定，所以试图乘坐直升机逃离城市。

不过既然被我们知道了，那他这项计划就肯定会泡汤了。

扫视整个机场，我可以看到滑行道和巨大的混凝土机堡。塔台呢？好像被炸没了。直升机呢？我也没看到。

距离目标6.1英里。

我又向后靠在座椅上，重新调整了目标的位置。如果我一直没法用肉眼发现直升机，那就只能把坐标输进多功能显示器里，然后用集束炸弹直接攻击这个坐标位置。我沮丧地捶了一下控制台，因为我知道，集束炸弹比较适合攻击桥梁或者建筑物之类的目标，但用它撞运气地攻击不知道分散在哪儿的小型直升机，这命中概率实在是……

"天爷。"

在那儿，巨大的桨叶吃力地搅动着沉重又潮湿的空气，4架直升机，每架间隔100码排成一排。

几乎是在一瞬间，我的手指立即在操纵杆上改变了炸弹投掷模式。与依靠坐标的"连续计算投放点"不同，"连续计算撞击点"（CCIP）依靠的是我的眼睛。我会控制一个垂在抬头显示器底部的、不停晃动的准星瞄准目标，然后投掷炸弹。

距离目标5.3英里。

我稍微调整了一下战机的姿态和航向，并把炸弹的准星放在了离我最近的两架直升机中间，然后收了一点儿油门。

我的右拇指已经放在了武器投掷按钮上。出于习惯，我屏住呼吸进行瞄准，炸弹准星中间有一个小圆点，我把这个小圆点对准了第一架直升机的机头，然后按下按钮。随着2枚CBU-103集束炸弹同时脱离造成了机体重心和重量的变化，F-16像喝醉了一样摇摆了一下。

投掷炸弹后，我把油门给到最大，然后继续我的"长臂猿"式机动。这完全是出于职业习惯，我可不想被地对空导弹和防空炮给打下来。

但我惊讶地发现，由于巴格达的沦陷，伊拉克防空部队之间的协调攻击变得越来越罕见，我能感觉出来，之前那些对着我猛打的伊拉克人并没有把信息传达给这座机场的同胞们。我松了一口气，把雷达切换到空中格斗模式，在这个模式下，雷达会自动锁定它在一定范围内探测到的第一个目标。我左转向西飞行，然后回头欣赏烟花。

另几件事儿几乎同时发生。

首先，机场西侧停机坪的直升机几乎被我的集束炸弹瞬间气化，这200个高爆小棒球可不是吃素的。

最后一架直升机运气比较好，没有直接爆炸，不过应该也被爆炸波及导致无法起飞。随后，坎巴尼萨德机场的每一门防空炮都睡醒了，开始对着我疯狂扫射。

"'以利1'攻击完毕……向西脱离攻击。"

"尖啸"几乎立刻就回复了我："'以利2'从东面进入。"

刚才集束炸弹爆炸造成的烟雾正向南飘去，这对于我的僚机来说是件好事，看来我的攻击不会影响他观察目标的情况。

"不用太拼，2号，让剩下的直升机不能起飞就够了。"

我可不希望我的好兄弟从我面前消失。

"'以利2'……预期到达时间30秒。"

他肯定忘了要在10英里的时候向我通报了，不过这种细节这会儿来说已经无所谓了。

"'以利2'……你的目标在烟雾的西面……烟雾的西面……挨着跑道。一架桨叶正在转动的重型运输直升机。"很显然，那是一架苏联制造的Mi-2直升机。

"'以利2'……看见烟雾。"

"2号……我去吸引跑道西面的防空炮，你不要从西面脱离攻击。"

他通过麦克风示意已经明白了我的话。我在6000英尺的高度将F-16侧倾60度，将机场保持在视野内，同时略微蹬舵制造一点儿侧滑。防空炮依然把注意力聚焦在我身上，死死盯着这架在灰色云层附近的灰色F-16。我要在保证自己安全的情况下，稍稍给他们留一些机会，好让他们一直盯着我，不去找我僚机的麻烦。

我在天上一枚接着一枚地释放着热焰弹。

我看了看抬头显示器，把战机的空速降到400节，滚转，然后朝着地面俯冲。大地现在骑在我的背上，之前释放的热焰弹正缓缓坠向地面。我在多功能显示器中的电子地图上还能看见一座SA-6阵地，从距离上来说，我已经到了必须要提防它的位置，所以我提高警觉，不断地扫视着四周的空域和地面。

但SA-6似乎对我没有兴趣。我开始俯冲，并把油门收小一些，以免速度过快。随后我向左滚转，同时继续关注着机场。我之前释放的干扰弹已经成功地引起了机场里所有人的注意，那些防空炮虽然还在对着我发泄，但根本不能对我构成威胁。就在这时，雷达告警接收机显示面板上突然出现了几个防空炮的标志，这个我倒不用太担心，但可千万别出现SA-6。

这是一场非常危险的游戏。我正吸引着下方那些愤怒的伊拉克人的火力，但我不清楚还有没有其他防空武器已经盯上了我，也许就等着我飞得足够低时突然发难。但诱捕地对空导弹或防空炮单位正是"野鼬鼠"的本职工作。"该死的你在逗我！"是的，就是这样。

不断增加的空速让战机开始抖动，我减小推力，然后把机头拉回地平线以上，此时正过载把我紧紧地压在座椅上，但我必须继续保持对机场的观察。如果最后一架直升机在"尖啸"投掷炸弹之前起飞，那么我会用"响尾蛇"导弹干掉它。万一我的雷达抓不住慢吞吞起飞的直升机，我得自己盯紧了它。

我刚想通过数据链获得2号的位置时，机场北面的滑行道中央就发生了猛烈的爆炸，仿佛有人把一支巨大的猎枪放在地上，然后扣动了扳机。

最后一架直升机消失在了爆炸里，我没看见"以利2"，也没看见任何向他射击的伊拉克人，估计我之前释放的那些闪闪发光的热焰弹成功吸引住了他们的注意力。无论如何，所有的直升机都已被摧毁，要是萨达姆也跟着葬身火海就好了。

但我不相信事情会进展得如此顺利。

"'以利2'向北脱离攻击。"

"干得漂亮，2号。在6000英尺以上的高度朝东北方向沿弧线飞行……'以利1'将从西南方向赶来。"

他回复我表示明白。我猛推油门，拉起战斗机，先俯冲到5000英尺，此时2号正好爬升过6000英尺。我们离得越远，就越不容易遭受防空炮的攻击。

我转了一个巨大的弯，然后飞向底格里斯河，把机场和大部分的巴格达城区甩在身后。我这么做是为下次进出机场空域留足安全距离——避免被SA-6攻击。

我俯视着河流，那些支流的沿岸有许多军用建筑和护堤，但其中没有地对空导弹阵地之类的东西。在机场以西5英里处，我调转机头，决定在走之前再捞一笔。

我并不是撞运气，我很清楚自己要攻击的是什么。在支离破碎的跑道旁，有一座大型机库。如果说，要是从这座已成为垃圾堆的机场里还能找出可用的直升机，那么只可能是从机库里。我只要一次机会，就能用20毫米机炮让直升机变成废铁。

突然间，灰色的天空中闪现出一串耀眼的橙色光球，然后无力地飘向地面。是热焰弹……

我在氧气面罩下咧嘴一笑。那是我之前帮助"尖啸"时用的方法，现在我们角色互换，他正试图引开敌人对我的注意力。这人真不错。

距目标4.1英里。

机场被我们弄得乱七八糟，地面上只有熊熊燃烧的火焰和零星的防空炮火力。直升机残骸燃烧产生的烟雾在高空淡化成了浅灰色，又逐渐散开，就像池塘里的涟漪一样，形成了一条椭圆形的灰色烟带，并向南缓缓漂移。

抵近跑道，我稍稍修正了下航向。机库没有受到烟雾的影响，仍清楚可见。我前推油门，切换到对地机炮模式。我轻轻压下机头，集中注意力瞄准目标。左侧出现了防空炮的曳光弹，开火的防空炮应该来自巴古拜方向的另一座机场，那座机场在我以北大概10英里的地方。坎巴尼萨德机场幸存的防空炮也在开火，但多数是冲着"尖啸"去的，我知道他留足了安全距离。

距目标3.4英里时，我收了点儿油门，注意到拖拽式诱饵工作正常。我把抬头显示器里的机炮十字准星对准了跑道旁边的机库，当战机接近机炮射程时，我下压机头，把机炮准星死死地按在那座机库的上方。随着我的前进，准星会逐渐向机库移动。

距目标3000英尺。

差不多是时候了……再次轻轻地控制操纵杆调整航向。距目标2600英尺，这座机库几乎已经在我的射程之内了。距目标2400英尺，准星已经撞上了机库的大门，我立刻扣下了扳机。

"嘣——嘭——"

战机因为机炮射击而剧烈抖动，20毫米跑弹从我的左翼咆哮着飞出，直奔机库。我的食指离开扳机，拉起机头右转离开机场。

"哔——哔——哔——"

我的目光立刻转向雷达告警接收机的显示面板。

面板上显示着数字"6"。

SA-6就在我身后非常近的地方！

圣母玛利亚……

我把机头略微上仰，油门杆推到最前将加力点燃，此时战机获得了额外的6000磅推力，猛地向前冲去。

我用左手手指不断地按着箔条释放按钮，又做了一个滚转，让机背朝下然后左转下降。我踩着舵制造侧滑，并开始观察从后方袭来的地对空导弹。

"哔——哔——哔——"雷达告警接收机继续疯狂地呼喊，导弹已经近到足够它自己的半主动雷达接管最后的引导。这叫末端半主动制导。

我可不希望发生这种事情。

此时我口干舌燥，双目圆瞪，努力地寻找导弹的踪迹。我向右侧身，继续驾驶机躲避来袭的导弹。下降！下降！我一边收油门关闭加力，一边释放箔条干扰弹。

"'以利1'……防御SA-6……机场东面！"

他立即回复道："'以利2'……没有发现地对空导弹。在6000英尺失去对长机的目视。"

所以，他现在既看不见我，也不知道地对空导弹在哪儿。我向南飞行，努力远离坎巴尼萨德机场和那枚SA-6。当我下降到3000英尺后，立即拉起机头，再次打开加力，如同火箭般爬升。

"'以利2'……爬升到10000英尺以上的高度并朝着1—5—0航向飞行……'以利1'刚刚爬升过5000英尺。"

我驾机右转并向西飞行。我强迫自己把天空分成4块，然后让眼睛有顺序地进行搜索。

水平方向用机翼的前后进行划分，垂直方向用座舱盖的上下进行划分。我迅速地扫视了一遍上半空域，然后把目光放回到抬头显示器读取飞行信息，现在高度5500英尺，速度400节。我滚转并爬升，倒挂在天上，随后开始检查下半空域，急切地寻找那枚SA-6的踪迹。

但是我什么都没找到。

"警告……警告……"

我把战机转回来，瞥了一眼显示屏。"注意燃料……注意燃料……"燃料告警字符正在不断闪烁。

我驾机向右转，继续朝着东北方向飞行，远离这座恐怖的机场，远离巴格达。如果"以利2"是朝着东南方向150度飞行的话，那么他现在大概位于我右侧相距5英里的地方。

我用数据链发送了一则位置请求，然后收油门减速到400节，左转向南飞行。在坎巴尼萨德机场消失在远处之前，我只能依稀地看见那里升腾起的熊熊火焰。看不见机库，这很好，说明机库也跟着烧了起来。

我一直没发现那枚SA-6，也许它压根就没发射，或者是我的反应够快，让它直接冲向太空飞去。当我在巴格达以东的云层中盘旋时，数据链把"以利2"的位置送了回来，"尖啸"还活着，就在我身后西面约3英里的地方。

向上穿过云层，阳光扑洒在我的脸上。我放下目镜，眨了眨眼睛，享受着这个快乐的时刻。此时我已深入巴格达内陆几百英里，必须时刻保持警惕。但在激烈的战斗过后，难免产生一种劫后余生的喜悦。后来，每当午夜梦回，我总会回想起战斗中发生的一切。不过在那时，我穿着被汗水打湿的飞行服穿梭在伊拉克的上空，脑海里只有一件事：我还能呼吸，我还活着。

我轻柔地控制着F-16左转，这才注意到箔条已经用完了，拖曳式诱饵也不见了。我甚至不知道这都是什么时候发生的事。毕竟，就在刚才，我身后可能跟着一枚SA-6，我越想越后怕，好在我已经脱离了危险。

我努力平复着过度紧张的呼吸，直到瞥见一抹金属反光。我定睛望去，一架F-16从云层中钻出来，雷达告警接收机显示面板上亮起了友军的锁定符号，我知道"尖啸"已经锁定了我。他靠过来之后，我们又继续爬升，待在云层上面，给自己留一些预警的时间，用于防范同样可能从云层里钻出来的地对空导弹。

这个生日派对真是太刺激了，我可经不住再来几次这样的折腾。

第十二章
游戏通关

我似乎看见了一头长颈鹿。

我眨了眨眼。

我又眨了眨眼，以确认是不是自己看错了，然后抬起了目镜。我向一侧滚转，以400节的速度掠过巴格达的那些错落分布的破败屋顶，盯着下面的公路再次辨认。

确实是一头长颈鹿，不是在开玩笑。

现在是4月8日上午，我刚刚穿过巴格达以南的底格里斯河，向北飞行去摧毁圣城区里的坦克。底格里斯河在朵拉农场和前巴格达穆萨纳机场（Baghdad Muthenna Airport）附近形成了一处巨大的拇指状河湾。巴格达动物园就在这道河湾的上方，很明显这些动物趁着战乱逃出了动物园。

我被过载压得喘不过气，在参观完动物园后，改平战机向西飞去。现在在我机翼下方的是一座巨大的半圆形建筑，如今这座建筑存在的意义大概只剩下彰显萨达姆的狂妄自大了。建筑前方有一条宽阔的马路，马路尽头则是一道巨大的拱门，靠近后我才发现，这道拱门由两条巨大的手臂组成，每条手臂都握着一把长剑。

萨达姆的胜利拱门（Arches of Victory）。

我笑了笑，驾驶着"蝰蛇"继续朝着东北方向飞行。"胜利"——得了吧，反过来还差不多，因为我这样的异教徒现在就飞行在它的头顶上。马路上到处都是刚逃出来的野生动物。

在我的前方，如同海草一样的河流穿过棕灰色的巴格达城区。我打算"照顾"一下河上的6座桥，因为敌军正龟缩在北郊，做着最后的集中调整，如果他们试图向南发起最后的进攻，那么这些桥梁就是他们的必经之路，席纳克大桥（Sinak）和共和国大桥（Jamhuriya）恰好是将在敌军行动中起到关键作用的桥梁。

今天早上，"赌徒"中队出动了3支双机编队，我们各自负责不同的"杀伤盒"区域，然后不断地在这些区域里巡逻，直到发现可以攻击的目标。攻击时，我们会标记出目标的位置并确定最佳的攻击方式。这主要取决于战场环境、武器种类和数量，以及地形。根据不同的环境因地制宜地制订攻击战术是"野鼬鼠"攻击计划中的重要组成部分，比如尽量从水面上方飞过以避免来自地面的威胁，或者利用太阳光线干扰敌方的光学跟踪系统等。有些战术打从第一次世界大战以来就没改变过。

但是，城市并不是"野鼬鼠"的主场，在建筑错落交织的城市里，防空炮或者地对空导弹非常容易隐藏形迹，而且在这里空投炸弹非常容易误击友军，这些情况都让任务变得复杂起来。有时候地面的弟兄们甚至会向我们开火，因为在某些情况下他们压根看不清楚天上的是我们还是伊拉克人。此外，陆军和海军陆战队已经在巴格达城区里激战很久了，这足以证明他们遇到了多大的阻力。

事实上，我们再次出现在巴格达城区上空，是因为10分钟前收到了一则紧急呼救。"领章（Facing）43"是一架A-10"疣猪"（Warthog）攻击机，它被一枚肩扛式地对空导弹击中。这位A-10飞行员有两条路可以走：一是降落到已经被我们占领的巴格达国际机场；二是回到距他较近的塔利（Tallil）附近的前线机场——正如我所料，他选择回到塔利。但是途中这架战机已经无法控制，飞行员还在巴格达市区上空就不得不弹射了。幸运的是，陆军第3步兵师的弟兄们注意到了情况，并派出一支小队前往营救。

飞行员吉姆·埃瓦尔德（Jim Ewald）少校落地后吓坏了，他以为向他靠拢的都是伊拉克人，直到一个家伙大声喊道："嘿，飞行员……出来吧。我们都是美国人。"

不得不承认这些家伙们的速度很快，我们还没赶到，他们就已经把人找着了，这也是我在路上还有心情围观长颈鹿的原因。"'翻领'……这里是'酋长'。""酋长"是控制海军和海军陆战队战斗机的指挥单位的呼号。

"请讲。"

"呃……我们有一支由2架'大黄蜂'（Hornets，即F/A-18）组成的编队'芬芳（Aroma）31'，就在你们所在区域的右10度方向。还有进入战区的'窥视（Snoop）23'编队在7000英尺的高度。"

"'翻领'收到，我们会留在河西区域。"

"收到。'羯磨'（Karma）说他没法联系上你。"

"明白。谢谢。"

"羯磨"是今天预警机的呼号，由于我的高度太低，导致他无法与我通话。其实这对我是一件好事。我叹了口气，驾机回到了高空。毫无疑问，他想知道我穿多少码的鞋子，或者其他"重要"的信息。

幸好，他对我不是很感兴趣，只是命令我们向北飞行大概30英里，找到一处可疑的化学武器设施。到那儿后，我们发现了一片由坦克和装甲运兵车守卫的建筑群。随后，"赌徒"中队的其他编队赶过来支援我们。我们就像打靶一样攻击这处设施，我用集束炸弹摧毁了2辆坦克，以及1辆在高速公路上企图用急刹来躲避攻击的卡车。卡车驾驶员的车技太次了。

接下来"以利21"和"毒素（Toxic）25"轮番进行轰炸和扫射。我摧毁了7辆坦克和4辆卡车，"以利21"则尽情地使用机炮攻击。

两天后的4月10日，我们再次回到巴格达北部，寻找那些灵活的移动式发射的地对空导弹。6架F-16CJ，分成3支双机编队，开始了狩猎部署在巴格达南部的"罗兰"防空系统的第一天。这套"罗兰"防空系统是由德法联合研制的，回想一下这两个国家相爱相杀的历史，你们可以想象一下这套系统最终能是什么效果。

即使是这种破烂，对于饥不择食的萨达姆来说也是救命稻草。萨达姆在20世纪80年代买了大概100套"罗兰 II"。这是一套全天候近距离防空系统，自带多普勒雷达和光学跟踪器，可以安装在卡车、全地形车或者坦克底盘上，移动非常迅速而且体积很小。你很难通过肉眼发现"罗兰"，狡猾的伊拉克人会把这套系统藏在建筑物或者立交桥下面。他们会先通过自己的指挥系统或者空管雷达获得空域中的目标信息，然后才将这套系统从掩体搬出，锁定并攻击目标，完事后又立马藏起来，就像寄居蟹一样。伊拉克的"罗兰"防空系统在两伊战争中击落过几架伊朗的飞机，并在海湾战争中击落过几架英国的"狂风"战机和至少1架美国的A-10攻击机。

我们会把一架扮演"杀手"〔防空系统猎杀团队"猎人杀手"（Hunter Killers）的一部分〕的战机放在相对安全的15000英尺高空，"杀手"的任务是听取在低空寻找目标的"猎人"的汇报，然后"绘制"出一份战场地图，并安排攻击。"猎人"则需要轮流在低空吸引防空系统攻击自己，我们把这叫作"宰牛"（slapping the bull）。如有任何一套"罗兰"系统或者目标向"猎人"开火，那么"杀手"可以在高空指挥被攻击的"猎人"进行规避，随后回击那个开火的目标。

我们称这样的六机团队为"六只装"，这是最好的合作方式。我们还会留一架战机游离于"杀手"和"猎人"之间作为"观察者"活动，如果有需要，"观察者"可以迅速转换成"杀手"或"猎人"，这在我们狩猎SA-6、SA-8和"罗兰"时是非常必要的。六机团队在战术上给了我们非常大的灵活空间，此外加油机可以支撑我们进行长时间的狩猎。

我们在4月6日对抗SA-3的任务中使用了"攻击—防御—开火"这套简单的无线电通话标准。我们在无线电中的交谈几乎是非常清晰的，因为我们只使用简单的语言进行交流。"野鼬鼠"通常不会使用烦冗的呼叫代码——无线电固有的延迟对于执行任务的"野鼬鼠"来说是相当致命的。所以我们按照上述的规则执行任务，并且的确有效。

但今天并非如此。

"'谎言（Fable）33'……'以利63'在你的频率中。"那天早上，我们的六机团队由"风暴"进行指挥，我以为他想要一份情况通报。

现在空中加油航线已经向北移动，相对来说，伊拉克的南部已经比较安全了。我们刚刚从加油航线脱离，向北飞往巴格达以北的"杀伤盒"区域。

"请讲。"

"'二狗'，我们在巴拉德发现了飞机，至少有9架。我们现在已经脱离了目标，我想你最好来这里一趟，看看我们有没有把它们处理干净。"

该死的。我皱起眉头，厌恶地摇了摇头。我确信"风暴"做事是不会留下任何尾巴的。我叹了一口气，回复道："收到。"

啧，9架飞机。战况发展至此，已经很难碰到什么目标了。这些天我一直待在巴格达的上空，连那些灰色的云层都看得眼熟了。侯赛因和他的狂热支持者们已经逃离了这座城市，没人知道他们藏在哪里。最大的可能是藏在他的家乡提克里特（Tikrit），所以我们必须为海军陆战队清理出方便他们继续推进的道路。于是，"野鼬鼠"开始在1号高速公路附近编号为89AS的"杀伤盒"区域进行自由狩猎。巴拉德是伊拉克最大的米格战斗机基地，位于其首都以北大约30英里处的高速公路与底格里斯河之间。4月2日我们就去过那儿，摧毁了伊拉克空军留下的7架飞机。显然，"风暴"他们今天发现了更多。

离开加油航线12分钟后，我按下了麦克风按钮："'谎言2'……巴拉德在右2点方向，射程较低，距离12英里。"然后我又用数据链发送了一则位置请求。

那天我的僚机是一名年轻的飞行员，他被带进了我们的任务规划小组，呼号"鬼娃"（Chucky）——因为他有一头红发，每当他喝多了时看起来就像恐怖电影里的惊悚娃娃。不过他是一名很优秀的飞行员。如同前述的那样，做任务规划的人必须曾经亲身参加过任务，才能制定出切实可行、难度合理的计划。所以一般来说，这件事情都由老飞行员们去做，但是部队总要让新人接受锻炼，于是第77战斗机中队的指挥官"风暴"就把这些平时表现优异的年轻飞行员送进了战区。这既是对他们成绩的肯定，也利于这些新人快速成长。

"'谎言2'……发现目标。" 他看到了跑道，声音听起来非常兴奋。

但是，刚才"风暴"和他的六机团队已经在这里折腾了整整20分钟，我觉得我们只是来确认下战况而已。说句难听的，因为已经没有目标，我们连汤都喝不上。这里可以很清楚地看见巴拉德基地，两条跑道呈V型铺设，面向东南方向。我们很高兴这个地方现在看起来像垃圾场一样，因为在战争之前，这座基地对我们构成了相当大的威胁。盯着这座曾经被伊拉克人视为骄傲的基地，我咧嘴一笑。

他们再也骄傲不起来了。

跑道中部的烟柱渐渐散去。离巴拉德还有8英里时，我做了一个大椭圆轨迹的侧转，标准的"野鼬鼠"式弧线航迹。巴拉德基地位于底格里斯河岸边，基地与河流间是一块由河水长时间冲刷所形成的冲积平原，从我的位置望过去，整个基地几乎一览无余。我启用了自动驾驶模式，举起望远镜观察基地的情况。

基地的建筑主要集中在东跑道那一侧，那里有很多由网状公路连接在一起的机库。我耸耸肩，这里似乎不值得我浪费太多时间。我一只手举着望远镜，用另一只手拨动自动驾驶开关，好让飞机自行保持坡度。刚才由"风暴"指挥的攻击所击毁的飞机残骸清晰可见。对此我笑了，想必伊拉克的防空炮手们很愤怒。我一直在想，伊拉克的飞行员们一边撅着屁股钻进防空洞，一边看着"赌徒"中队的战机在他们的头顶上尽情狂欢的时候，他们心里到底是什么感受？也许就像我们返航的战机在第363作战大队的指挥官面前咆哮着，把他手里的咖啡震洒出来时，那位指挥官的心情一样……

那天，机场的防空炮多得出乎我的意料，看起来就像下了一场小小的雷阵雨，不过是反着下的。但奇怪的是，我们没受到任何地对空导弹的袭扰。我再看了一眼雷达告警接收机，今天同样没有。这座机场里一切有价值的资产似乎都遭受了劫难，被击毁的飞机躺在熊熊燃烧的深红色火焰中。

突然间，一串曳光弹引起了我的注意。我扔下望远镜，发现至少来自3座不同阵地的防空炮已经发现了我们。我快速地判断，这是57毫米口径的防空炮。几秒后，炮弹在我的身下爆炸。

"'谎言33'，防空炮，巴拉德。"我冷静地说道。我们现在距离基地约3英里，所以我并不是很担心这些高射炮，但是，有高射炮的地方通常也会伴有地对空导弹。

"'谎'……'谎言2'收到。我看见了爆炸！"我笑了，这是这家伙第一次来到战场，他显然非常兴奋。

"2号，注意地对空导弹，我们将继续向东飞行。"

"2号收到。"他听起来有点儿不太理解，明明雷达告警接收机上什么都没有，为什么要注意地对空导弹？而久经沙场的飞行员则明白，长机可不是会随便下指令的，如果长机告诉你要小心什么，那就说明根据他的判断，很可能会出现什么。不过我现在可没工夫给他分析我的判断，他只要照我说的做就行。如果我们还没发现什么别的目标，那就得去跟这些防空炮打打招呼了。尽管我更愿意免费帮助伊拉克人报废他们的飞机或者地对空导弹。

我们朝着东南方向飞行，穿过河流后，能见度有所好转，碎碎的云朵集中在高空，钻过空隙的阳光像手指一样伸向地面。我再次调整了雷达告警接收机的音量，确保它正常工作并提醒我导弹来袭。

巴格达西面的大湖看起来就像地平线上的一团灰色污迹。这座城市因遭受战争而逐渐沉寂和衰败。昨天，巴格达宣布解放，侯赛因政权正式倒台。海军陆战队的小伙子们已经把天堂广场（Firdos Square）上那座在萨达姆诞辰时竖立的40英尺高的雕像放倒。生日快乐，白痴。我们从这个国家的首都飞过，天空中依然布满了曳光弹。但与以往不同的是，已经没有高射炮或地对空导弹夹道欢迎了。这是好消息，但同时也是坏消息，这意味着我不得不向北飞行继续寻找猎物。

望着东南方向，我忽然有了一个大胆的想法。我在座舱里展开了纸质战术地图，然后对比了一下最新地对空导弹阵地位置图，发现在我10点方向的巴古拜还有一座机场，距离只有大约6英里。据我所知，还没人去那儿空袭过。

"'谎言2'，我们转向西面。"我打开麦克风，控制战机轻柔地转向，把巴拉德放在了身后，并在地图上重重地标注出了那个机场的位置。

"2号……看着你的右2点方向。"我一边滚转飞机一边问道，"看见那座小镇了吗？"

"收到。"

"当你能看见小镇北面那条东西走向的混凝土路的时候，说'接触'。"

"接触。"

"目标是在此路以北与河湾以西的机场。"

"'谎言'目视发现目标……呃……接触。"他纠正了自己，很不错。

我在多功能显示器上调出了我的武器设置界面，检查了集束炸弹的设置，并把集束炸弹的目标设定在了机场上。我驾驶战机朝着东北方向飞去，把3英里外那座巴古拜的小镇放在我的左翼。这时底下的防空炮终于反应了过来，炮弹劈头盖脸而至。我略微向东倾斜一点儿避开了它们。

我调整推力把速度降低到450节，我们下降到10000英尺的高度。我突然想起了朝鲜战争里一名F-86"佩刀"（Sabre）飞行员的故事，一名在敌军机场上空做低空通场的美国飞行员的故事。敌人受到了惊吓，一时想不起来向他射击。当他们终于反应过来的时候，却发现炮管的俯角不够，所以他们压根打不着这个疯狂的美国人。我在面罩下咧嘴一笑，旧时代的人心是多么淳朴。

我们在6000英尺的高度改平战机，我一边在脑子里计时，一边盯着机场里的建筑。

2秒……

只是一堆乱七八糟的建筑围着一个典型的中央机库，还有——

在那儿！我立刻把标记点按在了停机坪上。

3秒……

我侧身蹬舵制造侧滑，并朝着左翼一侧滚转，然后改出。当"谎言2"乖乖地从我后方掠过之后，我把油门推到军推挡位。当机头抬过地平线时，我猛地拉起机头，迅速爬升了500英尺以防御防空炮。这一切都是下意识完成的，因为我的位置十分尴尬，刚好挂在大型机库和停机坪之间的空中。

我们在7000英尺的高度以450节的速度向西飞行并穿过跑道，随后直接掠过2号高速公路的上空。此时我们距离刚才的标记点4英里，我打开了麦克风："'谎言2'，攻击的时候你去'照顾'停机坪南面的飞机和机库。1号负责北面。收到回复。"

"2号收到。"我压了更大的坡度，继续把机头对准目标。爬升到6000英尺后，目标就在我的正前方，我调整油门保持住450节的空速。2号做了一个桶滚，来到我右后方大约4英里的地方。

"防空炮，2点方向，射程较高。"我向2号通报了一下巴古拜出现的57毫米高炮。这里看来还藏着不少好东西，我会记住这个地方，也许下次任务我们可以继续来这里打扫战场。

距目标4英里，我已经可以清楚地看到跑道西面的停机坪了，有两个大型停机棚。我眯着眼睛分辨停在里面的飞机，那是一架运输机或者教练机，白色涂装。我哼了一声，可惜不是战斗机。

不过炸飞机总比炸防空炮要强。我转向对准这架飞机，炸弹的投放提示点出现在了抬头显示器里，我稍微抬了一下机头，把准星放在那架飞机前端。接近到2.5英里的时候，投放提示开始闪烁，准星已经对准了目标，我按下释放按钮，然后推满油门，又按下了麦克风按钮：

"'谎言2'……武器释放。"

安静了一会儿后，集束炸弹开始在我身后欢呼，我扭过头去看僚机，他的一枚集束炸弹刚好从左翼释放。我回头把机头对准地平线，然后滚转向北，"谎言2"在后面紧紧地跟着我，我一边释放干扰弹，一边继续加大过载右转，然后再次回过头去观察机场。

就一会儿的工夫，世界仿佛安静了下来，这个机场没什么特别之处，铁皮机棚在阳光下闪闪发光，棕色的建筑群和伊拉克棕色的土壤看起来相当融洽。但后面的画面就没这么和谐了，一瞬间，夹杂着瓦砾和金属碎片的爆炸猛然向上喷发，红色的火焰就像从地里钻出来一样，又逐渐变成浓密的黑烟。

"酷！"年轻的僚机激动地喊了起来，我也一样。这虽然是我在这场战争中的第十五个战斗任务，但我还是非常激动，尤其是在看到这些爆炸后。毕竟，有谁不喜欢破坏敌方的东西呢？然后我注意到跑道旁的泥地上也发生了一次比较小的爆炸。僚机的炸弹投晚了，错过了机棚，最后投在了泥地上。我们转身向北飞去。

"2号，在距离目标6英里的地方转回去，再次进行轰炸，1号会在高处盯着你和你周围的情况。"

他没有搞砸两次。他冲向跑道时，我则留在迪亚拉河上空防备着防空炮和可能突然出现的地对空导弹。今天运气很好，既没遇上地对空导弹，我们还发现了藏在这里的飞机。当我再次去看2号时，集束炸弹已正中靶心，他的F-16正在向上爬升脱离机场。我让他先去南面等着，然后我又用机炮进行了4次低空扫射，直到打光炮弹。我成功地点着了一架藏在机库里的飞机，但是另外一个机库吃了我的2次扫射后依旧毫无反应，这要么是个假目标，要么已经空了，要么就是我没打中要害。就我个人而言，我倾向于第二种情况，尽管上面每一种情况实际都有可能。

然后我跟僚机会合，前往加油机那儿补足燃料后回家。小鬼的初阵应该够他吹一辈子了，我们干掉了至少3架飞机，1个机库，可能还有一两台推土机。形势简直就是一边倒，我觉得战争应该快结束了。

然而并没有。

4月13日的黎明清爽而美丽，微风阵阵，万里无云，几乎能看见200英里外的地方。由我领导的编队，呼号"阿格纽21"，是早间出动的最后一个自由猎杀任务双机编队。我的狩猎场是从巴格达到提克里特之间的死亡公路。

随着侯赛因政权的垮台，我们的目标又转移向了那些龟缩在城市里不时放冷枪的游击队。伊拉克与伊朗曾经进行了长达8年的战争，期间该国多次进行战争动员并训练民兵，所以很多伊拉克人知道怎么使用武器，实际上，当我们在巴格达上空时，仍有大量的轻武器和肩扛地对空导弹招呼过来。

这种威胁无处不在。在我的右翼，几十根浓烟形成的手指在1号高速公路上空张牙舞爪地朝上方抓去，逃难的平民正向北缓缓地前进，道路两旁满是损坏的汽车。我用"小牛"沿着公路进行搜索，试图找到军用卡车或者坦克。不幸的是，我只能看到小卡车、汽车、手推车和自行车。就在这时，预警机联系了我。

"'阿格纽21'，这里是'羯磨'。"

"请讲。"

"'阿格纽'，前往格斯待命。"

接着他就把这个地方的坐标给了我，我便在地图上寻找起来。它在提克里特以西编号为91AR的"杀伤盒"区域，在我北面大约100英里的地方。与1991年的"沙漠风暴"情况有所不同，巴格达以北的地方在战争中几乎一直很平静，民兵和非正规军直接消失在北方的村庄里。但现在正规部队的残余力量正向北逃往提克里特、摩苏尔和基尔库克。考虑到这一点——或者说得更直白些，为了摩苏尔的油田——第173空降旅的1000名伞兵空降在了伊拉克北部。那会儿还压根没有什么北部战线，他们是第一批进入伊拉克北部的地面部队。

"'阿格纽'……通报一下预期到达时间和留空时间。"

我看了一眼抬头显示器，估算了一下到达时间，然后根据我的剩余燃料简单地计算了一下我能在那儿停留多长时间，然后汇报。"预计12分钟后到达，留空时长20分钟。如果我现在去找加油机，那我会在45分钟之内赶到，并在那里停留45分钟。"

"'羯磨'收到，你前往2—6—0并联系DOG空中加油航线上的'宽袍40'，完成加油后联系'羯磨'。"

"收到。"

我向左滚转，转向西面。这种随时随地改变飞行计划的情况对我们来说早已是家常便饭了，对于"野鼬鼠"来说，这没什么大不了的。我们的本质任务是干掉地对空导弹，但是打到目前这个份上，伊拉克的地对空导弹不是已经炸了就是不敢出来了，我们只能去干些杂活儿，但我们也不是完全不挑。之前有人试图让我们给无人机（UAV）护航，我大笑三声拒绝了，然后继续做更重要的事情。无人机正变得流行起来，只要坐在屏幕前面就可以操纵。但这些被称为"捕食者"的小东西，在地对空导弹、米格或者高炮这三者任何之一面前都不堪一击，换句话说，指着这玩意儿打仗简直是痴人说梦。

40分钟后，我和僚机离开加油机，再次向北飞去。在牛奶湖的东面，我们转向直飞巴格达以西约30英里外的哈巴尼耶机场。这个地方大概还有四五个尚能工作的SA-3阵地，我们已经连续挑衅他们好几天了，但对方仍然毫无斗志。原因很简单，如果上级指挥系统的人都消失了，你还会积极地去战斗么？

SA-3继续无视我们，所以我们直接向北，随后"羯磨"把我们交给了另一个管制员。这个家伙安排我们在西面的高空待命。身下的城市就像一个不安的蜂巢，天空中到处都是战斗机，他们不断地爬升、俯冲、攻击。一架架F-16就像忙碌的工蜂一样，到处寻找城市中的敌人。看起来像一个"士"字的A-10则不断地用巨炮扫荡着建筑，地面每隔几分钟就会升起一朵蘑菇云，一个又一个目标被这样送上了天。

"'火枪（Musket）65'……地对空导弹升空！地对空导弹在……提克里特！"

"'火枪2'规避中。"

这枚地对空导弹提示着我，伊拉克人并不打算轻易投降，就算他们的领袖已经藏了起来。我在20000英尺的高空被太阳晒得昏昏沉沉。

　　"'合唱团（Satb）74'……第二枚导弹升空，向西前进，注意，'火枪'！"

　　那些A-10为了躲避导弹拼命地释放着干扰弹，这时，又有第三道烟柱拔地而起，这意味着下面至少有2台地对空导弹。我觉得那些伊拉克导弹兵应该是受够了我们，也或者他们的女人正在旁边观看，但现在这种情况下还敢朝我们开火无异于引火烧身。

　　"'羯磨'，'羯磨'……'阿格纽21'发现地对空导弹阵地。"

　　"'阿格纽'……你能攻击他吗？"

　　废话，我能攻击他吗？那你叫我来干什么？我标记了导弹的发射地点。

　　"可以攻击，确认所有的友军远离这里15英里，保持高度15000英尺以上，'阿格纽'正在下降高度准备攻击地对空导弹。"

　　"'阿格纽1'，这里是'火枪1'。"

　　"请讲。"

　　"除了SA-3，这里还有小口径的防空炮。"

　　那实际上是一枚SA-2，不过他正试图向我提供有用的信息。

　　"位置？"

　　"在城西的一个池塘边，有一个分别由南北走向和东西走向的公路相交而成的十字路口，那里有移动的人员和卡车。"

　　"发现目标，感谢。"我补充。

　　随后"羯磨"帮我清开了空域，我们直接下降到10000英尺向南飞，我用无线电告诉僚机："2号，检查武器开关，激活武器，准备好空对地导弹。"

　　我又转头看看翼下的"小牛"导弹。它完美地匹配F-16CJ和"野鼬鼠"任务，长8英尺，重700磅，其中一半都是战斗部，使用光电引导（想想电视就明白了），并且进行了专门改进以适应沙漠环境。它的电视成像非常清晰，我们甚至可以把它的引导头当瞄准吊舱使用。虽然在战争初期，这些导弹尚在测试中，但康加·雷沃（Kanga Rew）已经帮我们搞到了一批试用品，虽然数量不是很多。

我检查了下我的燃料，然后看了看僚机。

"'阿格纽1'，剩余油量8.7。"

"'阿格纽2'，剩余油量9.5，导弹通电。"

我抬起头来，4架F-16从我头顶上方的高空掠过，长机正摇着他的机翼。我把机鼻推下去，油门收回来，身下已经是青铜色的湖水。

我在5000英尺高度改平，保持住400节空速，远处绿色的底格里斯河蜿蜒而下，直到消失在巴格达郊区。我驾机向河转去。

"'火枪1'，这里是'阿格纽'，我们下方还有友军吗？"

"啊……没有，'阿格纽'，没有友军。"

我选择相信这个勇敢的A-10飞行员，他是离战场最近的人，有第一手的战场信息。"收到，我们从南面进入，2分钟。"

我们从河边转过来，我低头发现了东岸上的一个小镇。"2号，看见左翼那边的那个有围墙的小镇了吗？"

"'阿格纽2'……呃……看见。"

"这里是我们的会合点，高度保持在15000英尺以下。"

"2号收到。"

通过"小牛"的引导头，我看见前方的平原上出现了一座巨大的星月形建筑的残骸，然而直到它从我的翼下消失，我才意识到这里是古萨马拉遗址，而那个破败的建筑应该是一座大清真寺。

身体前倾，我尽可能地通过抬头显示器观察标记点的情况。我们现在离目标已经很近了，于是我把目标坐标用数据链发给了僚机。

"2号，捕获。"僚机迅速地回答，这意味着他收到了位置信息，他正在我右翼外2英里的地方，比我稍高一点儿。他的呼号是"果汁"（Juice），平时是个乐于助人的好孩子，而且非常低调。而此刻的"果汁"则是一个无情的小杀手。再说一次，除非把一个人放到战场上，否则你永远不可能真正地了解他。

"'阿格纽2'，通过河湾处时进行通报。"我们正穿过底格里斯河向北飞，提克里特逐渐出现在眼前，1号高速公路的黑色烟柱还在我们的右侧不断升腾，鞑靼湖则在西面的地平线上闪闪发光。

"通过。"

"沿着那条浅色的小路向西，直到它与另一条南北走向公路相交的十字路口。"

"小路上有转弯吗？"

"是的。"

"发现。"

"其中一个发射地点就在那个路口。那是我的目标，你保持在5000英尺高空，然后从东向北侧转。注意池塘旁边的第二个发射地点，那里可能还有防空炮。"

"'阿格纽2'，收到。"

我略微下压机头几度，专注于右手多功能显示器上"小牛"引导头的画面，必须低头看引导头画面是这种导弹的一大缺点，为了保证安全，我必须不断在低头看引导头画面和抬头关注飞行信息之间交替动作，直到"小牛"的引导头发现目标。

"1号，开始遛狗。"我放出了拖曳诱饵，调大雷达告警接收机的音量，然后盯着路口。

"2号也是。"

我逐渐接近目标，与此同时"果汁"脱离到我的右侧，"小牛"引导头提供的画面非常清晰，我摇了摇头，几周之前我还根本不会用这玩意儿。这时一个怪异的峡谷出现在西面池塘的后方。沿着蜿蜒曲折的小路，我用引导头不断地向前搜索，目标终于出现在我的眼前！

"SA-2阵地在南面的十字路口以东约100米处。"

"'阿格纽21'，这里是'羯磨'……重复一遍？"

我现在可没工夫管预警机，我再次看了一眼机外，"果汁"也在帮我观察着，但我们俩却都没法用肉眼捕捉到那台已经出现在多功能显示器里的SA-2。提克里特机场是萨达姆的军事要塞之一，我记得他甚至在这里修了座行宫。

距目标4英里时，我终于清楚地看到了2个装有导弹的发射架，这个阵地很简陋，甚至连湖泊都没有，只有一些军用帐篷扎在导弹1/4英里外的一处平地上。此外还有几辆发射车停在路边，但我并没有找到"扇歌"雷达。其实不用管它，只要我们毁了导弹，光有雷达也毫无意义。

"'阿格纽'……这里是'羯磨'，汇报状况。"

这头蠢驴。

有必要说的时候我肯定会开口。"'羯磨'，这里是'火枪'，'阿格纽'正在攻击目标，请稍后联系！"

我咯咯笑了起来，这个A-10的老司机很有灵性。我点了一下麦向他表示感谢。在距离目标3英里的时候，我下降到2000英尺，继续后收油门，以保持450节的空速。微调了下飞机的姿态，用"小牛"导弹瞄准了目标，然后用右手拇指"指定"了目标，随后，"小牛"的十字准星牢牢地钉在了发射架上，这时我按下了发射按钮。此时我能清楚地看见，有个男人正在导弹旁边抽烟，还有几个人蹲在发射架上。我冷笑了一下，他们还不知道自己离天堂只剩30秒的距离。

"哔——哔——哔！"

我的注意力瞬间转移到了雷达告警接收机上，一个数字"2"正在屏幕上疯狂地闪烁。右边，近距离！来了……一道巨大的白烟伴随着SA-2的发射出现在我旁边，它正在与我平行的地方向南缓缓爬升。我扫了一眼后，把注意力集中在了"小牛"传回来的图像里。导弹仍牢牢定了发射架，那几个伊拉克人此刻已经察觉到异状，纷纷站了起来。

"'阿格纽1'……你的身旁刚刚发射了一枚地对空导弹，就在池塘的西面！"我的僚机正帮我盯着，所以问题不大，我保持飞机稳定，用左眼的余光瞄着那枚地对空导弹，又按下了发射按钮，第二枚"小牛"从发射架上冲了出去，飞机则像被人踹了一脚，狠狠颠了一下。我立马推到军推挡，狠拉飞机规避天上那枚SA-2，当然，干扰弹是必须要一起释放的。

"'阿格纽1'……攻击SA-2，提克里特。"

我向前推杆，负过载又把我抛了起来。"小牛"是一种"发射后不用管"的武器，而SA-2则用了一台不是特别强劲的发动机，并且从头到尾都需要雷达对我进行锁定。相比之下，我更害怕SA-6或者"罗兰"。

"'阿格纽'……这里是'羯磨'，重复一遍？"

我继续释放着干扰弹，直接拉着飞机冲向底格里斯河。

"'阿格纽1'，防御……2号，位置？"

"2号，在你北面，5英里处，地对空导弹在你的南面。"

"赶紧标记发射地点。"

"搞定了。"

给力的兄弟。我再次转向，沿着河岸飞行，观察着那些防空炮。突然间，十字路口出现了一道极其明亮的闪光。随之而来的是滚滚的浓烟，黑色的蘑菇云升腾而起，瞬间笼罩了这个路口。当我按下麦克风按钮时，橙色的火焰正不断地向四面八方喷发。然后，一枚已经倒下的导弹发动机突然启动，它在地上转了半秒钟后，直接冲进了南面的军营里。

"很酷。"有人在电台里说。"打得好，'阿格纽'。"

我笑了，但目光一直停留在目标区域里。果然，又一枚地对空导弹从我之前没注意的地方升空，这个东西迅速向东飞去，所以除了导弹，那里肯定还有一部雷达。

打开加力，我疯狂地释放着箔条，转向把地对空导弹放在我的侧面。

"'阿格纽1'……攻击SA-2，提克里特。"

我的眼睛就像在座舱里跳舞一样，迅速地检查着不同位置的信息。拖曳诱饵还乖乖地跟在身后，我选择了另一枚"小牛"，直接瞄准了那台地对空导弹。随着底格里斯河消失在身后，我盯着显示器，只见几个人站在发射架下争吵，我眨了眨眼，发现他们正试图手动转动导弹，也许电机坏了，也许电力供应断了。我耸耸肩，调整了准星，锁定了发射架的基座。这个距离，"小牛"击中目标大概需要40秒，够了。当SA-2转向我的时候，我按下了发射按钮。

当右翼的"小牛"离开挂架，我立刻做了一个桶滚，而后向右上拉起，箔条就没停止释放过……当高度上去了之后，我就看清楚了周边的地貌，也意识到为什么之前我们没有发现这台SA-2。都藏在了山沟里：发射架、装载机、运弹车、导弹……他们一直躲在这里，飞机过来了就从山谷钻出来发射一枚，让导弹飞着，自己则立即钻回山谷里。这就是为什么这里连护坡都没有，他们压根不需要。事实上，伊拉克人已经意识到，就算有那些护坡也改变不了什么。

"'阿格纽1'……攻击SA-2。"

我掠过了底格里斯河上的一个小岛，在1000英尺的高度以500节的速度向西飞行。当我呼啸着到达特克里特的市郊并右转爬升时，我的导弹命中了目标，随后产生了几次猛烈的爆炸，它一定是把导弹的燃料引爆了。爬升到6000英尺高度后，我把油门收回来维持425节飞行，并在检查完油量后发送了一则数据链请求。

"'阿格纽2'……请求。"

"请讲。"

"2号想从北攻击，我在峡谷东部的边缘地区发现了一辆导弹运输车。"

我看着多功能显示器上的位置，他在目标西北大约6英里的地方。

"汇报油量。"

"8.2。"

"可以攻击，'阿格纽2'。"

他点了一下麦克风示意收到，我深吸了一口气。之前两枚H型"小牛"都漂亮地击中了目标，而我才接触这种武器没多久，它真的是非常厉害。这时我发现在城西6英里外有几个褐色的麦田圈，所以我放慢了速度，兜了一个圈子绕过去。虽然我觉得那里可能还有其他的地对空导弹阵地，不过我得先盯着"果汁"。把雷达游标推到右边，我锁定了他的F–16。

他现在正在底格里斯河的上空向南飞行，我开始轻柔地右转，以便保持对他的跟踪。尽管他离我有8英里，但我仍然清楚地看见了他翼下的"小牛"在短暂的闪光后离开了飞机。"果汁"立刻把飞机抬了起来，转向穿越了东面的河流。

"'阿格纽2'……'小牛'发射……提克里特。"

随后，"小牛"击中了目标，虽然并没有造成特别壮观的爆炸，但是从烟雾和火势的猛烈程度来看，他确实击中了一辆导弹运输车。他肯定也看到了，因为他几乎立刻告诉我："'阿格纽2'，请求扫射攻击。"

"扫射什么？"

"2号目视……呃……发现了马路最北端的一辆卡车正在装载导弹，我认为他们试图从这里撤离。"

"可以攻击。"

"'阿格纽2'从东北进入。"

这小子的眼力真是不错。我一边想，一边等着他完成攻击。我们之前的攻击造成的爆炸逐渐平息，但燃烧产生的黑烟却没有消散的势头。然而半晌过后他还没有回来，让我不安的是，我在他要攻击的那块地面上发现了一道长长的燃烧带。

不……不。这不可能。

我咽了一口唾沫，按下了麦克风按钮。我看着那条燃烧带，很明显，是什么东西高速撞击地面才能留下这么长的痕迹。

"'阿格纽2'……状况？"

没有回复。

我把"蝰蛇"带到路的东面，仔细观察着那块燃烧的残骸。他撞上了地面，他在进行扫射的时候撞上了地面。我的目光飞快地搜索这周围的空域，寻找降落伞，也许他在撞地前弹射了，也许——

"'阿格纽2'向西脱离，你看到刚才那个了吗？"

我闭上眼睛，深呼吸了一秒，然后向南滚转脱离，回答道："打得漂亮。"

摇摇头，我微微一笑。这小子把我吓坏了，这事以后我肯定会告诉他的。随后我们又在这块地方徘徊了十分多钟，直到把机炮打空。我摧毁了一辆拉着"扇歌"雷达试图逃跑的卡车。

"'火枪''刺痛'……'阿格纽'编队脱离，准备前往加油航线，城市南部的SA-2已经全部完蛋，我们玩得很开心。"

"'阿格纽'，这里是'火枪1'，干得好兄弟，非常感谢！"

在燃烧的城市上空向南爬升，当超过20000英尺之后，我低头俯视那一柱柱从棕色沙漠上升起的扭曲黑烟。僚机仿佛定身在了我的左侧一样，与我在蓝天下保持着完美的编队。我晃晃机翼示意他靠近一点儿，他慢慢滑向我，对我进行战斗损伤检查。我放下了被汗水浸湿的氧气面罩，喝了一大口塑料瓶子里的水，再次低头看着巴格达。

2003年4月13日，我在这场战争里最后一次执行战斗任务。

事实上，这是我最后一次作为军官和飞行员执行战斗任务。巴格达在4月

9日被攻占，虽然当时我不知道，但所有的重大军事行动都会在4月14日，也就是第二天结束。

在这场战争中，联军战斗机共进行了20228架次飞行，投掷了19000枚制导炸弹，9200枚"愚蠢炸弹"（Dumb Bombs）和集束炸弹。我们要竖一个大大的中指给那些觉得战斗机已经过时的人（太空小丑和无人机爱好者），我们完成了328498轮20毫米和30毫米机炮的射击。所有在伊拉克作战的战机总共消耗了惊人的612891043磅（90131035加仑）航空煤油。可悲的是，其中一些是用来投下31800000张愚蠢的宣传单的，上面印了80条不同的信息。事实上，印这么多传单的钱足以让你修一条用纸铺成的从德克萨斯到阿拉斯加的高速公路。我记得第一次海湾战争的某张传单上写的是"投降就死亡"，而不是"投降或死亡"，一个管事的白痴甚至希望我们重新飞回巴格达投下他们修改语病后的传单。这些钱完全可以花在更需要的地方，比如说，给"野鼬鼠"装备H型"小牛"导弹或者别的东西。我只是打个比方。

伊拉克在战争期间发射了1600枚以上地对空导弹，然而只击落了1架固定翼战斗机和6架直升机。12年前的"沙漠风暴"行动的空中行动中，我们损失了39架固定翼战斗机和5架直升机。取得这一进步的主要原因是我们装备了更好的飞机，升级了更强大的电子对抗系统，以及进行了更为完善的训练。但我确信还有别的原因：除了伊拉克人混乱的指挥和糟糕的战术之外，在"沙漠风暴"中，我们倾向于把重点放在阻塞和干扰上，虽然这两者都是必要的，但这些战术的本质仍然是被动地进行防御。

第二次海湾战争就完全不同，"野鼬鼠"中队的进攻特性完全展现了出来。我们从一开始就用各种武器对敌人关键的指挥和控制节点进行硬杀伤，"哈姆"导弹并不能真正干掉伊拉克人的地对空导弹阵地，充其量只是把他们赶得乱跑而已，能完全摧毁一座地对空导弹阵地的只有各种精确制导炸弹或者集束炸弹。上面允许我们这样做，他们不限制我们用什么武器，也不管我们用多危险的战术，他们只要成果。每天我们都可以自己决定带什么武器，用什么战术。

第77战斗机中队单独用各种自由落体炸弹、集束炸弹、"小牛"导弹和机炮干掉了50多座地对空阵地，包括SA-2、SA-3、SA-6和"罗兰"。我们还顺手报废了28台雷达，37门防空炮和8枚地对地导弹。当然除了这些，我们还干了一些兼职工作，摧毁了66架停在地面的飞机和直升机，65辆坦克、卡车和装甲运兵车。所以，如果我们遵照某些人所提倡的"哈姆"压制思维，那不知道有多少友机会被击落。令人惊讶的是，有几支装备了F-16CJ的部队还没有接受硬破坏敌方防空系统的概念。他们的大部分时间都是待在30000英尺的高空、距行动地点30英里以外的地方度过的，他们就这么每天都挂着"哈姆"导弹"满载而归"。

别让我们也这样，谢谢。

1个月后，"赌徒"中队离开了苏丹王子空军基地，从此再未踏上这片土地。回家路上，我们在葡萄牙亚速尔群岛上的拉日什空军基地（Lajes AB）停留了一晚。空军的后勤人员和他们的家属给我们做了一顿真正的美国野餐——汉堡包、热狗和玛格丽特酒。这里简直是天堂，我们大吃大喝，兴奋地庆祝自己第二天就能回家。

我又在战争中活了下来。

我知道，在以后的某个夜晚，这些情景会一帧一帧地重现在我们的脑海里，我们这些曾在鬼门关前走一遭的人会感同身受地讨论着彼此的经历。共同经历过战斗而生发的友情是完全不同的，虽然我不知道该怎么解释。但我知道，我现在过得很开心。当一场午后的阵雨落在青翠的山谷中时，我躺在凉爽的草地上，让雨水尽情地冲刷着身体，我开心地笑了起来。

游戏已经通关。

结语

当"赌徒"们回家7个月后，萨达姆·侯赛因被人从提克里特城外一个肮脏的蜘蛛洞里拉了出来，离我们在4月13日摧毁的那台地对空导弹甚至才1英里远。我听到这个消息的时候，很想知道他当时在那儿是否看见了我们如何蹂躏他的军队。他那两个没教养的儿子和一个孙子在7月被处决，而萨达姆也在2006年12月30日被执行绞刑。

胜负已成定局，但距最后一批美国军队回国还需要8年时间。虽然没有了那些讨厌的米格战斗机或者地对空导弹，敌人也没有了装甲车或者坦克，但这仍是又一场战争，而且是一场令人恶心的战争。美国在建立和平时期的领导权中挣扎，在模糊不清的政治目标间摇摆，让美国国旗在这个国家上空一直飘扬到2011年年底。

对于"野鼬鼠"来说，战斗也从未停止。但由于F-22和F-35的成本超支，空军给我们的预算继续大幅度地跳水，因此空军想要从"野鼬鼠"开始下刀。不要误解我的意思，我知道养着单任务飞机是一种严重的资源浪费，然而荒谬之处就在这里，既能拳打地对空导弹，又能脚踢坦克的恰好是"野鼬鼠"。

还有一个就是心态的问题，随着这10年来在阿富汗和伊拉克上空的小规模低烈度作战，一些有缺陷的观点正在逐渐形成。对无人机的偏爱就是如此。

又一次，那些懦弱的人试图主张使用无人机替换有人战斗机。这些人的理论只有一个，那就是我们飞行员不敢硬着头皮用机炮跟地对空导弹阵地对抗。但所有战斗机飞行员都知道，只要地面部队还在作战，地面部队就需要近距离空中支援和"野鼬鼠"。

不信你就去问问那些上过战场的步兵。

那些细胳膊细腿的无人机，压根就没法在地对空导弹、防空炮和米格战斗机的威胁下生存。当将军们坚持让战斗机为无人机护航的时候，他们几乎把我们逼到了悬崖边上；当空军让一名文员当上参谋长的时候，我们就可以直接跳下去了。

前不久，一名"捕食者"（Predator）无人机的"飞行员"试图为自己申请一枚空军奖章——还好没给他。很多优秀的战斗机飞行员都对这个小子的行为不屑一顾，但这个头一旦开了就不会停下来，谁知道下次他们会申请什么？紫星勋章？

尽管如此，我还是支持任何能够摧毁地对空导弹的武器或者战术。固定的地对空导弹阵地相对来说很好解决，海军的轰炸，巡航导弹，甚至带着炸药包的特种部队都可以摧毁这种类型的地对空导弹阵地。但是"野鼬鼠"才是全能的解决方案，我们可以对付各种未知的和突发的移动式地对空导弹阵地，虽然这会让我们陷入被动，但对"野鼬鼠"来说不值一提。尽管你可以通过各种让人难以理解的网络指挥系统来使战场透明化，但总有人需要第一时间赶到目标位置并摧毁目标，致命的"野鼬鼠"就是执行这个任务的关键力量。重要的是，在攻打伊拉克之前，我们是打算跟苏联对抗的，所以海湾战争我们赢得非常轻松。而现在我们却在训练如何对付阿富汗的恐怖分子，我希望空军不要降低自己的训练标准，免得以后被装备精良的他国空军打得难分上下。

在亚速尔群岛短暂停留后，我们在下午晚些时候抵达了肖空军基地。尽管长途飞行让我们疲惫不堪，但我们还是保持了近距离的四机编队。我还记得，当我俯瞰北卡罗来纳州的绿色田野时，下面的人群也在昂首看着我们。我知道那是我的最后一场战争，我很高兴能活着回来。对于上过战场的人来说，家庭是抚慰伤口的万能良药。它不仅仅是一处安全的避风港，还代表着你会回归正常的生活。在家里，你不会被噩梦惊醒，也不用担心迫击炮弹落在你的头上。家是能让我安心的地方。

几周后，我们回到了正常的生活中，当然，等着我们的还有数不清的战斗情况统计和经验教训讲座，就和原来一样。战争的记忆逐渐淡去，飞行员们也开始寻找新的人生：一些人成为将军；一些人去了民航公司或者国民警卫队这类轻松的地方；还有一些人像我一样完全告别了飞行。我一直想要尝试浪迹天涯的生活，于是我去了加勒比海买了一艘大帆船。有几个我觉得会单身一辈子的家伙现在有了妻子和孩子，而那些早就结了婚的，也一直维持着让人羡慕的完美家庭。有至少两个弟兄在另外一场战争中永远地离开了我们。不管这些曾跟我同生共死的家伙们结局如何，我们之前经历的一切都牢牢地冻结在了我的记忆里，从这个角度上来说，他们从未离开过我。

在战后的一个夏天，我在7月4日的一次游行中遇见了一位中年妇女。她的儿子，一名年轻的海军陆战队队员，于2003年3月24日牺牲在纳西里耶。我看出了她想要从那些穿着制服参加游行的人那里获得一丝慰藉，于是我过去跟她聊了一会儿。我没有用那些陈词滥调的抱歉来安慰她，相反，我告诉她，当天我就在纳西里耶，伊拉克人输了那场战斗，我们让他们付出了杀害我们士兵的代价。我不知道这么说是否正确，但当她静静离开的时候，她微笑着流下了眼泪。

我的故事是时候结束了，读完了全书，你应该可以看得出来，上面的每一个字都是一个坐在驾驶舱里的人对生活和战争最朴实的看法。现代军队的职业性会让你觉得每个人都是刀口舔血的战士，每个人都在拼死与敌人作战，每个人都想拼命地活下来。但事实并非如此，空军在第二次海湾战争期间大约部署了6.5万人，但仅有450名战斗机飞行员从头到尾参加了这场战争。支援人员与飞行员的比例大约是144∶1。我们同样要感谢这些支援人员，没有他们，战斗机飞行员也无法作战。但是绝大多数人的任务并不是直接与敌人对抗，特别是空军需要记住这一点，而且需要把每位"战士"放在一个合适的位置。

战斗机的作战任务，特别是猎杀任务，是一种直接粗暴的战斗形式，目的只有两个：杀掉敌人和保全自己。当我们以每秒数百英尺的速度飞行的时候，一个瞬间的犹豫或者判断失误，带给你的就是万劫不复。虽然有其他战斗机和你一起执行任务，但到最后，你能依靠的只有你自己而已。我的151次战斗任务中的绝大多数都是深入敌境的危险行动，一旦我被击落，不存在任何被营救的可能性。

战斗虽然不是人生的最终考验，但却是其中之一。从人类诞生之初，战争就如影随形，许多人因为没有准备，匆忙上阵而丢掉了性命。虽然你可以接受战斗训练，学会使用最先进的武器和设备，学会如何独自在野外生存，甚至如何对抗严刑拷打。但是，你永远不知道，哪天会是你人生的最后一天。当你意识到每次呼吸都可能在下一秒停止的时候，你就会明白战争真正恐怖的地方在哪里。谢天谢地的是，我已经离开了那座地狱。

成为战斗机飞行员是我一生的追求，但你总会有离开这个职业的一天。我已经用我的表现偿还了空军培养我所花费的成本，我也没让那些信赖我的人失望。但我喜欢掌控自己生活的感觉，就像我曾经的职业生涯一样，那会儿我做到了，现在也是如此。如果现在的空军是由"魔漫""袋鼠"和"风暴"这样的人来领导的，那我会留下来。

或者依旧不会。

没有人能真正摆脱战争的阴影。你可以把战争的记忆放在一处黑暗的地方，永远不去主动触碰它，但它总会在不经意间突然主动出现。相比有些人来说，我是幸运的。我从没有杀掉任何一名非战斗人员或者一个孩子，我终结的只是那些企图杀掉我的人的生命，在那个时候，他们同样有机会杀死我。我们都像男人一样面对敌人，并且拼尽全力把球投进篮筐，只不过他们没进，而我做到了。

很多人能在战斗中渐渐发现战争并不是那么恐怖，包括我在内。这并不是说战场是个好地方，相反没人愿意留在这里，只不过我们发现自己可以处理那些随时可能致命的情况，并且逐渐形成了本能。相对而言，战争可能比日常的生活更为简单。每一天我的目标都很明确，那就是干掉敌人。而结局也从未改变，不是生就是死。

在长达20年的服役生涯里，在数次战争里执行战斗飞行任务的经历中，我有无数令人自豪的回忆，也不可避免地产生了一些难以弥补的遗憾。但最后，每个人都学会了如何取舍。而不管前一天发生了什么，第二天清晨，我总是敢直视镜子里的自己，告诉自己可以活下来，然后同那群无所畏惧的男子汉们再次一同升空。

与那群勇敢的"野鼬鼠"一同飞翔。

术 语 表

ACC：空战司令部。指挥所有的美国战斗机单位。

ACT：空战训练。总体来说，一或两支编队对抗数量未知的敌人。

ANGELS：千英尺高度。理论上仅用于友方飞机。

AOR：责任区。就像伊拉克或阿富汗这类地方。

BFM：基础空战机动。一对一格斗。

BINGO：必须终止任务的燃料余量。受天气、敌人和加油机等条件影响。

BLIND：丢失对友机的目视。

BLOCK50：不同的批次代表了不同的能力，Block 50批次包括了"哈姆"导弹指
    示系统吊舱和相关的设备。

BOARDS：减速板的俚语。

BURNER：加力。

CBU：集束炸弹。

CEEJAY：F-16CJ Block 50。

COMPANY GRADE OFFICER：初级军官，少尉，中尉或上尉。

DEFENDING：针对地对空导弹或高射炮的防御机动。

EAGLE：F-15C。

EOR：跑道尽头，位于跑道的一端，用于武装/解除武装。

EWO：电子战官，信号分析专家，不是飞行员。

FIELD-GRADE OFFICER：少校，中校或上校。

FIGHTING WING：一种松散的编队，僚机在长机身后大约1英里处。可以联想快
    艇后面拉着的冲浪人。

FINGERTIP：近距离编队，翼尖相距大约3英尺。

FOX ONE/TWO/THREE：通报空对空导弹发射，1为半主动雷达制导导弹，2为
    红外制导导弹，3为主动雷达制导导弹。

FRAG：爆炸产生的碎片，也可以代表"零碎命令"——中队在大型空中作战任务
    中涉及的任务、目标和武器。

FWIC：战斗机武器教官课程。

GRUNT：地面友军。

HRAM："哈姆"高速反辐射导弹。

HOG：A-10攻击机

HORNET：F/A-18多用途战斗机。

HOTAS：手不离杆操作系统。飞行员用操纵杆和油门杆上的按键控制飞机的传感
    器、武器和示器。

HTS："哈姆"导弹指示系统吊舱。

HUD：抬头显示器。显示各种飞行和攻击信息。

IFF：敌我识别系统。发送或问询特定的代码来识别敌我。

ILS：仪表着陆系统。

KILLBOX：一块900平方英里的区域，并用数字和字母进行命名，用于给执行不同
    任务的战斗机划分不同的作战区域。

KLICK：公里。

LANTIRN：夜间红外低空导航与目标瞄准系统。装备于Block 40批次后的F-16，
    用于夜间低空突防任务。

LOOSE DEUCE：更为松散的战斗编队。长机与僚机间距2英里。

MAGNUM：通报发射"哈姆"导弹。

MFD：多功能显示器。

MIG：米高扬·格列维奇设计局的简称。用于代指该设计局设计的苏联/俄罗斯战
    斗机。

MIKE：麦克风。还可以表示毫米或分钟。

MIL POWER：不开加力的最大推力。

NO JOY：丢失对敌机的目视。

NVG：夜视仪。

PADLOCKED：忙于对目标或威胁进行目视，无法移开视线。

PATCHWEARER：从美国空军战斗机武器学校毕业的人，也可以叫"靶子手"
    （Target Arm）。

RIFLE：通报发射"小牛"导弹。现在可用于通报发射任何制导武器。

ROE：交战规则。当满足一定条件时即可使用致命性武器。

ROUTE：较为松散的指尖编队。

RTB：返回基地。

RTU：替换训练单位。

RWR：雷达告警接收机。告诉飞行员自己被什么雷达锁定。

SHOE CLERK：后梯形编队。

SLAPSHOT：紧靠目标的大概方位快速发射HARM导弹。

SMS：外挂物管理系统。

TACAN：战术空中导航系统，为飞机提供方位和距离信息的系统。

TALLY HO：目视敌方飞机。有时可用于对任何飞机的通报。

TARGET ARM：从美国空军战斗机武器学校毕业的人，也可以叫作Patchwearer。

TD BOX：目标指示框，显示被F-16雷达锁定的目标。

TOC：战术行动中心。

TOT：到目标时间。

UNIFORM：特高频无线电。

VICTOR：甚高频无线电。

VIPER：F-16多用途战斗机。

VISUAL：目视友方飞机。

VUL：战斗机在目标区域所分配的时间。

WALKING THE DOG：释放拖曳诱饵。

WILCO：会执行命令。

WSO：武器系统官。操作较旧型号战斗机的雷达，比如F-14和F-4，不是飞行员。

ZAP：数据链。

ZIPPER：通过点几次麦克风的方式表示收到信息或命令。

致　谢

　　没有人能够独自写作一本书，这对于我来说也不例外。在此，我由衷地感谢书中出现的那些信任我、教导我以及等待我成长为一名军官和战斗机飞行员的人们。

　　这本书如果没有这些已署名和未署名的人的帮助，是不可能完成的，这些人也已成为我多年军旅生涯的一部分。我的那帮赢得了战争胜利的战斗机飞行员弟兄们拥有着非凡的飞行经验、勇气和进取精神。我们当中没有人能在缺失奉献精神、缺失保持着专业精神的后勤支援战友，以及缺失把我们部署到战区的飞机维护人员的情况下战斗。我会用尽一生去感谢他们，感谢他们完美地处理了能让战斗机翱翔在空中所需的数百个细节。我要特别感谢内利斯空军基地的第99空军基地联队公共关系部和第57战斗机联队的F-16维护单位，感谢他们协助我租借飞机进行本书电子版内容的拍摄。

　　我要衷心感谢我的代理人杰夫·赫尔曼，以及在哈珀·柯林斯出版集团旗下的威廉·莫罗出版公司协助完成这本书出版的人们。这些真正的专家们殷勤地工作，推动了本书的立项和文稿修订，并最终将本书出版。尤其是我的编辑彼得·哈伯德，在整个过程中，他有着颇多的见解和始终如一的热情，同时又一直保持沉着冷静。